慧海拾珠

西方历史千问

Classic Reading
And Collection

探寻世界文明发展之路 · 解读西方千年璀璨历史

王永鸿　周成华◎主编

陕西新华出版传媒集团

三秦出版社

图书在版编目（CIP）数据

西方历史千问 / 王永鸿，周成华主编 . —西安：三秦出版社，2012.1
（2022.6 重印）

（慧海拾珠）

ISBN 978-7-5518-0075-4

Ⅰ . ①西… Ⅱ . ①王… ②周… Ⅲ . ①西方国家 – 历史 – 问题解答
Ⅳ . ① K5–44

中国版本图书馆 CIP 数据核字（2012）第 006056 号

慧 海 拾 珠
西方历史千问

王永鸿　周成华　主编

出版发行	陕西新华出版传媒集团　三秦出版社
社　　址	西安市雁塔区曲江新区登高路 1388 号
电　　话	（029）81205236
邮政编码	710061
印　　刷	永清县晔盛亚胶印有限公司
开　　本	787mm×1092mm　1/16
印　　张	15
字　　数	400 千字
版　　次	2012 年 1 月第 1 版 2022 年 6 月第 3 次印刷
标准书号	ISBN 978-7-5518-0075-4
定　　价	46.00 元

网　　址　http://www.sqcbs.com

《西方历史千问》是一本生动有趣、内容丰富的关于西方历史的读物，是一本适合青少年阅读的图书，使用提问的方式将绚丽多彩的西方发展历史娓娓道来，既提升了图书的可读性和趣味性，同时还可以开发青少年的思考能力。

本书紧紧把握了西方历史发展的线索，同时又兼顾了政治、文化等诸多领域，运用"一问一答"的方法，将复杂冗长的西方发展史归结于本书，力求多层次、多角度地揭示西方人类历史起源、发展、演进、更新的漫长历程和整体场景。该书囊括了西方各阶段历史时期的战争、政治、文化、宗教与历史事件、人物、思想观念、文化艺术、科技发展等诸多内容，以简单明了的语言，让读者对西方历史的整体轮廓与丰厚积淀有一个比较清晰的认识。

本书对欧洲历史进行详细叙述，从追溯爱琴海文明的足迹开始，从古希腊文明的起源、罗马帝国的崛起与衰落，到封建愚昧统治下中世纪的蹒跚而行，再到文艺复兴的胜利和启蒙运动的兴起和影响，以及工业革命的崛起和对世界的改变，最后到两次世界大战对人类带来的灾难，以及随之欧洲一体化的进程和发展。力求以最全面的的视角，最简短的语言，对欧洲各个历史时期的政治、经济、文化生活等方面做了全景式的再现。

本书对美洲历史的全面介绍。自哥伦布发现新大陆之后，美洲的文明发生了剧烈的演变，欧洲各国的殖民入侵几乎把美洲本土的玛雅文明和印加文明洗荡殆尽。到了近代文化发展时期，代之以欧洲多国混合的殖民政治和殖民经济。因此，美洲的古代文化与近代主流文明几乎没有因果关联。北美的代表性文明是美国文明，南美的文明则被称为梅斯蒂索文明，也就是杂交文明。北美和南美的历史发展具有独立性和差别。

本书通俗易懂，简单明了，是一本良好的、适合广大青少年业余休闲的读物。

目 录
mu lu

第九章 中世纪的拉丁美洲历史——美洲的发现和殖民 141

第十二章　北美洲的当代史——北美文明的跨步发展 193

第一章 远古时期的欧洲历史——欧洲文明的开端

欧洲人起源于哪里？

在很早以前欧洲便有人类居住，最初的部落可能来自非洲，非洲在大约350万年前就已经有人类的踪迹。直到公元前12万年左右，北欧和中欧大部分地区都被冰雪覆盖着，不过有间歇的融化时期。在延续几万年的间断性冰封期间，曾有三次气温转暖，冰雪消融。但是，气候依然十分恶劣，土地干旱，像西伯利亚冻土地带一样。穴居熊、猛犸象、披毛犀、野牛、驯鹿和野马在这里生息繁衍。当冰雪退向北方时，动物也随着迁徙，随之而来的就是欧洲最原始的居民。

尼安德特人有什么样的生活习性？

尼安德特人是距今大约20万到3万年生活在欧洲、近东和中亚地区的古人类。因发现于德国尼安德特河谷的人类化石而得名。尼安德特人是现代欧洲人祖先的近亲，尼安德特人是穴居者，但是也偶尔在露天地建造营地。洞穴的入口有时用石块砌小，岩穴也常常用这种方法加以改善。他们使用火，猎取一些小的和中等大小的动物如山羊、小鹿，并且吃其他大型食肉动物吃剩下的猎物。他们制造并使用各样的石制工具和木制长矛。3万多年前，随着冰川蔓延过整个欧洲大陆，尼安德特人便灭绝了。

为什么说克罗马农人是成功的猎人？

欧洲大部分史前的人类居址都是在西班牙北部、法国和德国发现的。一般认为可能是由于那里的部落离覆盖北欧的冰川比较远，他们很容易找到山洞居住，而且那里的河里又有大量的鱼，森林里还有许多野兽，适于人类生存。最有成果、也是最有意义的发掘，莫过于在西班牙北部阿尔塔米拉洞窟、法国南部克罗马农山洞里发现了一些工具和骸骨，因此，这个时期欧洲冰期的人类往往被称为克罗马农人。

克罗马农人是很成功的猎人，经常猎取驯鹿、野牛、野马甚至猛兽。从其文化遗物里发现了大量艺术品，包括小件的雕刻品、浮雕以及各种动物的雕像，还有许多精美的动物壁画。随着克罗马农人时代的结束，地质历史上的更新也宣告结束，新石器时代开始。在冰期出现的这种"解冻"标志着更"现代化的"欧洲的开始。

最早的农耕是从什么时候开始的？

从公元前1万年起，冰河开始大面积融化，退出了北欧的大部分土地。与此同时，古老的东方开始了它最初的农业生产，在随后的几千年中，农耕文化从东方扩展到欧洲。在公元前4000年时，农业变革传到斯堪的那维亚半岛和不列颠各岛屿，由于农耕文化的出现，石器

时代的狩猎者那种整日与野兽为伍的生活方式逐渐被这种比较稳定却不太自由的生活方式取代。

随着农耕文化时代的到来，打制燧石的技术有了明显的改进，人类学会了磨制石斧。耕种者这时可以开垦大片森林，使之变成田地。这种革新非常重要，是人类从旧石器时代向新石器时代、从打制石器向磨制石器转变的一个重要因素。

欧洲青铜时期的主要特征是什么？

前2000～前1450年这个时期，岛上经济和文化活动频繁，希腊人在许多传说中都提到米诺斯文化。克里特岛在米诺斯文明时期进入青铜时代。公元前1450年时，克诺索斯遭到破坏。破坏是由来自大陆希腊的人入侵造成的。

公元前1600年后，迈锡尼文明兴起，在这时的贵族宫室和陵墓中发现了大量的装饰豪华的青铜武器和金、银、铜器皿。在米诺斯文化时期，繁荣富强的希腊文明在伯罗奔尼撒半岛发展起来，还有些设防的城邦，如西海岸的皮洛斯、梯林斯，尤其是迈锡克。

在公元前1600到前1100年蓬勃发展的迈锡尼青铜器文化，也影响到中欧的各部落。巴尔干和东南欧是一个青铜文化中心，以乌涅茨基文化著称，分布在捷克、摩拉维亚、多瑙河以北的下奥地利、西里西亚以及撒克逊等地。另一青铜文化中心是西班牙东南和葡萄牙南部的埃尔阿尔加尔文化，村落围以石头砌的高墙，住方形房子。墓葬在村内，流行屈肢葬，工具武器有刀、斧、剑、戟、弓箭等。

希腊文明是如何发展起来的？

公元前8世纪，进步的文明开始走上了正轨，并延续了400年之久，使希腊成为欧洲的经济强国和文化中心。许多政治制度和文化传统开始建立起来并影响到欧洲各国后来的发展。

在以后的几个世纪里，希腊人向其他海岸大迁徙，在那里建立起新的城邦。最早的殖民地建在西西里岛东部、意大利南部和非洲北部。希腊人在这些地区与伊特鲁立亚人、腓尼基人进行竞争。腓尼基人擅长航海和经商，他们从现在的黎巴嫩海岸起在整个地中海上建立起商业网，其中包括伊比利亚半岛，在那里建立加代斯，即现在的加的斯城。迦太基是他们最重要的基地。虽然希腊人在法国南部建了马赛利亚殖民地，并且北上到达罗讷河流域，但是由于腓尼基人的存在，使希腊人在地中海西部不能发挥更大的影响。

希腊人向前推进的第二阶段是去向黑海地区。拜占庭成为重要的贸易枢纽，控制着博斯普鲁斯海峡和达达尼尔海峡。希腊人在马其顿、色雷斯也建立了殖民地。

伊特鲁立亚人对艺术的发展有哪些贡献？

伊特鲁立亚人起源于现在的托斯卡纳，于公元前8世纪显示出先进的文明，这种文明延续了四五百年，伊特鲁立亚人生活的地区包括12个设防城市组成的联盟，起初这些城市有各自的王作为领袖，后来富有的贵族逐渐获得了越来越大的影响力。从波河流域到意大利南部希腊人的领地，伊特鲁立亚人控制意大利长达好几个世纪。到公元前500年，一些伊特鲁立亚人统治了罗马。

伊特鲁立亚人是能干的工程师和城市设计家，他们发明了建筑中的半圆拱。这种半圆拱承受的重量越大，它就越坚固。罗马人吸取这种技术，并且在拱桥上建成渡槽、围墙和城门。罗马人从伊特鲁立亚人那里学会建造神庙，并且学到许多宗教习俗。

凯尔特人的艺术有哪些特征？

居住在阿尔卑斯山以北的凯尔特各部落，从伊特鲁立亚人和希腊人那里学会炼铁技术和其他各种手工业特长，随即在欧洲北部取得优势，因为在大西洋和巴尔干半岛之间，有许多容易开采的铁矿。在以后的几个世纪里，凯尔特文化发展起来。

凯尔特人的铁匠能制造标准形式的武器，这样不仅可以装备有限的武士集团，而且也能装备真正的民间武装，因此凯尔特人能从黑海扩展到大西洋，并且推进到意大利和希腊。

凯尔特人的艺术部分地受希腊的影响，但是它也具有独特的单线条勾勒的表达形式，因而被纳入欧洲背景下的重要文明之列。虽然凯尔特人没有形成一个民族，也没有成为一个种族单位，但是他们与北方的日耳曼人和东方的斯拉夫人，仍有明显的区别。

欧洲历史上最早的战役是什么？

公元前480年，波斯国王薛西斯率领大军，从赫勒斯滂海峡深入欧洲，直扑希腊半岛。随着波斯人向前推进，希腊北部各城邦纷纷屈服，但是，雅典和斯巴达决定宁愿战斗，也不愿与米利都遭受同样的

命运。这两个城邦签订了同盟条约，条约规定陆地上兵力归斯巴达指挥，海上兵力由雅典指挥。

斯巴达王莱奥尼达斯率领300重武装步兵，在温泉关牵制住波斯陆军。这时候希腊人正准备进行最后攻击。希腊居民撤至伯罗奔尼撒半岛和萨拉米岛，泰米斯托克利将希腊舰队聚集在此处。薛西斯要保证庞大部队的军需补给，一定要摧毁这支舰队。波斯舰队虽然由1200艘舰只组成，三倍于希腊舰队，然而仍于公元前480年在萨拉米湾被歼灭。第二年，即公元前479年，波斯陆军又在普拉蒂亚被击溃。希腊人得到挽救，欧洲暂时得以免遭亚洲人的统治。

马拉松和萨拉米湾战役可能是欧洲历史上最早的战役。为了纪念胜利和酬谢诸神，希腊各城邦取得一致意见，决定修复全希腊运动会遗址奥林匹克的神庙。公元前470年后，又在同一地点为宙斯建立一座大的神庙和一座巨大的雕像。雅典人首先决定把卫城的废墟留下来，作为波斯人破坏蹂躏雅典的见证。

帕台农神庙是如何建成的？

在萨拉米战役之后，许多希腊城邦都在提洛同盟内联合起来，这一同盟是由雅典领导的。各城邦必须装备自己的军队，或是缴纳装备军队的部分费用。大部分城邦都选择最简便的方法，即缴纳捐税，让雅典去装备和指挥舰队。这样各城邦便沦为雅典的从属，这种状况不久就引起希腊各邦之间的争端。

希波签订和约（前449年）结束米堤亚战争时，伯里克利不遗余力地重建了雅

典，要把雅典变为占优势的商业城邦。在经济方面，皮雷埃夫斯成为地中海所有贸易往来的转口中心，随着战争记忆的逐渐淡漠，提洛同盟积累的海上收入，越来越多地被用于重建雅典。

伯里克利获得公民会议支持他建造卫城的计划，一开始并不是为了满足民众的宗教需要。他属于战后的一代青年人，他们的想法更具有政治意义，更为合理。这样一项建筑工程有助于创造许多工作岗位，促进建筑技术的发展进步，并且可以吸引外国各类工人到本城来。这项工程给中产阶级如手工业者、商人、海运商人带来利润，并且加强了伯里克利的支持者民主派反对保守的政治寡头的力量，而寡头支持者都是从阿蒂克的农民中来的。这样伯里克利就获得了对其帝国政策的承认，从而使雅典具有了对同盟者的优势，吸引来财富，为公认的古典文化全盛时期打下基础。

哪次战争结束了希腊的民主时代？

伯罗奔尼撒战争，是提洛同盟与伯罗奔尼撒联盟之间的战争，战争的双方是雅典和斯巴达之间。该战争使雅典走出了全胜时期，结束了希腊的民主时代。伯罗奔尼撒同盟和斯巴达严格的军纪，更能经受住战争的考验，而民主政治的弱点却暴露出来了，阿蒂卡的农民赞成和平，城里居民则希望战争继续，与此同时，雅典的好几个同盟者利用时机，挣脱雅典帝国经济政策的束缚。斯巴达人利用波斯国王资助建立的舰队，对战争的结局具有决定性的作用，可以从黑海到赫勒斯滂海峡实行封

锁，最终在决定性的海战中打败了雅典。公元前404年，雅典投降，被迫接受和约。根据和约，雅典必须交出舰队，解散提洛同盟，拆除保障城市供给的长墙。另外，还由一个30人组成的委员会引进寡头政体，与此同时允许斯巴达的一支驻军驻扎在雅典卫城。

古罗马文明对西方文化的发展有那些重要的意义？

古罗马是公元前10世纪初在意大利半岛中部兴起的奴隶占有制城邦，公元1世纪前后扩张而成为横跨欧、亚、非3洲的庞大的罗马帝国。395年，罗马帝国分裂为东西两部，西罗马帝国亡于476年，东罗马帝国（即拜占庭帝国）逐渐演化为封建制国家，在1453年被奥斯曼帝国所灭。

从传说的罗马建城时期（前753年）到西罗马帝国灭亡，中间相隔1000多年，这一漫长的时期欧洲一直处在古罗马文明的影响之下。

在西方文化史上，古罗马具有重要的代表意义。它延续了1200年，经历了王政时代、共和时代和帝政时代，版图不断扩张，在一个相当长的时期内，其农业、工商业和高利贷业兴盛，奴隶制经济取得了巨大的发展，在物质和精神文化方面取得了许多成就，对后世的西方文化有相当大的影响。

罗马共和时代建立的历史背景如何？

从罗马城出现到建立共和国这一历史阶段被称为王政时代，此时的罗马实行军事民主制。公元前509年，罗马人赶走了

伊特鲁立亚人，王政时代结束。

伊特鲁立亚由于受到两方夹击因而趋于衰落，在南部被希腊人的抵抗所阻挡，在北方，受到凯尔特人入侵波河平原的威胁，此时罗马乘机摆脱了以塔克文王室为代表的伊特鲁立亚人的统治，于公元前509年建立共和国，这是罗马历史上的决定时刻，王权观念从此被排除在罗马政治思想之外。不过不能因此便对共和国这个词产生幻想，就如同当时希腊城邦的僭主一样，共和国的建立不过是贵族的胜利。

"十二铜表法"的制定有那些具体的意义？

在公元前6世纪末，罗马贵族与平民的矛盾加剧，贵族垄断着权力，平民为了生存，不顾贵族等级的威望，奋起反抗，甚至发展到在阿芬丁山闹分裂，要建立与贵族邦并行的平民邦的地步。

不过逐渐出现的一些变化，促使贵族在城市政治生活中向平民做出让步，当然这种让步也是谨慎的。在公元前5世纪中叶，"十二铜表法"——这大概是刻在12块青铜牌上的法规——竖立在广场上就表现出一种新的精神。虽然从传流下来的内容看，仍然大大有利于贵族，但是从此罗马便有了一套成文的法规，成为一切公法和私法创立的源泉，这本身就是一大进步。

罗马帝国是怎样形成的？

大约公元前4世纪末，罗马派出军团进攻萨莫奈人，这似乎就是远征了，尽管萨莫奈人距离罗马只有200公里之遥。这是艰苦战争的开始，到前3世纪初，罗马已经占领除去南部几个希腊城邦之外的整个半岛。在10年时间里，轮到大希腊受罗马的控制了，塔兰托最后于前272年屈服。

在第一次布匿战争（前264～前241年）时，冲突还仅局限在西西里岛上，罗马获胜后将该岛变为一个行省。后来迦太基又在西班牙建立一个新的帝国，而罗马人也将他们的统治扩展到内高卢和亚得里亚海周围。第二次布匿战争（前219～前202年）的战场扩大到西班牙、意大利、非洲和希腊世界。汉尼拔表现出非凡的军事天才，统帅迦太基军队，给罗马军团以永久难忘的重创，但是罗马仍于公元前202年进入非洲，西庇阿在扎马战役中大获全胜，最终迫使迦太基屈服。

60年后，第三次布匿战争导致迦太基灭亡和非洲行省建立，这个行省后来成为罗马的谷仓。在东地中海地区，亚历山大帝国之后的希腊时代诸王国彼此对立，冲突延续不断。罗马意识到这里与西方截然不同，它在这里遇到的是组织严密的国家，虽然它对这些王国还没有明确的政策，但是这里的经济和文明就使它折服。

到前2世纪末，罗马已经几乎占有整个地中海世界。到1世纪，恺撒又为罗马增添了所谓的长发高卢，之后屋大维又占领了埃及。罗马当之无愧地成为当时地跨欧、亚、非三大洲的大帝国，地中海变成了罗马帝国的内海。

为什么共和制会在罗马没落？

这个时期的罗马国家由于过度发展所带来的问题，经济、社会、人的思想都发生了变化，共和制度显然不再适合这样的

统治。

大地产的兼并使农村小土地所有者境遇恶化。农民每年应征打仗，不能照管或恢复荒芜了的土地，即使能够经营自己的土地，也遇到进口外省廉价小麦的竞争。他们离开土地，壮大了城市无产者的队伍，成为过去军队里长官的被保护者，为这些人的政治野心效劳。成为平民并不是自己出身的问题，而是贫困的问题。贵族即在行使权力中发财致富的元老，他们把公有土地私自据为己有，独占被没收的战败者的土地，大量土地都用来供畜牧用，由奴隶照管。

与此同时，商人和金融家阶级发展起来，他们的财富是动产。他们从商业贸易和税收制度中得益。他们有时依靠元老院贵族，有时依靠平民。平民百姓可能更迷信旧的宗教信仰和过去的习俗。社会上少数最文明的成员则被希腊所诱惑，接着很快又受东方的诱惑。

庞培和随后的恺撒也是由军队起家的，军队把统帅看得比共和国更重，一切共和制度都受到嘲讽。他们的派别斗争导致两人先后被杀，但是昔日的共和国却并未因此而恢复。

屋大维所进行的制度改革审慎而循序渐进，元老院仍保留其一切特权，而屋大维只是"元首"，也就是第一公民，其他所有公民都是与他平等的。传统的行政官员任期制度仍然存在，他根据不同年度和其他公民一起实行这种或那种任期，仿佛遵守任期一年和集体领导权力相等的规定。

但是他在自己的名字里加上统帅的称号，这是向得胜的将军凯旋时致意的称号，表明胜利属于他固有的权限。元老院宣布他为奥古斯都，这本是个宗教称号，这样赋予他一种神圣的特点，并成为其后继者们的尊号。在共和国的外表掩盖下，实际上成为了改头换面的希腊式王权的罗马帝国。

罗马帝国是怎样走向衰亡的？

在2世纪最后的30多年中，出现了长时期内外交困的混乱局面，与罗马和平时期形成鲜明对照。直到10世纪，人民运动使整个欧亚大陆动荡不定，出现复杂的迁徙现象。这时日耳曼人和斯拉夫人开始大迁徙，有时候是自动的迁移，但是更经常的情况是在草原民族的压力下不得不迁移的，其中以匈奴人的压力最为突出。罗马世界的扩张本身也使问题变得更加复杂，而又未能提出解决问题的办法，帝国帝位继承的危机、赋税的沉重负担、经济和社会困难，所有这些因素都从内部削弱了罗马帝国的力量，促使帝国走向衰亡。

在危机之前就已经开始出现了另外一种变化，且显得十分重要，它影响到欧洲的信仰与文化，这就是基督教的传播和普及。罗马帝国虽然对基督教采取迫害的态度，但是还是为传教者布道创造了有利的环境。罗马帝国灭亡后，却反常地使基督教会成为希腊罗马文明的继承者。

日耳曼人为什么会入侵罗马？

166年，在罗马皇帝马可·奥里略统治时期，有些日耳曼部落，越过多瑙河，几经曲折，终于在170年到达亚得里亚海上的阿奎莱亚大港。这次入侵延续了三个多世纪，在罗马帝国的历史中掀起了一个又一个浪潮。

可是，罗马和它的邻居日耳曼人仍然保持着某种古老的和平关系。罗马大概把日耳曼人看作是蛮族，因为他们生活在罗马文化区域之外。日耳曼居民也并不齐心，常常是彼此对抗的，只有在宗教和某些习俗及技术方面是共同的。不论是农民或牧民都在朝定居方向变化，他们不懂得城市文明，也没有国家观念，而这正是罗马文明的基础。

日耳曼人的社会以自由人和武士为基础，以一种类似宣誓的方式结成的行会里，彼此之间和首领联合在一起。在战争期间，他们必须绝对服从首领，但是在和平时期，这些自由人聚集成一个整体，比一个国王还会行使政治权力，尽管这种权力是微不足道的。

罗马帝国内部政局有什么变化？

3世纪时的罗马帝国，外部受日耳曼人的袭击，内部被军事混乱、皇帝权力不稳削弱，似乎注定很快就要崩溃。瓦莱里安皇帝被波斯人俘获，受尽折磨（260年）。奥勒利安放弃达西亚（271年），并建起新的城墙将罗马围起。戴克里先使帝国得到复兴，为了更有效地保护帝国，他将帝国一分为二，即东罗马帝国和西罗马帝国。

罗马的历代皇帝无法控制住日耳曼人的压力，便把他们作为同盟者安置在帝国内部，允许他们保留自己的法律、习俗、首领，与此同时保持一种有名无实的罗马统治权。476年，赫鲁利人的国王奥多亚赛废黜了西罗马帝国的最后一个小皇帝罗慕路斯·奥古斯图卢斯，把帝国的标志送往君士坦丁堡。逐渐取代了西罗马帝国的日耳曼诸王国，边境变化不定，但是到5世纪的最后20多年中，边界已经基本稳定下来。

新到来的人在数量上比罗马人或已经长时期罗马化的人少得多，然而日耳曼诸王都想成为罗马的继承者，因此在450年时，罗马人和西哥特人并肩战斗，抗击阿提拉率领的匈奴人，将他们赶出高卢。这些西哥特人在阿基坦、随后又在西班牙定居，在那里建立了托莱多王国。后来国王勒卡雷德放弃阿里乌斯教派，这一教派是基督教的一个异端，许多日耳曼民族都属于这一教派，这时西哥特人便与拉丁居民结合起来。至此，西哥特人的这一段插曲，已经成为直至现在西班牙文明的一个组成部分。

这个时期出现了几个国家的雏形？

这个时期出现了三个国家的雏形，分别是意大利、法国和英国。

东哥特人的国王狄奥多里克大王，很小的时候便作为人质被送到君士坦丁堡的皇帝芝诺那里。在东罗马帝国皇帝的同意下，他率领人民试图把奥多亚赛赶出意大利。他获得了成功，并在拉文纳定都，在那里建造了非凡的建筑物。在他看来，哥特人和罗马人应当发挥不同的、而又相互补充的作用，哥特人提供士兵，而罗马人治理王国。但是东哥特王国与君士坦丁堡的关系暧昧，这就成为查士丁尼皇帝重新征服意大利的基础。

法兰克人在历史上出现的相当晚，并且同他们的国王克洛维直到481年即位时

一样默默无闻。克洛维放弃异教，皈依基督教。他在高卢罗马人中间建立王国，以巴黎作为首都。他比狄奥多里克取得的成就更大，他成功地把法兰克与罗马的传统混合起来，克洛维从东罗马帝国皇帝阿纳斯塔修斯那里接受了执政官和贵族的称号（508年）。克洛维对后来法兰西王国的产生所起的重要作用，从他的姓名（后来变成常用的名字"路易"）在他之后的历代国王中重复出现，就可见一斑了。

在西罗马帝国的大部分陆地领土上，依然通用罗曼方言，新拉丁语、西班牙语、葡萄牙语、意大利语、法语就是在这时期形成的，而日耳曼则只留下几个属于军队和战争方面的词汇。

不列颠即今天英格兰的情况则完全不同。因为来自北海沿岸的弗里斯人、朱特人、盎格鲁人和撒克逊人和来自爱尔兰的苏格兰人，同时从海上入侵，在这种情况下，罗马文明几乎荡然无存。英格兰岛与大陆的背景不同，它不是补充人员式的日耳曼殖民化，而是移民式的日耳曼殖民化。

罗马帝国后期的政局发生了那些变化？

在欧洲居民试图改变的同时，帝国内部也遇到了极其严重的危机。军队及其长官在与日耳曼人的长期斗争，以及在东方与安息帝国的斗争之中，其政治影响都得到扩大。罗马军团拥立而后废黜了一个又一个皇帝。284年，戴克里先同他的前人一样，被士兵拥立为皇帝。在将近一个世纪的时间里，帝国又恢复到某种稳定的局面。

一个根本性的问题即要使帝国的结构适应必须长期加强防御的需要，为此他建立了四帝共治的制度，将罗马世界分为四个部分，从此以后罗马不再是帝国的首都。

由于四帝共治制度有很大的弊病，君士坦丁又统一了帝国，并建都于拜占庭，命名为君士坦丁堡。狄奥多西继位后，把罗马帝国变为基督教帝国，又回复到将帝国一分为二的局面。395年，他把东帝国分给长子阿卡迪乌斯，把西帝国分给次子霍诺里乌斯。从此罗马帝国的统一便彻底结束了。

此后各行省的规模变得更小，以便使各城市的行政长官与其权限更为接近。行省数目由四十多个变为一百多个。意大利因此失去了特殊地位，也以同样的方式被分割，行省组成行政区，每个行政区由总督管理。日耳曼诸王曾长期为帝国效力，最后却将它摧垮，但是又不停地仰慕它，他们加速了罗马世界和日耳曼世界之间缓慢的相互渗透进程，这一进程给欧洲带来了崭新的面貌。

罗马帝国是怎样变成基督教的帝国的？

因为基督教信徒拒绝向异教的诸神献祭，所以从基督教区别于犹太教时起，基督教就成为了众矢之的。4世纪是个决定性的转折时期，戴克里先于303年所进行的对基督教徒的迫害，是他复兴帝国政策里的宗教部分，也是最粗暴的迫害之一，而事实上也是最后一次。313年，君士坦丁和李锡尼两皇帝在米兰会晤，承认基督教是帝国宗教之一，这样便为其最终胜利作了准备。君士坦丁在临死前受洗，在381到392年之间，狄奥多西禁止异教宗教仪式，神庙被拆毁或改成教堂。393年，奥林匹克运动会被取消，罗马帝国变成彻底的基督教帝国。

除法兰克人之外，这种情况并没有因为在西罗马帝国建立了日耳曼诸王国而有所改变，法兰克各部落在帝国内定居前，已经皈依基督教，只不过皈依的是其异端阿里乌斯教派。直到5世纪和6世纪时，农村的堂区增多起来，而且到教皇大格列高利一世采取行动时，基督教传教才起到充分作用。

起初每个基督教集体都是在城市范围内组织起来的，为首的一名主教即监督人是信徒们推选的。他成为城市里的首要人物，甚至超过他的宗教权力。教堂的数量越来越多，不久之后只有重要的中心地才有主教，而在其他城市里长老的作用发展起来。但是在6世纪末以前，教皇一词来自希腊语，意思是父亲，这个称号和天主教会政府并不属于罗马主教专有。

拜占庭帝国是如何兴起的？

西罗马帝国是指罗马帝国于286年被戴克里先分为两部份后，位处西部的帝国，西罗马帝国正式灭亡于476年9月4日，皇帝罗慕路斯·奥古斯都被奥多亚塞威迫退位，并于公元480年皇帝尼波斯死后非正式灭亡。由于罗马帝国的重大影响，所以公元480年西罗马帝国衰落后，一般也被认为是古代欧洲的终结，与此同时欧洲进入了中古时代。

东部的帝国是在西罗马帝国崩溃后依然存在的罗马帝国的东部，称为东罗马帝

国或拜占庭帝国，这个称呼来源于其首都君士坦丁堡的前身：古希腊的殖民地拜占庭城。

当巨大的转变动摇西罗马帝国的时候，东罗马帝国却仍安然无恙。但是自4世纪起，东罗马帝国便把重心放在君士坦丁堡，当然它也在变化着，这从拜占庭帝国的名称就已经看得出来，此后这样的称呼便延续下来，东罗马帝国变成了拜占庭帝国。

拜占庭帝国的经济发展状况如何？

拜占庭帝国各城市由于经济萧条，无法进行贸易交流，拜占庭便转向东方，购买来自中国和印度的奢侈品。但是商路不论是海路或陆路，都被波斯人所控制，因此就必须与波斯人保持良好的关系，不过这也并非都行得通，因为即使在和平时期，拜占庭也不得不向波斯人纳贡。于是有人试图开辟新的与中国来往的通路，经过克里米亚的赫尔松然后从拉吉克到高加索，此外人们还成功地经过红海进入印度洋，后来拜占庭人终于能在大的城市中心生产丝绸（如君士坦丁堡、安条克、庇比斯），这是靠两个僧侣把蚕茧放在挖空的手杖里带了回来才得以实现。在这些中心地方，直到12世纪，商业和手工业仍然很发达。

君士坦丁堡和塞萨洛尼基是拜占庭帝国两大商业中心。君士坦丁堡是当时已知的世界性商业大都城，各种商品交易极为兴旺。当然，拜占庭的经济主要是以农业为基础，但是海上运输业也促进商业的飞速发展，便利于当地产品（珠宝、器皿、

毛织品、麻、毛皮等）的出口。

拜占庭帝国在建筑方面有哪些贡献？

帝国在欧洲和亚洲的边境，有一部分是凭借许多堡垒来保护的，尤其是沿多瑙河的边境。在查士丁尼统治时期，工程建筑虽然不能与罗马皇帝时期相媲美，但是土木工程也是非常可观的。皇帝下令修建城墙、公共建筑、慈善机关，以及像圣索菲亚那样有圆拱顶的长方形大教堂。建筑、绘画和雕刻都服从于一种新的宗教观念，力求把基督教强加于各种艺术形式。古典主义消失了，与偶像崇拜相联系的雕塑艺术衰退了，因为它与拜占庭宗教艺术中的主导思想相对立。

拜占庭帝国周边受到那些国家的威胁？

626年，阿瓦尔人企图包围君士坦丁堡，但是他们的计划突然停止。这次失败最终动摇其霸权，并且鼓舞了斯拉夫人各部落摆脱桎梏，要求在巴尔干半岛的主权。但是，真正的危险来自阿拉伯人，他们从622年便开始组织起来。先知穆罕默德奠定了伊斯兰教社会的基础，结束了初始的部落组织和缺乏政治统一的状况。他们的经济和社会发展同其领土自然状态一样，都是无规律的。

阿拉伯人成为国际贸易系统中的重要环节，他们买卖香料、贵重木材、纺织品、象牙，甚至买卖奴隶，并从此控制了出入印度洋的海上运输。但是，与此同时拥有宗教和政治权力的哈里发却是激烈争夺的赌注。继在大马士革建立的倭马亚王

朝之后，750年，阿拔斯王朝通过武力取而代之，成为巴格达的哈里发。不过虽然经历次危机，阿拉伯人始终对拜占庭人构成一种威胁。

西罗马帝国的政治局面有哪些变化？

在西罗马帝国，各日耳曼王国甚至在帝国未灭亡（476年）之前，便已经取而代之，但是各王国的发展道路不同，其特点就是边界不稳定，国王的统治也不稳定。

与此同时，西哥特人只能将其统治局限在伊比利亚半岛，因为在渥耶反抗法兰克人失败（507年），所以失去阿基坦。查士丁尼发起的重新征服仅到原来的巴伊提卡罗马行省为止，而且50年后又撤了出来。另一支日耳曼民族伦巴第人，一直从易北河口迁向潘诺尼亚，于568年开始被载入史册。他们越过阿尔卑斯山，控制波河平原达四年之久。

到6世纪末，有一段短暂的衰落时期，这正是纽斯特立亚（高卢西北部）、奥斯特拉西亚（高卢和日耳曼尼亚东部）和勃艮第诸王国国王相互厮杀的时期。从610年起，克罗泰尔二世、随后又有达戈贝尔才又恢复统一。但是到7世纪末，墨洛温王朝（王朝名称来源于克洛维的祖父墨洛温）受贵族统治，贵族中有权势的首领篡夺了宫相的职位。

查理曼大帝一生有哪些功绩？

查理曼勇武好战，又富有改革精神，也是文化复兴的起始者。774年，他征服吞并了伦巴第王国。制服萨克森则经过多次死伤惨重的战役。萨克森的屈服使帝国

的日耳曼特点更为突出，帝国的疆域达到斯拉夫世界的边缘，在那里与拜占庭帝国的利益发生冲突。

法兰克人改组了国家制度，法令适用于所有臣民，法律尊重被征服地区的习惯，这样做的目的就是要使法规符合所有民族的需要。查理曼任命各地的行政长官伯爵，他们都听命于皇帝。查理曼要求帝国各地的领主宣誓效忠，他每年在艾克斯沙佩勒召集要人开会，参加的主要是官员、主教和最富有的人。这样民众中也有些人在一定范围内参与国事。另一方面，查理曼把当时各种最有才智的人召进王宫，从而促进对民众的教育。

查理曼巧妙地将自己的权威施加给罗马天主教会，因此，800年圣诞节时为他举行了加冕典礼。拜占庭表示的异议通过外交途径和恢复双边关系被排除了。这次和解使威尼斯和伊斯特拉半岛又归回拜占庭人，拜占庭承认法兰克帝国，双方实行贸易自由。但是，新的罗马帝国虽然有其名义，却依然是一个日耳曼国家。

斯堪的那维亚和大不列颠是怎样进入欧洲历史的进程的？

9世纪标志着斯堪的那维亚和大不列颠进入欧洲历史的进程。来源于日耳曼人的斯堪的那维亚人，分为三个民族，即丹麦人、挪威人和瑞典人。

瑞典人的活动是向芬兰湾发展，沿俄罗斯境内河流溯流而上，最后到达黑海。起初，瑞典人与拜占庭的关系仅限于贸易往来。后来到10世纪时，他们便以舰队去威胁拜占庭，从而得到有利可图的贸易协议。

挪威人和丹麦人与瑞典人不同，他们是向欧洲西部和南部地区扩展，进行劫掠破坏。在两个世纪中他们都构成对西欧的威胁。这些可怕的入侵者一直到达爱尔兰、大不列颠、日耳曼尼亚、荷兰、法国，甚至到达地中海，直到希腊的领土。875年，挪威人在入侵爱尔兰并建立起王国之后，又直奔冰岛海岸，于930年在那里召开了被认为是最早的欧洲议会。

主要向西方入侵的是丹麦人。他们沿河溯流而上，侵入到不同国家。834年，他们到达现在的德国和荷兰，后来又远到爱尔兰。最后他们在这些地方定居下来，并把那里变为作战战场。随后，他们在劫掠破坏之后，征服英格兰，使那里成为受入侵之害最严重的地方。885年，撒克逊阿尔弗烈德大王收复伦敦及其附近地区，实现英国的统一，从而成为英格兰的撒克逊王国奠立者。

拜占庭的鼎盛时期有那些社会特征？

拜占庭世界的全盛时期与马其顿王朝（867～1081年）的统治与此同时出现。帝国的疆域与查士丁尼时代一样辽阔，帝国屡次击退敌人也给其他民族留下了深刻印象。这时的政府管理卓有成效，经济稳定，边境安定，这样便使文化得以复兴。

最辉煌的时期（963～1025年）有几位杰出的皇帝，如尼斯福鲁斯二世福卡斯、约翰一世齐米斯西斯和巴西尔二世。由于这几位皇帝随军远征，身先士卒，收复了大片失地，拜占庭又恢复了其强盛的局面。10世纪初，已经拥有舰队的阿拉伯人曾迎战拜占庭人，占领了西西里岛和克里特岛。地中海因而成为战场，战争波及

到许多地区。904年，阿拉伯人攻克塞萨洛尼基并屠杀居民，是这个时期的一大浩劫。但是从961年（这一年收复克里特岛）起，就已经肃清爱琴海上的海盗。阿拉伯人这时节节败退，先后失去西利西亚、叙利亚、美索不达米亚的一部分和巴勒斯坦。在11世纪初，各国军队到达耶路撒冷，1036年，通过条约的保证，对圣地施行保护。此外，拜占庭的影响还扩展到亚美尼亚，向北达到高加索的格鲁吉亚。

11世纪的欧洲处于什么样的政治局面？

外来人的入侵，从9世纪中期至11世纪建立的新国家和新的制度，这一切都促进了西欧的转变。

匈牙利人或称马扎尔人，这个原来在乌拉尔山和高加索之间随后在顿河口生息的芬兰——乌戈尔民族，被土耳其人驱逐。他们在阿尔帕德王公率领下，越过喀尔巴阡山，在多瑙河和蒂萨河之间定居下来，从那里威胁着西欧。1083年被封圣，成为匈牙利国家的缔造者。

捷克人和摩拉维亚人，他们在9世纪末建立国家。大摩拉维亚国请拜占庭传教士西里尔和美多迪乌斯传教，波希米亚则由罗马传教。文切斯拉斯亲王（921～929年）被异教徒派杀害。这并未能阻止布拉格于975年左右成为主教区。圣文采斯拉斯成为波希米亚的守护神。在法国，封建制度大大削弱了国王的权力，而有利于享有实际上独立的大封建主。

英格兰在反对丹麦人的斗争中逐渐强盛起来，并重新参与由于多次入侵而使它远离的欧洲大陆的生活。英格兰西南部韦塞斯王国国王阿尔弗烈德大王，多次打败丹麦人，占领伦敦，并将其影响扩展到整个英格兰。

第二章 中世纪的欧洲历史——欧洲文明的发展

"中世纪"来源于什么？

"中世纪"一词是15世纪后期的人文主义者首先开始使用的，这个时期的欧洲没有一个强有力的政权来统治，封建割据带来频繁的战争，造成科技和生产力发展的停滞，人民生活在毫无希望的痛苦之中，所以中世纪或者中世纪的早期在欧美被普遍称为"黑暗时代"，传统上认为这是欧洲文明史上发展比较缓慢的时期。

中世纪的欧洲文明建立在三个基本因素基础上，这就是罗马帝国、基督教和日耳曼的特点。基督教在西方由奴隶制向封建制、由封建制向资本主义过渡的历史时期中，在促进西方封建化进程、促进民族融合以及转变西方社会风气、促进西方经济恢复与发展等方面起着积极的作用。特别是基督教文化作为中世纪初期西欧主体文化，对日后西方文化的发展走向产生了极其深远的影响。

在中世纪基督教民族是如何兴起的？

随着奥托一世即位，基督教罗马帝国于962年重新出现。在查理曼统治时期被强行归并的萨克森公国，这时成为新帝国的基础，这个新帝国更具日耳曼特点，而较少加洛林王朝色彩。另一方面，奥托的萨克森王朝新帝国与加洛林王朝建立的基督教世界，疆界也不一致了，因为10世纪末11世纪初时，"异教徒"的世界明显地后退到北欧和东欧。这个基督教世界还远未形成统一的文明模式。

北欧和东欧人口稀少，不过居民仍或多或少信仰了基督教。汉堡的主教所在地于943年就在斯拉夫世界附近建立起来，但是直到970年后不久，根据奥托一世和教皇的倡议，在建立马格德堡和布拉格总主教教区后，基督教和城市化才真正开始在波兰和波希米亚被人们接受。匈牙利人于955年败在奥托一世军队手下之后，便不再向意大利和日耳曼土地入侵。1000年，他们的公爵皈依基督教，加冕为国王，并得到教皇的祝圣。25年后，波兰君主制度也得到罗马天主教会的承认。最后在1010～1030年之间，在诺曼底各公爵皈依基督教之后，挪威、瑞典和丹麦的国王也先后归入基督教世界。

欧洲中世纪的生活特征是什么？

在10世纪末之后，建造城堡仍然持续了很久，城堡成为农村和领地新的社会组织的基础。实际上农村人口移居就是在城堡周围重新组织的，当时城堡往往在村庄周围出现，到11世纪时城堡才具有人们所熟悉的形式，有石头的围墙和塔楼，从此就形成集中在城堡四周的农村住区。

庄园主家族中出现许多骑士。庄园主从7世纪前即已经开始对奴隶拥有一切权力，而且他们也对其他有自由身份的臣民有

广泛的权力。庄园主在把付税的庄园与从前的土地庄园合在一起后，就将司法权夺在手里，并向庄园的全体居民行使司法权。此外，他们还强行规定了贡税和劳役，即用于维修城堡的劳役和供养出征作战的骑士税。

在法国和意大利，特别是在980年至1030年之间。骑士的出现是产生庄园和窃取公共权力的主要原因。骑士的出现在很长时间内成为引起混乱、暴力和渎职的因素。国王再也无力与伯爵篡夺或庄园主窃取的权力对抗，当这种状况非常明显时，天主教会才提出承认骑士所起的作用。骑士制度于是变成一种行会，吸收新成员要先举行仪式，仪式要求有一位神职人员参加，并要给武器祝圣。

为什么说罗马大道就是商人之路?

12世纪时，通往罗马的大道已经成为商贸活动的大道，最初经常利用这条大道到塞尼山口的意大利商人可能是来自卢卡的，因为伦巴第人早已经选定卢卡作为托斯卡纳公国的都城，后来卢卡也利用从这条必经之路的有利位置得到好处。北方的皮亚琴察和阿斯蒂、南方的锡耶纳，也是靠这条大道发迹的，许多银行家和货币兑换商人都在这几个城市里开业。

卢卡人很早就利用从东方进口的原料，专门生产丝绸织品。至少从1153年起，他们便参加香槟的集市交易会。在香槟伯国有六个大的集体交易会常年不断地活动分别在特鲁瓦、普罗万、奥布河畔巴尔和拉尼等地，12世纪时成为地中海欧洲和北欧贸易最佳会合地点。意大利在这里购买弗朗德勒城市生产的毛毯，出售丝绸织品和东方香料。

12世纪时，商业的需要超过朝圣的需要，促进了交通线的发展。除去阿尔卑斯山地区塞尼山和大圣贝尔纳两条古老大路之外，在将近1000年时，又增加了圣哥达大路，连接波河平原和莱茵河上游、瑞士及德国城市，主要是威尼斯商人使用。14世纪后半期，弗朗德勒在欧洲市场失去对毛毯交易的垄断。国际贸易的重心向南部扩大，除去香槟集市交易会外，又有了日内瓦和里昂的集市贸易。

十字军东征对历史的发展起到那些作用?

西班牙再征服战争于1085年攻克托莱多之后，由于摩洛哥的柏柏尔部落入侵伊比利亚半岛，征服活动停顿了将近一个世纪。另一方面，从1096年起，基督教的骑士（主要是法兰克人）将针对伊斯兰教徒的战争行动进一步向前推进。一般来说，阿拉伯人对耶路撒冷的统治并没有偏执、狂热的表现，在11世纪时，基督教教堂在整个叙利亚内依然继续存在。随着突厥人到达叙利亚和巴勒斯坦，这种状况才成为问题。但是无论如何，解放圣地仍成为十字军东征的正式理由。

第二次征服行动，十字军改变方向去进攻君士坦丁堡，并于1024年由封建主和骑士们组成的十字军约有3万人，于1099年攻占耶路撒冷。十字军按照西欧的封建模式建立一个拉丁王国，并派新的隐士加兵修会（圣殿骑士团、医护骑士团）负责保卫。十字军东征深刻恶化了基督教世界与不同的文明之间的关系。莱茵兰地区一听到第一次十字军东征的消息，便发起强烈地排斥犹太人的运动，最初的犹太人区便出现了。另外，十字军在圣地占领的城市里滥杀平民。十字军东征使骑士的形象更具有基督教精神，但是与另一种对立的褊狭形象也是密切相连的。

欧洲的经济处于什么样的状态？

从大饥馑的1316年到15世纪下半叶，欧洲经历一个挫折和危机的时期。在许多地区，经济停滞不前，甚至出现倒退。

在法国，经济几乎是全面崩溃，这是因为天时不利（流行病、饥荒），而且由于战争接连不断地发生。相反在其他地区如弗朗德勒和布拉邦特，经济却蓬勃发展。在衰退和发展过程中，确实存在相互交叠、转换的变化。

国际贸易的一个重大变化就是运输方式的发展，陆上贸易失去优势，被海上贸易占了上风。这种变化有好多种原因，陆路运输靠四轮车，用牛或马牵引，道路状况恶劣，而且不安全。当然内河航运有时可代替陆路运输，一艘货船就可代替几十辆车。这种较高的效益说明为什么有许多城市建立在江河岸边。然而，在有些地方，利用陆路和水路的人得缴纳通行税。

欧洲农牧业出现扩张的原因是什么？

1316年，整个欧洲遭到饥荒，饥荒标志着延续一个多半世纪的农业危机的开始。13世纪时，居民能得以温饱，而在14世纪时，除去几次为时不久的地区性匮乏之外，广大地区则多次遭受饥荒。饥馑带来的后果很多：出生和结婚率下降，流行病频繁，社会动荡不安。这样便造成人口衰减；农业产品过剩又导致其价格降低，

使农村地区的危机加剧。在欧洲，到处都有大面积的土地空闲。例如在德国，有的乡村整个被放弃。在英国，许多可耕地变为牧场来养羊。

由于需求大量羊毛，羊群数量大大增长。弗朗德勒和法国呢绒业的羊毛主要供应者英国，通过发展养羊业扩大本国的羊毛生产，并且限制羊毛出口份额，以促进自己的呢绒工业。

在意大利和葡萄牙，为了满足对水果、蔬菜的极大需求，有人栽培果园，生产柑橘、柠檬、无花果和葡萄，供应出口。在经济作物中，葡萄的生产从这个时期酒价稳定中得到好处。希腊和西班牙产的葡萄酒，以及塞浦路斯和罗得岛的葡萄酒，在西欧市场上，都很容易找到销路。在莱茵河沿岸、阿尔萨斯和勃艮第，葡萄园发展飞速。

欧洲为什么会出现社会动乱？

14世纪最初的几十年里，叛乱运动经常发生，就其本身来说，并不算什么新鲜事。在13世纪时，欧洲就已经出现过这类骚乱，但是当时主要发生在城市里。这一次则是乡村、城市全无例外。另外，这些动乱几乎是与此同时爆发，欧洲各地无一幸免。城市的飞跃发展和农村地区的危机，是产生这种社会现象的原因。农村人口大量涌入城市造成许多困难，如房租上涨、劳动就业市场饱和。尽管当地政府和同业公会共同努力，但是并没有取得任何效果，因为除了小麦产品之外，物价普遍上涨，甚至超过工资的增长。中世纪社会进入了贫困化阶段。

贫富之间的差距使这种紧张局面加剧。有钱的权贵和商人通过联姻的策略，

跻身于处境困难的贵族行列。他们模仿当时占支配地位的贵族榜样，也穿戴豪华，购买诸如宝石、黄金、大理石雕刻和挂毯之类的稀有物。在最突出的贫困苦难局面中，这种强烈的对比激起民众的仇恨。另一方面，在行会内部，过去促成建立同业公会的精神消失了。在每个行业里，师傅组成一个阶层，反对新来到的人加入本行业。他们提出新成员加入的苛刻条件，这样使学徒的数量也大为减少。战争和粮食危机迫使许多农民沦为乞丐，甚至犯罪。

欧洲一些国家的政局出现了什么变动？

在中世纪末，欧洲各政治实体的变化出现一种矛盾的状况，有些衰落下去，另一些则发展起来。在神圣罗马帝国，维持帝国的特权被组成帝国的各日耳曼公国的奢望所取代。

意大利半岛北部是神圣帝国的一部分，然而皇帝在那里的权威纯粹是形式，因为实际权力都掌握在城市的市政官手里。但是，由于激烈的商业竞争，威尼斯、热那亚、佛罗伦萨和米兰未能或者不愿实现长久的统一。在14世纪和15世纪时，这几个城市由几个大家庭领导，依赖于由清一色的贵族大家庭议员组成的大议会。

伊比利亚半岛的情况恰好相反，是朝相对统一的方向发展。阿拉贡已经是三个国家的联盟，即巴塞罗那王国、巴伦西亚王国和阿拉贡王国。阿拉贡通过个人的关系与西西里王国联合，将其影响扩大到撒丁岛和科西嘉岛，后于1442年扩展到那不勒斯王国。这样阿拉贡便成为控制整个西地中海的海上强国。再往西边是卡斯蒂利亚王国，王国寻找海上出口损害葡萄牙的利益，先是通过两个王国联姻的办法，但是没有成功，随后便使用武力手段。葡萄牙极力抵抗，科英布拉议会的声讨，1385年阿尔儒巴罗塔大捷，使葡萄牙保持了独立的地位。卡斯蒂利亚在西方遭到失利，在东部得到补偿。

东欧的国家格局有那些变化？

在东欧，从12世纪和13世纪起，日耳曼人已经在斯拉夫土地上开始移民和垦荒。但是这种殖民很快便具有了经济和文化统治的形式，使斯拉夫民族感到不安，他们试图起来反对。1226年，条顿骑士团响应腓特烈二世皇帝和马佐维亚亲王的号召，用武力而不是言语征服了普鲁士。骑士团对斯拉夫人要求解放的微弱愿望也构成严重威胁，而且不久之后（1240年），来自亚洲的蒙古人也成为明显的威胁。所有这些威胁都凑在一起，便促成东欧人民组成共同阵线。

1241年，蒙古人将匈牙利劫掠一空，几乎要将这个国家消灭了。国王贝洛四世向来自意大利、日耳曼和西欧各国的移民发出呼吁。移民于是恢复了农业生产，活跃了城市。他们还和西方建立起历史的联系，随着将安茹、后来又将德国王子选任为匈牙利国王，使历史的联系得到加强。捷克人和波兰人最终也建立了独立的国家。

文化和政治独立的愿望也使波兰和神圣帝国发生对立，因为条顿骑士团放下反对伊斯兰教徒的斗争，去立陶宛不信基督教的土地上宣传福音。可是讲道却像征服一样。1386年，立陶宛国王亚盖沃娶波兰公主雅德维佳为王后，并皈依基督教，成为波兰国王。科希策条约把两个国家联合起来。1410年，亚盖沃在坦能堡大败条顿骑士团。波兰民族国家从胜利中诞生。

在13世纪，俄罗斯向蒙古国家金帐汗国纳贡。到14世纪初，俄罗斯已经不再是一个自治的政治实体。再往南，在13世纪时拜占庭帝国不过是昔日王室后代共同分享的一些小国的拼凑物。巴列奥略王朝成为拜占庭帝国最后的统治者。14世纪开始时，偏安于君士坦丁堡的拜占庭帝国仍是个较小的强国，成为意大利商人征服的目标。帝国给予热那亚人的商业优惠，使拜占庭的残余部分完全依赖商人的控制。

新航路开辟对欧洲有哪些影响？

14~15世纪，欧洲各主要国家的封建制度内部，先后出现了资本主义生产关系，随着商品经济的发展和贸易的扩大，人们对黄金的需求量扩大，东方各国的黄金成了西欧人梦寐以求的东西，但是这时奥斯曼帝国控制着东西方贸易要道，阻隔了西欧各国通往东方的传统商路，那些炽烈追求东方财富（黄金、珠宝、香料、丝绸等）的西欧各国贵族和新兴商人，急切需要探求一条直接通往印度和中国的海上航路，这一切都为先航路的开辟提供了动力。15~18世纪，引起欧洲经济扩张的地理大发现在人类历史上掀起了一场革命，欧洲发现了世界，世界从此向欧洲人敞开。

新航路的开辟亦即地理大发现，使欧洲的经济生活发生了重大变化，市场扩大到世界范围，贸易中心发生变动，主要商路从地中海沿岸转移到大西洋沿岸，促使意大利经济得到发展，这也是欧洲资本主义萌芽首先出现在意大利的一个原因。此外，它也使西班牙、葡萄牙、英国、荷兰等国的商贸经济繁荣起来。与此同时欧洲各国加入到了新一轮的殖民行列，西欧殖民者从殖民地大肆掠夺财富，欧洲各国迅速富裕起来，形成了新兴的资产阶级，加速了欧洲封建制度的解体和资本主义生产关系的萌发与发展。也打破了世界各地区间的封闭和孤立状态，把旧大陆和新大陆联系在一起。

中西方经济交流给欧洲带来了什么？

14、15世纪以后，东西方的历史发展对欧洲新航路的开辟产生了新的刺激。首先，由于西欧封建社会生产力的发展、商品货币经济的迅速增长，西欧各国商品流通量扩大。作为一般交换手段的货币的需要量剧增。15世纪后，黄金成为国际间贸易的主要支付手段，又是贵族经常享用的奢侈品，而当时西欧的贵金属开采量却非常有限，加上在东西方贸易中西欧入超，金银大量东流，因而西欧社会的黄金欲日益炽烈，西欧的教俗封建主、骑士、教士和航海家们，无一例外地做着黄金梦。

当时在欧洲传播很广的《马可·波罗游记》，把东方写得富丽繁华，中国和印度"遍地黄金，香料盈野"，这对于西欧的上层分子有很大的诱惑力，因而，他们支持冒险远航，以便掠夺黄金。可以说，"黄金"一词是驱使欧洲人到亚洲探险的咒语，黄金是白人刚踏上一个新发现的海岸时所要的第一件东西。其次，15世纪中叶，土耳其奥斯曼帝国兴起，占领了巴尔干、小亚及克里米亚等地，控制了东西方之间的传统商路。

达·迦马对葡萄牙的殖民扩张起到什么样的作用？

达·迦马的航行是葡萄牙人长期扩张过程的一部分。这个扩张过程开始于葡萄牙征服摩洛哥境内的休达要塞；从1415年占领休达开始，葡萄牙人在航海学、造船以及探险、殖民等方面均已经占有领先地位。

1487年8月，巴托洛缪·迪亚士奉命由海上进行大规模的探险。1488年抵达非洲南端的好望角，为远航印度作了准备。约翰二世于是下令准备一次新的探险，以最终完成通往印度的航行。直到1496年葡萄牙的新君主曼努埃尔继位后在御前会议上提出继续探险的问题。达·迦马率领4艘帆船，约160名水手由里斯本出发，沿迪亚士等人走过航路，到达好望角，于次年3月1日抵达非洲东岸的莫桑比克。他们从今日肯尼亚沿海的马林迪出发，循着阿拉伯海员和中国海员早已经熟悉的航线，由穆斯林教徒伊本·马德内德领航，5月15日瞥见印度，5月17日（一说20日）到达了印度两部海岸的卡利库特城，受到该城土王和群众的友好接待，并被允许在此通商。

1499年7月10日，经过两年的别离后，达·迦马的船队满载东方的香料、宝石、丝绸和象牙制品回到了里斯本，受到了英雄凯旋式的接待。这次远航实现了葡萄牙人一百年来的梦想，船队所得的纯利竟超过航行费用的多倍。达·迦马带回的印度货物样品成为大规模侵略扩张运动的催化剂。自此，葡萄牙人的武装船队多次入侵亚洲，西班牙、荷兰、法国和英国的殖民者也接踵而来，企图把亚洲变成欧洲人的亚洲。

哥伦布与麦哲伦有什么有什么共同之处？

早在1474年，意大利热那亚的水手哥伦布就产生了从欧洲向西航行前往中国和印度的想法。为了将自己的想法付诸实施，哥伦布曾先后请求英国国王和葡萄牙国王的支持，均遭拒绝。1486年，他又求助于西班牙国王，几经周折，直到1492年西班牙完成统一后才被西班牙国王允准。

1492年，西班牙国王授哥伦布以"海军大将"军衔，预封他为"新发现土地的世袭总督"，允许哥伦布把新土地上所有收入的1/10留为己有，同年8月3日，哥伦布率水手88名，分乘三艘帆船，从巴罗斯港出发，经过69天的艰苦航行，于10月12日到达巴哈马群岛中的一个小岛。哥伦布将其命名为"圣萨尔瓦多"（意思是救世主），并错误地认为这就是他想要发现的印度，称当地居民为印第安人。10月28日到达古巴，12月6日到达海地，在海地北部建立了西班牙的第一个殖民据点，并留下39人驻守。翌年3月15日，哥伦布返抵西班牙巴罗斯港。

麦哲伦出身于葡萄牙一个没落骑士家庭，他很早就想寻找大西洋通往"南海"的海峡，曾设想渡过这个海峡到达摩鹿加群岛。1519年9月20日，在西班牙国王的支持下，麦哲伦奉命率领265名船员从塞维利亚的圣卢卡尔港起航，越大西洋，沿巴西海岸南下，于1520年10月21日到达美洲南端海峡（后人命名为麦哲伦海峡），并继续西航进入"南海"，因航途风平浪静，南海被称为"太平洋"。1521年3月6日，麦哲伦船队到达菲律宾群岛。麦哲伦死后，船队沿着原来葡萄牙人通往印度的航路，穿过印度洋，绕过好望角，于1522年9月6日返抵西班牙圣卢卡尔港，幸好躲过奉里斯本之命前往扣留麦哲伦及其船员的葡萄牙人。

麦哲伦船队的环球航行完成了哥伦布等人所开创的欧洲航海事业。沿西路到达亚洲大陆和摩鹿加群岛，开辟了从欧洲到亚洲的一条新航路。尽管这条航路因为距离遥远航行困难，因而对当时的欧洲而言无太多的实际意义，但是这毕竟是人类历史上的第一次环球航行，它有力地证明了地圆学说，对科学技术和宇宙观念的发展均有重要意义。

欧洲其他国家对海外有哪些扩张行动？

继西班牙和葡萄牙之后，荷兰、英国、法国也在16世纪末开始了海外探险和殖民侵略。

法国人考虑到布列塔尼沿海渔民的利益，比英国人更加向往美洲大陆的北部地区。1524年受雇于法国的佛罗伦萨人维雷扎诺沿北美洲海岸航行，从北卡罗来纳出发到达纽芬兰，为雅克·卡蒂埃和弗朗西斯一世指挥下的法国扩张活动铺平了道路。

英国人在英吉利海峡内大肆从事海盗活动，拦截西班牙等国载运金银的船只，扰乱西班牙等国的航线，打击他们的海上霸权。这些行动使英国得到了它同低地国家的金融和贸易交往中所无法得到的各种财富。这种海盗行为也是以英国海军力量的薄弱为前提的。英国海外扩张的羽翼一旦丰满，它就开始与西班牙、葡萄牙等国开始公开的海上争夺了，尤其在16世纪最后的二三十年中，"新世界"对欧洲的影响愈发明显，并在欧洲各国的实力消长中引起持久和根本性变化的时候，英国人就更加急于开展对外殖民侵略了。荷兰人凭借自己有利的地理位置和在经商方面的聪明才智，很早就从海外商业经营中获得了很多好处。荷兰的天然出海口是在北方而不是在西方或东方，它最初尝试在海外寻找自己的一席之地，是设法从东北方向打开一条前往印度的通道，而不是到大西洋和印度洋争夺地盘。1595年（一说1594年），在阿姆斯特丹的商人财团资助下，科内利斯·德·胡特曼率领船队经好望角远航印度。

殖民帝国的是怎样形成的？

进行海洋扩张的欧洲国家建立了海洋及陆地的辽阔帝国，但是它们不太牢固，不牢固的原因之一在于欧洲人口与土著人口比例失调，在某些地区，特别是在东方，土著人口十分稠密。

葡萄牙将地中海殖民化的办法用于大西洋岛屿，使之成为移民点。对马德拉及圣多美的农业开发一开始便以糖业为主。因为这个产品利润很高，在欧洲市场上大受欢迎。

在非洲，葡萄牙人多少局限于沿海，他们在几内亚湾最富庶的地区及非洲东海岸建立了商站作为船队的驿站。

西班牙使用人数不多、但是纪律严明的军队，以及令印第安人丧胆的两种武器：大炮与骑兵，终于征服了美洲的3个大帝国。1519年，埃尔南·科尔特斯在几个土著部落的支持下，终于战胜了强大的阿兹特克人联邦，占领了首都铁诺第兰这座有宫殿、庙宇、花园及约10万人口的城

市。弗朗西斯科·皮萨罗战胜了印加帝国，夺取了首都库斯科及大量珍宝。

荷兰的殖民运动与重商主义经济结构的顺利运转、与组织海外贸易的大公司的效率是密不可分的。爪哇岛的巴达维亚城建立于1621年，后来成为转口贸易中心，经过这里的东方商品有：波斯丝绸、印度棉花、中国瓷器、日本的铜、帝汶岛的檀香木以及马鲁古群岛的香料。

在英国，殖民活动是由大公司领导的，国家仅仅给予垄断权、契据与颁布规程。一些移民机构被建立起来，以鼓励新移民在殖民地，特别是在新世界定居。

法国的殖民运动是由雅克·卡蒂埃在16世纪开始的。17世纪初，大探险家尚普兰建立了新法兰西。黎塞留想使殖民者留在这个气候寒冷的辽阔地区，便建立了股东公司，并允许它垄断利润丰厚的皮毛贸易。自17世纪下半叶起，法国在世界海上贸易中占第3位。

欧洲的宗教改革运动是怎么回事？

宗教改革是指基督宗教在16世纪至17世纪进行的一次改革，是资产阶级披着宗教外衣的一场资产阶级性质的改革，改革代表人物马丁·路德、加尔文及慈运理等人，以及发展出来的新教教派。基本上是新教激进派同天主教保守派之间，为争夺欧洲经济利益、政治特权和基督教一统世界霸主地位而进行的非常激烈的斗争。一般认为宗教改革始于1517年马丁·路德提出九十五条论纲，结束于1648年的威斯特法伦和约。

马丁·路德于1517年发动的宗教改革结束了天主教统一欧洲的局面。这场危机的根源来自上个世纪，15世纪，由于饥馑、战争和流行病，欧洲人陷入深深的宗教狂热，对死亡和罪孽的恐惧加深了宗教狂热，民众的信仰转向耶稣基督、圣母玛利亚和诸圣徒，十分崇敬圣物，有钱的人求助于"赦罪"（即教会给予巨额施舍者用以赎罪的世俗处罚）。为了弥补僧侣的无能，信徒们便使用不断出版的祈祷书。因此，虔诚采取了更个体化的形式，往往掺杂着神秘主义，坎普滕的托马斯所著的《仿效耶稣基督》的成功便是明证。

德国为什么会出现分裂？

帝国的破落骑士，为了吞并土地，便自称拥护马丁·路德的思想，于1522年试图占领特里夫斯大主教的领土。由冯·济金根领导的这次进攻在第二年被路德派和天主教派的王公们的联军击败。1524年，农民们以传道平等的名义，发动了反对领主们的极端残酷的动乱。路德谴责了这次叛乱，并且支持贵族的镇压行动。

路德的改革对帝国的王公们最为有利。他们的利益从很早起就与路德主义的利益相互一致，他们之中很多人信仰了新教，为的是加强自己在皇帝面前的地位，并且夺取教会财产。

1531年，他们组成了斯马尔卡尔登联盟。当时查理五世正忙于与法国作战，无暇顾及。但是与法国签订和约（1544年）以后，查理五世便与路德派王公们交战，并在米尔贝格（1547年）大败王公联盟。联盟于是接受法国国王亨利二世的支持，并将梅斯、图勒、凡尔登这几个主教辖区让给法国。联盟的军队在因斯布鲁克打得皇帝措手不及。

皇帝厌战，便于1555年签订奥格斯堡和约，然后退位，传位给儿子和兄弟。根据1555年帝国议会上签订的《奥格斯堡和约》，信仰路德派的诸侯享有同天主教诸侯同等的权力，每一世俗统治者应在两种信仰中选择一种作为其臣民的宗教信仰，而且每一领地上只许一种信仰存在。这样，就保证了天主教会继续占有迄至1552年尚未失去的地盘，路德的新教合法地确立起来，德国从此陷入长期的分裂之中。

瑞士在宗教方面有哪些改革？

瑞士的宗教改革与乌利希·茨温利、纪尧姆·法雷尔和让·加尔文三位改革家的名字是分不开的。茨温利是瑞士法语区的改革派领袖，其活动中心在伯尔尼；加尔文的活动中心主要在日内瓦。茨温利于1498到1500年间在伯尔尼接受了人文主义者亨利希·沃尔夫林（卢普卢斯）的教育，后又在维也纳大学接受古典文学教育，1502～1506年在巴塞尔大学深造，此间受到人文主义的影响。1522年，茨温利才真正开始从事改革工作。茨温利确信唯有《圣经》对基督徒有约束力。换言之，只有《圣经》命令的，或在其中能找到明确认可的，才是有约束力的，或允许实行的。

州政府按他的主张，下令于1523年1月举行公开辩论会，辩论会只许用《圣经》作为标准。茨温利为参加这次辩论会，写了67篇短文，肯定福音的权威不是来自教会，得救要靠信仰，并且对弥撒的献祭性质、善功的救赎性质、圣徒代祷的价值、隐修誓愿的约束力以及炼狱的存在一概加以否认。他还宣布，基督是教会的唯一元首，主张神职人员可以结婚。在进行最后一场辩论时，政府宣布茨温利获胜，这无异于承认了他的教义。于是，改革迅速发展。

加尔文对宗教改革有哪些贡献？

1537年，加尔文出版《信仰条文与训导》，提倡严谨的新教道德，并加以推行，以约束日内瓦公民，但是立即遭到对抗，导致加尔文派和加卡尔文派之间的派性斗争。1538年3月，反加尔文派得胜，将卡尔文撤职，日内瓦部分市民在街头大骂加尔文，扬言要把他扔入河内。法雷尔与加尔文被迫离开日内瓦。法雷尔到了纳哈特尔，指导该地的宗教改革运动，以度残年；加尔文到了斯特拉斯堡，担任法国流亡教会的牧师。该城的宗教大权掌握在路德派的马丁·布塞尔手中，在此可以比较自由地宣传自己的主张，经受牧师生活的实际锻炼。他用法文为流亡教会的会员草拟了一套新教礼拜仪式。

后来，这套仪式演变成管理教区的教会章程。卡尔文还到法兰克福、哈根、沃姆斯和累根斯堡参加宗教会议，与梅兰希顿及其他宗教改革家建立了友谊。他还相继出版了《罗马书评注》、《答萨多莱托书》等作品，概括其神学思想。

宗教改革为什么反对天主教会？

宗教改革是对天主教会弊端的一种反动。其实，天主教会对自身的腐败和无能也早有认识。还在路德与罗马决裂以前，西班牙伊萨贝拉女王和西梅内斯主教就对教会进行了改革。其主要目标是通过改善神职人员的道德状况，提高其知识水平，革除教会显著弊端，以维护中世纪的正统

信仰，并通过宗教裁判毫不留情地镇压异端。但是当时的这种努力在西班牙以外几乎没有得到任何响应。及至各国改革运动蓬勃出现，新教的吸引力完全出乎天主教会的想象。

在天主教会没有充分思想准备的情况下，罗马对新教的反击显得软弱无力，它还没能把自己作为所有教会的首脑去关心整个天主教会的利益，而更多地则是注意维护自己作为意大利一个诸侯所具有的现实利益，只有阿德里安六世（1522～1523年在位）在其短暂的任期内曾经试图改革教会，但是却毫无成效。其后继位的克雷芒七世（1523～1534年在位）不仅没有为反对新教作出任何贡献，反而由于自己的政治野心而助长了新教势力的增长。直到保罗三世（1534～1539年在位）继位时，罗马天主教会才真正注意到问题的严重性。他登位伊始，就任命意大利人孔塔里尼、卡拉法、萨多莱托和英格兰人雷金纳多·波尔为枢机主教，并组成一个专门委员会研究改良教会事宜。这些人虽然对新教有所同情但是却无真正的新教思想。

宗教改革对欧洲产生了哪些影响？

宗教改革运动最终成为了资产阶级反对封建制度的重要形式，欧洲的很多国家不仅确立了宗教信仰自由原则而且建立了独立的教会。更为重要的是，宗教改革标志着统治了欧洲近千年的基督教势力走向了没落，新型的资产阶级开始登上了历史舞台，揭开了人类历史的新篇章。

宗教改革运动打击了天主教会的神权统治，剥夺了教会在各国的政治、经济特权，各国王权得到加强，有利于民族国家的发展。随着改革的深入，单纯的宗教改革起到了反封建的作用，在新型资产阶级的支持下发生了很多农民战争，极大地动摇了基督教在德意志的地位。1555年，"教随国定"的原则被确立。

这种分裂状态导致不同教派之间的激烈对抗，直至引发一系列宗教战争。施马尔卡登战争、胡格诺战争乃至尼德兰革命的发生都直接或间接地是由宗教分裂而引发的。由宗教战争所散播的猜疑和仇恨的浓雾弥漫了整个西欧。宗教偏执的不宽容现象达到了前所未有的程度，比十字军时代有过之而无不及。

为什么说宗教改革促进了近代国家的成长？

宗教改革还进一步促进了近代国家的成长。各国君主和政府官员权力的加强都是以牺牲教会权威为代价的。信奉新教的统治者否认教皇自封为世俗最高统治者的权威，进而在自己的领地上将新教牢牢地控制在自己手中。新教虽然未造就近代民族国家，但是它却帮助近代国家从宗教权威的樊笼里解放了出来。在经济上，确立了适应资产阶级需要的伦理规范和生活方式，夺取了大量原属教会的财产，有利于资本主义经济的发展。在精神文化上，打破了天主教会精神垄断，使人们的思想得到解放，发展了人文主义。同时也发展了本民族文化，各国普遍重视教育，兴办学校，增加包括自然科学在内的学习科目，促进了西欧各国民族文化和教育事业的发展，传播了资产阶级的意识形态，为早期资产阶级革命提供了旗帜。

第三章　文艺复兴时期的欧洲历史——欧洲文明的转折

文艺复兴是怎样兴起的？

文艺复兴是指13世纪末在意大利各城市兴起，之后扩展到西欧各国，于16世纪达到顶峰的一场思想文化运动，它以复兴古希腊、古罗马文化为名，实质上却是资产阶级在思想文化领域所进行的一场大规模的反封建、反教会的思想文化解放运动。

"文艺复兴"一词亦可粗略地指代这一历史时期，但由于欧洲各地因其引发的变化并非完全一致，故"文艺复兴"只是对这一时期的通称。这场文化运动囊括了对古典文献的重新学习，在绘画方面直线透视法的发展，以及逐步而广泛开展的教育变革。传统观点认为，这种知识上的转变带来一段科学与艺术革命时期，让文艺复兴发挥了衔接中世纪和近代的作用，揭开了近代欧洲历史的序幕，被认为是中古时代和近代的分界。

文艺复兴时期表现在哲学、文学、艺术、教育和自然科学等方面的思想内容，通常被称为"人文主义"。其主要特征是表现在肯定现实世界，轻视天堂和来世，向往名利和享乐，反对禁欲和遁世；主张以人为中心，认为人是生活的创造者和主人，应发挥人的才能，追求人的理想；否认对教皇和教会的绝对服从，嘲笑僧侣的愚昧无知；提倡理性和独立思考，追求知识和技术，重视实验，主张探索自然。他们所探讨的人，是行动着、企求着、创造

着自己的美和自己的尘世命运的人。

意大利在文艺复兴时期有哪些贡献？

意大利早期文艺复兴的主要成就是但丁、彼特拉克和薄伽丘文学作品中宣扬和表述的人文主义观点。但丁发表《神曲》（1307~1321年）开文艺复兴之先河。

阿里格里·但丁是意大利佛罗伦萨人，出身于小贵族家庭。但丁的代表作《神曲》以中世纪梦幻文学的形式，使用隐喻象征的笔法表达作者对当时社会和政治问题的观点。但丁还是用民族语言写作的首倡者。他的《论人民的语言》，对意大利和西欧国家影响很大。

佛罗伦萨诗人彼特拉克首先提出"人学"和"神学"的对立，所以是第一个人文主义者。他写过许多诗篇，最优秀的是用意大利文写的十四行体抒情诗集《歌集》。1341年，彼特拉克获得"桂冠诗人"称号。

薄伽丘也是佛罗伦萨人，出身商人家庭，青年时代曾在那不勒斯经商。他是第一个通晓希腊文的人文主义者，其代表作《十日谈》以作者亲自观察到的各种社会现实，无情地揭露教士和贵族们的荒淫伪善，抨击封建道德，斥责封建特权。

"艺术三杰"分别指的是谁？

经过一段长时期的发展，到15世纪末

和16世纪上半叶，文艺复兴运动已经培养出一批多才多艺的新文化的开辟者，使文艺复兴进入兴盛期。在全面总结和继承15世纪以来前人成就的基础上，意大利艺术出现了前所未有的繁荣。列奥那多·达·芬奇、米开朗基罗·博那罗及拉斐尔·桑西三位大师都和佛罗伦萨有着密切的联系，并且都属于与此同时代人。被人们誉为"艺术三杰"。他们是近代现实主义的先驱。每个人的作品都独具一格，独步古今。

达·芬奇是一位艺术家，也是科学家和工程师。达·芬奇的绘画，感情细腻，擅长人物内心活动的刻画，特点是和谐、丰富、精深。他最享盛名的作品是《最后的晚餐》、《圣约翰》和《蒙娜丽莎》。

米开朗基罗是一位充满激情的伟大爱国者。相对于达·芬奇的绘画而言，米开朗基罗的雕塑则表现在刚毅坚韧的英雄形象，特点是宏伟、浑厚、强劲。他的代表作有《大卫》、《摩西》及《垂死的奴隶》。

拉斐尔的艺术特点是秀美、典雅、和谐、明朗。特别是他塑造的众多圣母像最负盛名。拉斐尔笔下的圣母大多被描写成为平民式的母性，多以现实生活中的母亲和儿童为模特，充满了母爱和人情味。其最著名的圣母像有《大公爵的圣母》、《草地上的圣母》、《带金莺的圣母》。

法国在文艺复兴时期有有哪些文学成就?

在14世纪最后的二十年时间里，意大利的文化新风开始吹进法国。最初主要表现为个别学者带有人文主义性质的讲学活动。

法国文艺复兴最著名的代表人物是拉伯雷。他出身于法国中部一个地主和律师的家庭，从小在修道院学习，当过修士，

通晓医学、哲学、法律和文学，知识渊博，并广泛接触社会。面对宗教信条，他维护个人的基本美德和享受尘世美好生活的基本权利，而不愿像加尔文后来主张的那样，因为慑于上帝的报复而将自己束缚起来。他花了近20年时间，写成长篇讽刺小说《巨人传》，以夸张的手法歌颂人的力量的伟大，嘲讽了宣传禁欲主义的教会和饱食终日无所用心的贵族。他认为经院哲学只是套用了亚里士多德的逻辑推理方法，形式完整但是内容空洞。

德国在文艺复兴时期主要有哪方面的成就?

德国文艺复兴出现较早，15世纪60～70年代时，纽伦堡等许多大学就出现了人文主义小组。16世纪上半叶，"文艺复兴"运动出现高潮。爱尔福特大学以鲁夫穆善为首的人文主义学派，一度成为德国人文主义运动的中心。

德国人文主义思想家的主要代表人物是伊拉斯莫、勒克林和胡登；艺术家的代表是丢勒和小汉斯·霍尔拜因。伊拉斯莫出生在荷兰鹿特丹。1514年以后长期定居于德国的巴塞尔城，参加德国的政治活动。他是一位著名的文学家、精通希腊文和拉丁文的语言学家，曾游学于意、法、英等国。1500年，将拉丁语的格言整理为《格言集》，并补以注释和用例等共4000余句。1503年出版了《基督教的战士手册》，强调信徒的内心信仰。他还不辞劳苦地将许多古希腊文作品译成拉丁文，使当时的欧洲人能够有机会读到古希腊人的作品，他的讽刺作品《愚颂》最为著名，该书集中揭露经院哲学和天主教会。

因此人们认为伊拉斯莫为宗教改革运

动作了思想准备。他的人文主义作为一种理想也并没有在宗教改革中消亡，并且在以后的两个世纪中，每当思想家们要去寻找宽容的、理性的宗教时，总是到伊拉斯莫那里去寻求灵感。

德国在文艺复兴时期有哪些著名的画家？

阿尔布雷希特·丢勒生于纽伦堡，是德国著名的油画家、版画家、雕塑家和建筑师。他从事创作的时期正是北方艺术百花盛开的时期之一。他曾去威尼斯学习，并漫游于德国各地学画。他擅长于小型的传统宗教画，尤其是木版画和铜版画。他吸收了威尼斯画派的长处，形成了德国画的特点。在绘画中，他使宗教题材充满了民族和人民的内容，丢勒创作的木版组画《启示录》（1498年）共有16幅，其中以《四名骑士》和《天使斗恶龙》两幅最为杰出。

小汉斯·霍尔拜因是德国卓越的水粉画、肖像画和写生画家。他以卓越的肖像画闻名于世。在美术史上，他是第一个以画肖像画为主的画家。他的作品综合了前人写真求实的经验，特别是他把德国艺术和意大利文艺复兴时期的绘画艺术融为一体，形成了自己独特的画风。

为什么说塞万提斯是最杰出的人文主义者？

在西班牙，塞万提斯是最杰出的人文主义者。塞万提斯出身于西班牙中部一个没落贵族家庭，1568年进入马德里的一所中学，西班牙杰出的拉丁文学者奥约斯曾在这里指导过他的学业。由于家境贫寒，他不得不经常辍学。然而，他却非常好学，不断寻找一切可能的机会，如饥似渴地阅读一切到手的书本。他的人文主义思想更多地来源于其丰富的社会阅历和对人生艰辛的丰富体验。正是由于塞万提斯的坎坷遭遇，使他对西班牙专制统治下的社会现实有了较多了解，使他能够接近社会下层，其人生经历都成为创作的源泉。他创作了《训诫小说集》、《二犬对话》、《玻璃学士》、《忌妒埃斯特雷马杜腊人》和长诗《巴尔纳索神山瞻礼记》。

"西班牙戏剧之父"指的是谁？

德维加是西班牙文艺复兴时期的伟大戏剧家、小说家和诗人，是西班牙民族戏剧的奠基人，被誉为"西班牙戏剧之父"。留下的剧本约有420部，有喜剧、宗教剧和幕间剧、历史剧等多种形式。他在《现代喜剧的艺术》（1609年）一文中提出，剧作应以观众欢迎、反映生活、遵循自然法则为依据。他的代表作是《羊泉村》（1619年），作品充满人文主义精神，揭露了骑士队长的残暴，大胆地以羊泉村1476年农民起义为背景，肯定了农民反封建斗争的权利。

英国在文艺复兴有哪些文学成就？

不仅有各种身份的意大利人文主义者来到英国，也有英国人前去意大利特别是去佛罗伦萨学习。他们把那里的人文主义研究介绍到牛津大学，使牛津大学成为英国最早的人文主义中心。该校有过一个著名的人文主义小组，这个小组受伊拉斯莫的影响很大，其初期活动主要是研读意大利早期文艺复兴"文学三杰"的作品。特别值得一提的是约翰·柯列特。

他自1496年起连续六年在校内开设了轰动英国学术界的"保罗书简"专题讲座

课。这些讲座表明他与经院哲学方法的彻底决裂，他以异教徒和早期基督教时期为背景，从历史的观点来解释保罗的教导和传教工作。1508年，以其父亲的遗产创办了一所新式学校，名为圣保罗"中等学校"，它完全不受教会控制，并接受了伦敦商会和纺织工场主的资助，是英国最早一所传播人文主义思想、主张宗教改革的学校。

曾在牛津大学就学的托马斯·莫尔是英国文艺复兴时期最有影响的人文主义者。莫尔在《乌托邦》中，抨击时弊，引起人们对自身处境的关注和不满，他呼吁废除私有财产，向时人展现了一个新式社会。它是继柏拉图《理想国》之后最主要的空想主义论文。

由于柯列特和托马斯·莫尔的功劳，在伦敦，人文主义开始形成一个集团，他们的思想受到新宗教学的培育，很快就倾注到社会和政治问题上，到16世纪20年代以后，在亨利八世统治的后半期，文艺复兴在历史和政治、社会问题和人类行为方面的思想源源不断地输入英国。

莎士比亚有那些文学成就？

从16世纪30年代起，英国就出现了意大利文艺复兴运动所开创的历史前景，并哺育出像莎士比亚这样的人文主义巨匠。

威廉·莎士比亚的作品早已经为世界人民所熟知。这位多产的戏剧作家，与此同时也是一位地地道道的人文主义者。他虽然没有对人文主义系统地表述，但是人文精神却浸润在他的每一部作品中。其作品着力反映的是，高尚的人物性格同人类与生俱来的罪恶、缺点及自我毁灭的本能之间的冲突。在莎士比亚的作品中，艺术超越了教条而反映出生活的本来面貌。他塑

造的人物生动感人，富有个性且心灵复杂。他创作的喜剧有《仲夏夜之梦》、《第十二夜》等，历史剧有《亨利四世》、《亨利五世》、《理查三世》等。他的悲剧最为有名，如《罗密欧与朱丽叶》、《哈姆雷特》、《奥赛罗》、《李尔王》、《麦克白》等。

文艺复兴运动的历史意义是什么？

文艺复兴运动是14世纪至16世纪在欧洲兴起的一场思想文化运动，带来一段科学与艺术巨变时期，揭开了现代欧洲历史的序幕，被认为是中古时代和近代的分界。马克思主义史学家认为是封建主义时代和资本主义时代的分界。恩格斯在他的《自然辩证法》一书的"导言"中明确地为文艺复兴运动作了历史定位："人类从来没有经历过的最伟大的、进步的变革。"这是一场最具深远历史影响的思想文化运动，发端于欧洲，波及全世界。

意大利文艺复兴标志着近代的诞生，标志着世俗文化时代的来临。无论是它的艺术观，对个人在历史和自然中作用的认识，还是社会的、政治的、战争的和外交的观念都是近代思想的开端。

文艺复兴虽然没有直接使欧洲的政治、经济情况发生变化，虽然没有直接改变欧洲人的衣着、住房和装饰，但是它改变了欧洲人对自己生活的看法，改变了知识界学习的方法和内容，文艺复兴关于个人和世界的概念大胆新颖，但是却局限在少数受过良好教育的城市精英中，广大民众则置身于文艺复兴的文化变革以外，但是这并不影响文艺复兴的重要性和有效性。在许多领域中，文艺复兴运动都为近现代建立起文化标准。

第四章 17世纪欧洲历史——欧洲文明的升华

尼德兰地区的经济特征是什么？

16世纪，尼德兰地区由17个省组成。北方省份有荷兰、泽兰、佛里斯兰等七省，南方有佛兰德尔、卢森堡、阿图瓦等十省。16世纪中叶，尼德兰全国人口大约有300万，是当时欧洲人口密度比较大的地区。

早在14至15世纪，尼德兰的手工业和商业就已经发展起来，并出现了资本主义萌芽，其规模可与当时的意大利相比。尼德兰的社会经济呈现出一片繁荣。北方七省中，以荷兰、泽兰两省经济水平最高。毛纺业、造船业颇负盛名，北方诸省通过阿姆斯特丹、密德尔堡、佛里星根等港口输出毛、麻织品、鱼、畜牧业产品，从波罗的海沿岸、斯堪的纳维亚和俄罗斯输入粮食、亚麻、木材和铁矿。大量的海上船队及不依赖于西班牙的商品市场，构成了北方诸省的经济特征。

尼德兰革命的历史背景是什么？

在经济方面，西班牙殖民政府也极不得人心。腓力二世禁止尼德兰商人直接与西班牙殖民地进行贸易，拒绝向尼德兰的银行家偿还巨额的债款，还提高尼德兰人在西班牙收购羊毛的税率，导致尼德兰羊毛进口剧减40%，由此引起安特卫普等城市许多手工工厂关闭，出现大批失业工人。西班牙殖民者这些经济措施，明显地带有民族压迫的性质，激起尼德兰广大民众的反抗，布鲁塞尔、佛兰德尔、荷兰、安特卫普等地先后有民众反抗西班牙暴政的斗争。令人注目的是，不拉奔大修道院院长，以前是西班牙专制统治最坚定的支持者，这时也组织秘密联盟抵制西班牙的重税政策。哥特则干脆拒绝承担已经由议会通过、本应由它承担的税额。民众的不满情绪日趋高涨。

在宗教政策方面，西班牙统治者对新教徒的血腥迫害，使革命形势一触即发。16世纪，尼德兰是新教传播的重要地区。西班牙政府以天主教会作为专制统治的工具，迫害新教徒，迫害不仅针对加尔文教，也针对路德教、再洗礼派和犹太教。尼德兰宗教斗争之激烈，无论在广度或深度上，都是后来英国革命望尘莫及的。早在1520年10月，西班牙政府就通过法令取缔路德教。

西班牙政府是如何迫害教徒的？

1523年，布鲁塞尔在当时的欧洲最早处死了新教徒。据估计，从1523年到1555年，在尼德兰南郡，有1500~1700名新教徒被处死。在查理五世和腓力二世统治时期，政府严厉推行镇压新教徒的法令，新教首领要么被处死，要么被罚款、没收财产或流放国外。为了联合镇压新教徒，1544年，西班牙和法国两国的国王，在克

雷派达成了共同镇压尼德兰新教徒的国际协议。16世纪，人们的宗教感情很深厚，许多人宁可丧失财产、背井离乡，甚至牺牲生命，也不改变信仰。在这一点上，新旧教徒是一致的。西班牙政府对新教徒的迫害，最终并未能阻止新教的传播。

16世纪60年代，尼德兰贵族感到用旧方式统治已经不行了，于是他们开始组织起来。以奥林奇亲王威廉为首的大贵族，代表了贵族的要求。威廉常以国务委员、金羊毛骑士、数省总督的显赫身份，在各种场合呼吁停止镇压新教。由于他的社会地位和对新教的同情态度，他成为60年代初形成的贵族联盟的领袖。

宗教改革前的英国社会状态是什么？

1485年8月22日，里士满伯爵亨利登上英国王位，即亨利七世（1485～1509年在位），都铎王朝（1485～1603年）建立。

亨利七世即位以后，出于稳固王位的目的，采取了加强王权的一系列措施。上台之初，对他能否保住王位，欧洲各大国均感怀疑。亨利七世严厉镇压反叛者，1506年之后，国内政局最终稳定了下来。他认识到封建大贵族的割据是造成国家长时期动乱的根源。因此，他对大贵族采取了强有力的措施，解散其家臣，夷平其堡垒。1487年，亨利七世召开了即位以来的第二届议会，通过了创立"星室法庭"的著名法令。"星室法庭"由国王亲自主持，成员主要是律师、乡绅等，权力十分广泛，主要受理不法贵族的叛乱。"星室法庭"不受普通法规程序的约束，审判迅速有效。在都铎王朝初期，它对铲除大贵族的割据势力、恢复和平与秩序起过积极作用。

王权的加强，必须以充裕的财政来源为后盾。亨利七世开源节流，通过各种渠道增加其经济收入。他没收了许多反叛贵族的领地，使王室领地的面积大大增加。1491年，王室领地的年收入只有3700镑；到他统治的末期，王室领地的年收入已经达到4万镑左右。"星室法庭"所获罚金，也增加了国王的收入。亨利七世还仿效爱德华四世，采用了"自由捐款"的征税方式，向大土地所有者和富人勒索金钱。通过以上种种措施，亨利七世的经济状况有了显著的改善，从初期的入不敷出，发展到后期的多有盈余。这种比较强大的经济条件，使亨利七世得以创建专制王权。

宗教改革前英国的经济状况如何？

都铎王朝之初，英国（指英格兰和威尔士）全国人口仅300万左右。首都伦敦是全国人口最多、政治经济地位最重要的城市，它的人口在1539年有6万～8万，到1559年也才9万人。

呢布业在英国有着悠久的历史。在中世纪，英国是欧洲羊毛出口大国。但是到14世纪，随着英国呢布业的发展，国内对羊毛的需求量不断上升，羊毛出口量剧减。根据海关的统计数字，14世纪初，英国平均每年出口羊毛35万袋；到15世纪下半期，已经下降为不足8000袋了。与此相对应的，是呢布出口的迅速增长。亨利八世时期，呢布每年的出口量相当于14世纪中叶的20倍。呢布业成了

16世纪英国的民族工业，在国家政治经济生活中占有举足轻重的地位。呢布业的繁荣，也刺激了"圈地运动"。有的学者统计，在1455～1607年间，全国24个郡共圈地516676英亩，相当于这些郡土地总面积的2.76%，由于圈地而流亡他乡的农民约有3～5万人。都铎王朝的初期，圈地的规模及由此引起的社会问题还比较小，但是这毕竟反映了一种社会关系变革的基本趋势。

都铎王朝建立之后，英国社会发展速度加快，社会经济出现了一些新特点。在此背景下，亨利七世逐渐强化了专制王权。到亨利七世统治后期，随着国王经济状况的好转，专制统治的色彩就日益明显了。16世纪初，英国社会出现的新特点，预示了一场社会经济大变革的来临。

英国是怎样进行宗教改革的？

1509年，亨利八世（1509～1547年在位）即位。作为都铎王朝的第二任国王，在他统治期间，英国发生了一系列的重大变化。其中，最重要的就是学术界所称的"亨利革命"。宗教改革，是"亨利革命"的重要内容之一。

英国宗教改革，与当时西欧的国际关系、对法战争和亨利八世的离婚案件密切相关。1527年，亨利八世与皇后凯瑟琳的离婚案件，直接促成了影响深远的宗教改革。从表面上看，宗教改革是由于罗马教皇迟迟不批准英王的离婚要求，实际上是由于逐渐强大的王权无法容忍教皇继续干预英国事务。消除天主教会的独尊地位，使之屈服于王权，这也是亨利八世增加王室经济收入和加强君主专制的重要手段。

16世纪，教会集团是英国最大的政治势力，是封建制度的最大堡垒。修道院拥有大量地产，教会贵族成为英国的特权阶层。新兴资产者、乡绅对教会的地产和特权十分妒忌，因而以他们为主体的议会下院积极支持国王限制教会势力、没收修道院地产等宗教改革措施。宗教改革的另一原因，是16世纪日益增长的英吉利民族意识，不会容许由一个远在罗马的教皇来决定英国国内的宗教事务。此外，英国自13世纪以来形成的反教皇、反教会的历史传统，比如，爱德华三世（1327～1377年在位）时期通过的一系列反教皇法令，威克利夫、洛拉德派的传教活动，对16世纪的宗教改革运动也产生了一定的影响。

土地所有权为什么会出现大转移？

在16世纪英国宗教改革的整个过程中，解散修道院、没收并转让修道院地产，是改革的一项重要内容。以此为契机，英国的土地所有权出现了大转移。

根据1534年的"教士屈服法案"，成立了由32人组成的皇家委员会，其中16人为议会议员，另16人是教士代表。该委员会的工作是重新审查以前的教会法规，并纠正其弊端。同年通过的"至尊法案"，规定国王有权纠正教会的所有弊端，为随后解散修道院从法律上做了准备。1535年1月，克伦威尔被任命为英王在宗教上的代理监督。克兰默也担任了坎特伯雷大主教。支持宗教改革的一派牢固地掌握着教会大权。从组织上也为向修道院开刀做好了准备。16世纪30年代，亨利八世的财政状况不断恶化，向占全国土地1/5到1/3的修道院开刀，就显得更加迫切了。

修道院地产的转移，也是一个引人注目的社会问题。16世纪，大多数修道院的土地，都已经按照契约持有、公簿持有的方式出租了。而且，地租已经按照惯例固定下来了。到16世纪30年代，修道院的佃户主要来自耕农和乡绅。在修道院土地转归国王之后，国王很快就发现，有相当多数量的土地，实际上以契约租佃等形式已经牢牢地掌握在乡绅、富有的自耕农手中，其地租率在很大程度上低于市场价值。

法国为什么会出现专制统治？

从1450年到1560年，是法兰西民族历史上难得的"和平世纪"，国内政局平稳，社会经济日趋繁荣。15世纪末到16世纪上半期，法国农业经济的一个重要特征，是农民阶层保持了自己经济的独立性，农民对租佃的土地拥有广泛的支配权，这一点和英国不同。

这一时期，法国的工业发展比较缓慢，大多数手工工厂是为地方市场而生产的，产品质量低下。富有的市民、商人、金融家等新兴力量，没有把他们的资金投入工商业，而是用于购买土地和官职，力争成为"穿袍贵族"。法国资产者热衷于从国王手里购买贵族爵位，这种现象一直延续到17世纪。在路易十四统治时期（1643～1715年），一年间就有500位资产者向国王购买爵位，每人6000锂。资产者还通过与旧贵族联姻等途径来提高自己的社会地位。旧贵族由于经济收入下降，就把注意力集中于王宫和军队，指望升官发财，这些贵族构成所谓的"佩剑贵族"。

宗教改革前丹麦处于什么样的社会状态？

到16世纪初，丹麦的天主教会也日益衰落、腐败，滥用权力的现象非常严重，主教以上的职位都由贵族垄断，他们和低级教士之间的隔阂也越来越大。16世纪20年代，人文主义思潮在教士中间传播开来，许多思想开明的教士到外国大学进一步学习。丹麦最著名的人文主义者是加尔默罗会白衣修士保路斯·海利。海利以《圣经》为依据，猛烈抨击天主教会的陋习。海利的宗教改革思想基本上是温和的，只主张改革天主教会。他起初拥护马丁·路德的宗教改革，后来，当他意识到路德的改革会导致与天主教会决裂时，海利就转而反对马丁·路德了。

宗教思想是怎样在丹麦传播的？

宗教改革的思想，也影响到了丹麦国王克里斯蒂安二世（1513～1523年在位）。为了王室和市民的利益，克里斯蒂安二世撤换了一批顽固的主教，打击了贵族和天主教会的势力，国王的改革，招致守旧贵族的不满。1523年，丹麦发生叛乱，克里斯蒂安二世被迫出走尼德兰。但是，新教思想的传播并没有因此而中断。

1523年，弗雷德里克一世即位。此时，丹麦国内人心浮动。为了尽快稳定国内局势，弗雷德里克一世尽量在路德教和天主教之间保持均衡。起初，他曾答应天主教贵族镇压路德教。后来，路德教势力越来越大，连国王的长子，北施勒士辉格的克里斯蒂安公爵也信仰了新教。弗雷德里克一世就转而支持路德教，著名的路德教传教士汉斯·诺夫赛还成了国王的牧师。

丹麦为什么会爆发内战？

1533年，弗雷德里克一世去世，按照丹麦的传统惯例，理应由先王的长子克里斯蒂安公爵继承王位。然而，克里斯蒂安自幼深受路德教的教育，由天主教徒占优势的国务委员会反对克里斯蒂安继位，宁可让其弟汉斯即位。哥本哈根和玛尔摩的市民则联合德国北部城市律伯克，企图扶持逃亡在外的前国王克里斯蒂安二世复辟。国内外各种政治力量交织在一起，爆发了一次内战，史称"伯爵战争"。在内外交困的情况下，克里斯蒂安三世团结新教的贵族和市民，并赢得了朱特兰贵族、主教的大力支持，因而在朱特兰、费恩、泽兰等省连战皆捷，并于1536年最终攻克了反对派的老巢哥本哈根，内战以国王的胜利宣告结束。

瑞典的对外争霸的社会背景是什么？

16世纪，波罗的海沿岸诸国社会经济发展水平不一，在宗教信仰、语言、文化和习俗等方面都有差异，各国之间的利害冲突也不时爆发。古斯塔夫·瓦萨统治时期，对瑞典的邻国抱有怀疑态度，开始创建了瑞典的陆军和海军。1534年，丹麦爆发了"伯爵战争"，古斯塔夫联合丹麦国王克里斯蒂安三世和普鲁士第一公爵阿尔伯特，打败了律伯克和汉萨同盟。为了扩大瑞典在波罗的海的贸易，夺取俄国的爱沙尼亚港口，1555～1557年，古斯塔夫与俄国作战。查理九世时期，为了争夺俄国王位，两国之间战事不断。

古斯塔夫二世（1611～1632年在位）继位之时，瑞典与俄国、丹麦、波兰三国同时作战，国内政局也不稳定。因而古斯塔夫二世在继位初期采取了尽快结束战争、整顿国内秩序的政策。在和当时的北欧强国丹麦的作战中，瑞典处于极为不利的地位1613年，双方订立"克纳雷德和约"，瑞典被迫割让其唯一的北海港口埃耳夫斯堡给丹麦，作为支付巨额战争赔款的抵押。为了争取一段时间的喘息，古斯塔夫不惜付出惨重代价。

瑞典的外交情况如何？

直到1619年，在荷兰的贷款资助下，瑞典才缴清了赔款。瑞典与波兰的战争也暂停下来了。为了吞并俄国领土，摧毁俄国的军事潜力，古斯塔夫二世继续执行其父查理九世的对俄战争政策，他担心一旦俄国政局稳定，就会成为波罗的海军事强国，将构成对瑞典的严重威胁。古斯塔夫二世决心切断俄国与西欧其他国家的海上贸易联系，由瑞典充当中介商，这样，瑞典通过征收关税即可得益。1617年，双方订立《斯托尔波沃和约》，瑞典并吞了英格里亚、凯克霍尔摩等地，把芬兰湾与瑞典的埃斯托尼亚省连在一起。这样，完全隔断了俄国和波罗的海的联系，大大推迟了俄国成为一个欧洲强国的时间，直到彼得大帝时，俄国才在欧洲列强中占有一席之地。

瑞典的统治者是怎样加强王权的？

古斯塔夫二世时期，王权和贵族的矛盾有所缓和，这就为国王处理国内问题创造了有利的环境。古斯塔夫二世进一步完善了国家统治机构。1614年，创立最高法庭；1618年，又设立财政部和

大法官法庭，作为常设的管理机构。古斯塔夫二世统治的末期，又设立了海陆军部。对中央机构进行的一系列改革，在1634年颁布的法令"政府的组成"中得到了全面的体现，并固定下来。行政机构的完善，提高了瑞典中央政府的工作效率，并使瑞典的行政体制在向近代化迈进的过程中走在欧洲诸国的前列。王权在这一时期得到了加强。

17世纪20年代，经过一番彻底的改造，地方政权完全由国王控制，权势显赫一时的国务委员会也终于成了政府机构的有机组成部分，当国王在外作战时，它可以相机处理国内事务。1617年条例，对参加议会四个等级（贵族、教士、市民和农民）的人数与程序作了明文规定，此条例一直沿用到1866年。在学校教育方面，古斯塔夫二世也有积极贡献。17世纪20年代，他在瑞典首次创立大学预科，给第二教育作出了许多行之有效的规定。古斯塔夫二世还创办了多帕特大学（现在的塔图国立大学），为研究波罗的海地区语言的学者提供了一流的研究中心。

瑞典是怎样和其他国家争霸的？

通过一系列的内部调整，瑞典的国力增强了，古斯塔夫二世雄心勃勃，又想在欧洲国际舞台上与别的国家一争高下。17世纪初，西欧新教国家领袖面临着天主教的沉重压力。在三十年战争中，他们也把同样信仰新教的古斯塔夫二世当作救星。1628年，德国波美拉尼亚新教最后一个尚存的堡垒斯特拉松德，受到了德皇名将华伦斯泰的猛烈攻击。危急中，斯特拉松德向瑞典求援。于是，古斯塔夫二世联合丹

麦国王克里斯蒂安四世派军驰援，成功地保住了斯特拉松德。1629年，瑞典和波兰的战争由于"阿尔特玛克休战协定"的签署而结束。

至此，古斯塔夫二世终于腾出手来，可以把注意力转到德国战场了。1630年6月，瑞典军队在皮尼缪德登陆，正式卷入了三十年战争。古斯塔夫二世想通过战争控制波罗的海沿岸，掠夺各国的资源，并且垄断俄国和西欧之间的贸易往来。从战略上考虑，古斯塔夫二世也试图以攻为守，解除西欧天主教集团对瑞典国家及教会的威胁。因此，古斯塔夫二世刚卷入三十年战争时，他的要求只限于有关各国以现金支付瑞典军队的作战费用，与此同时确保波美拉尼亚与瑞典订立永久同盟。到1631年底，古斯塔夫二世控制了德国北、中部的大部分地区，并且还解放了德国南方的一些新教国家。在这种有利的情况下，他的争霸计划也日益膨胀，在货币赔偿之外，又提出了领土要求，最主要的是要求把波美拉尼亚割让给瑞典。在各被占领地区，古斯塔夫二世实施瑞典本国的法律和管理方式，他还把被征服的土地赐予他的将领及支持者。可以说，在古斯塔夫二世时期，瑞典对外争霸达到了高潮，古斯塔夫也因而获得了"北方雄狮"的称号。

奥地利在什么时间成为一时的霸主？

奥地利位于欧洲各条商业要道的十字路口，多瑙河是拜占庭和东方斯拉夫国家与西方联系最便捷的渠道，地理位置十分重要。1278年，鲁道夫·玛·哈布斯堡伯

爵（也就是鲁道夫一世），在马尔施费德战役中，一举击败鄂托卡二世，从而登上奥地利的王位。他还夺得了克恩顿、克莱茵和施蒂里亚，建立起哈布斯堡王朝。16世纪上半叶查理五世统治时期，是奥地利公国的极盛时期，被称为"日不落"的国家。1519年，查理五世当选为德意志帝国的皇帝，与此同时又是西班牙王位的继承人，他还统治着西班牙、尼德兰、意大利南部和西西里岛，声威显赫一时。

奥地利内部的主要矛盾是什么？

持续不断的对外扩张，造成奥地利的民族成分异常复杂。在旧的世袭领地里，德意志民族成分占决定性的优势，在奥地利的南部和东南部，有斯洛文尼亚人、拉丁人、弗里奥尔人、意大利人和克罗地亚人。后来，又加入了具有民族意识的波希米亚人和匈牙利人。而马扎尔人和捷克人对德国人的不信任，也始终是哈布斯堡王朝的一大心病。面对严重的民族问题，哈布斯堡王朝把矛头指向国外，企图通过军事扩张转移各阶层的视线。16世纪，奥地利与此同时在两条战线上作战，在东边抵抗土耳其人的入侵，在西边争夺中欧霸权，连年征战，民不聊生。

奥地利在宗教问题上采用什么样的政策？

16世纪中叶，奥地利国内的宗教问题也很尖锐。新教力量越来越大，全国有一半以上的居民成了新教徒，有些地区这一比例高达80%在马克西米利安一世时期，新教徒与天主教徒之间就发生了冲突，德国的一部分新教诸侯认为，马丁·路德是

他们的精神支柱之一，因而支持新教徒。境外势力的插手，使奥地利的宗教矛盾日趋升级。1546年，马丁·路德去世，哈布斯堡家族与新教诸侯之间的战争正式爆发，奥地利王权反对新教，但是新教势力仍在不断上升。

1549年，克恩顿、施蒂里亚各等级代表公开支持新教，局面令人担忧。奥皇费迪南一世试图促成新旧教徒的和解。但是，双方在教义等许多问题上的分歧越来越大，皇帝的努力没有成功，内战爆发。新教徒在战场上失利，被迫订立停战协议，天主教确立了在奥地利的统治地位。新教徒不甘心失败，与法国签订《香勃尔协定》，法王以"新教徒和德国自由的保护者"身份，承担了援助奥地利新教徒的军事义务。于是双方继续开战。1555年，哈布斯堡家族战败，签订《奥格斯堡宗教和约》，规定诸侯有权自行决定臣民的宗教信仰，即"教随国定"。法国趁机占领了梅斯、图尔、凡尔登。和约承认新旧两教的信仰自由，新旧教同权平等。《奥格斯堡宗教和约》是欧洲历史上第一个宽容新教的法令，比法国的《南特敕令》早了43年。和约使奥地利的教派斗争缓和了半个多世纪。

奥皇反对宗教改革的后果是什么？

奥皇反对宗教改革，在城市里禁止信仰新教，只允许贵族在乡村家中举行小型的新教礼拜仪式，大学和行政、司法机关，清一色是天主教徒。在所有国家机关、市政机关中，天主教均占压倒性优势，新教徒不满。1596年，发生由贵族领导、有市民、农民参加的暴动；1604年，

匈牙利暴动，反对奥皇的斗争此伏彼起。国内各种政治力量的冲突，最终酝酿成三十年战争。

在三十年战争中，德国新教诸侯、丹麦、瑞典、法国、英国、荷兰和俄国为一方，奥地利、德国天主教诸侯、西班牙为另一方，以德国为战场互相厮杀。奥地利镇压国内割据的贵族，建立中央集权，防止陷入诸侯混战的局面，有一定的积极意义。但是，奥地利的强大既不符合外国势力的利益，也不符合德国诸侯的愿望，这场战争由于外国势力的介入，变奥国内贵族之间的冲突为外国势力相互争夺的国际性战争。奥地利在战争中也遭受了浩劫，但是直接损失比德国要小。更为重要的是，仍保留了奥地利的国家统一。但是，三十年战争以后，奥地利处于腹背受敌的险境，东有土耳其，西有强大的法国。只有改革，方可生存。从此，奥地利走上了艰难的改革之路。

长期的战争对奥地利有哪些影响？

长期的战争，对奥地利各邦的居民结构有很大的影响。新教徒当中，洗礼派首先受到打击，因而他们在16世纪就离开奥地利，迁徙至摩拉维亚和匈牙利西北部，后来，由于反抗征兵，又迁到俄罗斯的南部，最后有的还漂洋过海，到了北美、加拿大。进入17世纪，路德教派也受到政府的迫害，开始大规模迁移，在三十年战争中，他们面临两大抉择：要么重新皈依天主教，要么流亡他乡。因此，奥地利的宗教难民超过10万，流往纽伦堡、奥格斯堡、乌尔姆等神圣罗马帝国的直辖城市。也有的到了瑞士、瑞典等地。

16到17世纪，奥地利的文化教育事业，完全处于宗教斗争的影响下，新、旧教都试图通过学校教育渗透、传播其教义。在高等教育方面，较大的积极性起初来自新教方面。天主教方面，耶稣会教士热心于教育事业，他们在维也纳、格拉茨、林茨等大城市，创办文科中学，后来，还接管了新教的学校，对大学产生了决定性的影响。1519年，马克西米利安一世去世，维也纳大学短暂的人文主义时期结束了，保守势力卷土重来，奥地利青年学生大批地离开维也纳，到西欧、南欧留学。

捷克的胡司战争是怎样爆发的？

捷克位于中欧，属西斯拉夫人的一支，由波希米亚、摩拉维亚和斯洛伐克三地区组成。15世纪上半叶，捷克爆发了胡司战争，反封建、反天主教会的斗争席卷捷克各地及斯洛伐克的部分地区。约翰·胡司作为一个宗教改革家，积极在讲捷克语的民众中寻求支持，疏远或敌视讲德语的天主教徒，这也为宗教运动赋予了民族主义的色彩。胡司战争虽然失败，但是它使捷克在一定时期内摆脱了神圣罗马帝国的统治，暂时得到了政治上的独立。捷克文的广泛使用，促进了捷克民族语言和文化的繁荣，捷克和斯洛伐克两个民族的政治、经济、文化联系也加强了。

1526年，斐迪南一世在他的姐夫路易二世去世后当选为波希米亚和匈牙利两国的国王，兼并了捷克和斯洛伐克的大部分地区。1556年，斐迪南一世又被推举为神圣罗马帝国皇帝，他在捷克推行比较温和的宗教政策，在签署《奥格斯堡和约》过程中发挥了重要作用。他试图在捷克建立中央集权体制，但是未能成功。

"掷出窗外事件"指的是什么事件？

1617年，斐迪南二世继任捷克国王，他是一位狂妄的天主教徒，推崇专制统治，极力反对宗教改革，宗教矛盾即刻激化。波希米亚的新教贵族发动人民起义。在布拉格的哈拉德卡里城堡，愤怒的民众把哈布斯堡王朝的两个钦差扔出了窗外。"掷出窗外事件"是捷克人民反抗哈布斯堡王朝的民族起义的开端，也为欧洲三十年战争拉开了序幕。

"掷出窗外事件"发生后，捷克议会推举新教联盟首领巴拉丁选侯弗雷德里克为国王，并由图伦伯爵组建临时政府，捷克王国暂时摆脱了哈布斯堡王朝的统治。1620年11月，捷克与巴拉丁联军在白山战役中战败，斐迪南二世复位，强迫捷克人民改奉天主教，天主教被定为国教，德语为国语，捷克沦为哈布斯堡王朝的一个行省。1627年，斐迪南二世对非天主教徒进行严厉的报复。1629年，国王颁布"归还敕令"要求新教徒归还自1552年以来所拥有的罗马天主教会的地产。

16世纪中期波兰的国内的主要矛盾是什么？

16世纪中叶之后，波兰国内问题重重，国王软弱无力，无法协调各种政治力量。贵族之间的斗争，也削弱了议会的作用，国家机器的运转极不正常。国际形势对波兰也十分不利。以前，在亚盖洛王朝统治时期，波兰的外敌仅一个德国。而到

了17世纪，情况有了很大变化，西边的普鲁士、南边的哈布斯堡王朝、东南的土耳其、东边的俄国，都对衰退中的波兰虎视眈眈，企图瓜分之。

三十年战争中波兰的战况如何？

17世纪初，波兰先后卷入了与瑞典、俄国的战争。"三十年战争"爆发之后，波兰也受到冲击，利沃尼亚的大部分领土被瑞典占领。扬·卡齐米日二世统治时期，是波兰历史上灾难频繁、战乱不断的年代。由于民族冲突的不断升级，1648年赫梅利尼茨基率领哥萨克在乌克兰发动民族起义，波兰在乌克兰的统治受到了威胁。1654年，俄国趁机进攻波兰，占领了波兰东部的大部分领土。根据1667年的安德鲁索沃停战协定，俄国又攻取了乌克兰的东部地区。

三十年战争对波兰造成什么样的影响？

在1655年瑞典军队的猛烈进攻面前，波兰军队不堪一击，很快丧失了大部分国土。瑞军长驱直入，一直打到波兰南部的伽斯娜戈拉，才遇到顽强抵抗。瑞典战败，重新退回波罗的海沿岸。此后，瑞典与波兰的战事又断断续续地进行了五年多。1660年，两国订立了"奥立瓦和约"，波兰在波罗的海沿岸的大部分土地割让给了瑞典。1672年，土耳其也进攻波兰，占领了波多利亚和乌克兰西部。

匈牙利是怎样抵抗土耳其的侵略的？

15世纪，匈牙利国内政局不稳，农民

阶层的不满情绪以异教的形式表现出来，胡斯运动在匈牙利的南部和埃尔代伊地区迅速传播。1437年，埃尔代伊爆发农民起义，15世纪中叶以后，土耳其人的袭扰活动也频繁起来了。

面对外族入侵的威胁，小贵族出身的摄政匈雅提·亚诺什在危难之机挺身而出，担任埃尔代伊总督，率军抵抗土耳其人。1440年，他迫使土耳其军队从匈牙利南部边界撤退。此后，匈雅提积极展开外交活动，争取到了罗马教皇和威尼斯共和国的财政支持，与此同时团结巴尔干各国共同对敌。1443年，匈雅提统率一支包括巴尔干诸国军队在内的3万大军进攻土耳其侵略军，占领了尼什、索非亚，一直打到了巴尔干山区，极大地动摇了土耳其在波斯尼亚、黑塞哥维那、保加利亚和阿尔巴尼亚的统治。这就是匈牙利历史上有名的"长期战役"。"长期战役"的胜利，暂时阻挡了土耳其人入侵欧洲的凶猛势头，也给西欧基督教世界带来了希望。

为什么说匈雅提是匈牙利的民族英雄？

1456年，土耳其苏丹穆罕默德二世在攻陷了君士坦丁堡之后，又调集15万大军（一说20万）围攻贝尔格莱德。贝尔格莱德是当时匈牙利王国的南方门户，战略位置十分重要，一旦失守就会给土军入侵匈牙利打开方便之门。国难当头，匈雅提带领由农民、手工工匠、乡村神父、学生组成的上千万十字军战士驰援贝尔格莱德。7月22日，匈雅提击败了土军。贝尔格莱德战役的胜利，沉重打击了土耳其的嚣张气焰，为匈牙利赢得了70年的和平局面，匈

雅提也因而成为匈牙利的民族英雄。

马提亚斯一世即位后采取哪些新的政策？

1458年，马提亚斯一世即位。他依靠中小贵族和市民的支持。削弱了大贵族的地位，并进行了财政、军事、司法改革。1467年，马提亚斯一世取消了大贵族的免税特权，加强了王权。为了争取一个较有利的国际环境，马提亚斯一世还实行灵活的对外政策，尽力维护与教皇、威尼斯、那不勒斯、法国的友好关系。在调整了国内外一系列关系之后，他终于腾出手来对付土耳其人了。1463～1464年，马提亚斯一世发动波斯尼亚战役，巩固了匈牙利南部边境。但是，这一时期土耳其人在巴尔干半岛已经站稳了脚跟，加上马提亚斯一世并没有把全部力量投入到反土耳其的斗争之中，因此，马提亚斯一世在抵抗土耳其的斗争中进展不大。

马提亚斯一世对匈牙利的贡献是什么？

从15世纪60年代起，马提亚斯一世采取了对土耳其防守、对西方实行攻势的策略。

1468年，他发动了对捷克战争。这场带有侵略性的战争，一直持续到1476年。最后，双方达成协议，马提亚斯一世取得了捷克国王的称号。除捷克外，他还陆续控制了摩拉维亚、西里西亚等地。在1485年，他打败了神圣罗马帝国皇帝腓特烈三世，攻克了维也纳。在马提亚斯一世统治时期，匈牙利大力向外拓展领土，国势达到最盛。这一时期，匈牙利的文化水平也

有所提高。马提亚斯一世奖励学术文化的成果，他曾说过，"没有文化的国王只不过是一头戴着王冠的驴"。意大利许多人文主义作家、艺术家来到匈牙利讲学，都得到国王的支持。

为什么会爆发"十字军战士起义"？

1490年4月5日，马提亚斯一世在维也纳去世，软弱无能的乌拉德斯拉夫成为国王。从此，匈牙利国运开始走下坡路。1514年，匈牙利爆发了"十字军战士起义"。1514年4月16日，埃斯泰尔戈姆的红衣大主教特玛斯·巴科茨在出征仪式上宣读了教皇圣谕，组建十字军讨伐土耳其。匈牙利民众深深感到土耳其人日甚一日的威胁，因而热烈响应号召，纷纷参军。4到5月，会集于佩斯的十字军已经有4万人，由小贵族乔治·多热担任首领。这支主要由农民组成的十字军，很快发展为一场农民起义，矛头从反对外敌入侵转而反对国内封建主。

匈牙利亡国的主要原因是什么？

1514年6月，起义蔓延到全国各地，共有十几支起义队伍。外敌当前，十字军战士起义动摇了匈牙利的国防，转移了全国的注意力，客观上为土耳其的大举进攻创造了条件。

在镇压了农民起义之后，国家经济实力严重衰退，削弱了匈牙利抵抗外族入侵的能力。匈牙利民族的亡国之日已经为时不远。农民起义是导致亡国的直接原因。

1526年夏，土耳其苏丹动用8万兵力进攻匈牙利8月29日，莫哈赤一战，匈牙利国王路易二世率领的匈、德、波、意等国联军战败。匈牙利亡国了。1541年，土耳其军队攻陷了布达。随后，土耳其又直接控制了匈牙利的中部地区。哈布斯堡王朝宣称对整个匈牙利拥有最高统治权，但是实际上，它有效控制的地区仅限于西部边境、北部高地等狭小地区，东部地区是半独立性的埃尔代伊大公国。匈牙利被一分为三了。

埃尔代伊作为一个缓冲地带，具有其特殊性。土耳其对埃尔代伊大公国行使监督权，公国的统治者要向苏丹交纳税金。但是，埃尔代伊在对内政策上有自决权，和平时期境内不驻扎土耳其军队，埃尔代伊有相对独立性，匈牙利的民族精神和传统文化在这里得到了较好的保存。到16世纪末，埃尔代伊的统治者实行宗教宽容政策，罗马天主教、路德宗等教派和平共处。

三十年战争对匈牙利有哪些影响？

16世纪末，土耳其力量减弱，对外扩张的势头也迟缓下来了，对内也开始推行比较温和的统治政策。在这一大背景下，埃尔代伊的重要性日益突出。1613年，加博尔·贝特伦（1613～1629年在位）继任埃尔代伊大公。他率军反击哈布斯堡王朝在巴尔干的统治，先后攻占卡绍、波若尼，迫使哈布斯堡王朝于1615年正式承认埃尔代伊独立。三十年战争爆发之后，贝特伦大公展开了广泛的外交活动，试图与英国、荷兰、丹麦、瑞典等反对哈布斯堡王朝的国家建立友好关系。贝特伦两次进攻哈布斯堡王朝，打败了三十年战争中显赫一时的德军统帅华伦斯泰。在贝特伦大

公统治时期，王权加强，社会经济也有了长足发展。当时，东欧一些国家排挤再洗礼派，贝特伦大公则广为接纳。再洗礼派中间，不少是手艺高明的工匠，他们的到来，给埃尔代伊的手工业注入了新的活力。贝特伦和后继的几位大公，还积极扶持文化艺术，以很大的代价把沙罗什帕塔克城建成了欧洲颇有名气的文化中心。捷克大教育家科门斯基、匈牙利学者奥巴曹伊·切莱·亚诺什都曾在埃尔代伊讲学多年。

俄国封建中央集权制是怎样形成的？

15世纪，东北罗斯各地区之间的政治经济联系渐趋密切，莫斯科大公国的主导地位也日益突出，成为反抗鞑靼压迫、争取民族独立、消灭封建割据的中心。莫斯科成为东北罗斯最重要的经济中心，与中亚、黑海和地中海沿岸都有频繁的贸易往来。1462年，伊凡三世即位，俄国进入了一个由分裂走向统一的新时代。

伊凡四世在血腥镇压了人民起义之后，大力扶植中小贵族，以其作为主要的统治支柱。16世纪中叶，俄罗斯的社会生产力还比较落后，中小贵族急需扩大领地，增加农奴，以便生产更多的农产品出口到西欧市场。因此，伊凡四世加强专制王权，中心就是围绕着调整土地占有状况、加强农奴制度进行的，以满足中小贵族的要求。1550～1565年间，伊凡四世依靠中小贵族，对司法、行政和军事进行改革。1550年，颁布了新法典，统一全国的法律，提拔中小贵族担任各级官职，限制大贵族的权力，加强中央集权。在16世纪

50年代前，各省总督有权任意征收各种苛捐杂税，这不仅给各地民众带来无尽的灾难，造成社会的不稳定因素，而且也给国家的财政收入造成重大损失。1550年新法典，取消了省总督的司法权，改由中小贵族行使其职能。与此同时，政府也规定了总督可以征收的赋税范围。1555年，总督滥征赋税的问题最终得以解决。废除了总督的征税权，由中央财政部统一征税，这是俄国财税制度的一大进步。

西班牙的霸权主义是怎样产生的？

在西班牙殖民帝国的建立过程中，查理一世（1500～1558年）发挥了重要作用。1516年，查理一世以西班牙前国王斐迪南二世外孙的身份继承了西班牙王位。1519年，通过贿选等手段，他又当选为神圣罗马帝国的皇帝，史称查理五世。与此同时，他又继任奥地利大公。作为西班牙和神圣罗马帝国的最高统治者，查理一世野心勃勃，试图在全欧洲建立霸主地位，俨然欲成为西欧天主教世界的最高统治者。西班牙因而也就成了哈布斯堡家族争霸的基地。查理一世在西班牙向农民、市民征收重税，各地权力开始向中央集中，大贵族和城市的传统特权遭到削弱。查理一世的集权举动，遭到有较大自治权的卡斯提尔各城市的激烈反对。

"神圣同盟"是怎么回事？

1520年7月，卡斯提尔11个城市组成"神圣同盟"，宣誓脱离国王查理一世的管辖，组成独立的起义政府，自行任命各级官员，并宣布组成一个王国。1521年，城市起义的规模扩大，波及整个卡斯提

尔。与卡斯提尔起义与此同时，瓦伦西亚地区也发生了民众暴动，要求加强地方权力，反对国王过多干预地方事务。

1522年，查理一世依靠守旧的贵族阶层，利用德国雇佣兵，残酷镇压了各地的起义。作为对城市起义的报复，查理一世取消了西班牙城市的自由权利，并严格限制议会的权限。城市起义的失败，使西班牙大多数城市丧失了与王权抗争的能力。从此，国王征税可以通畅无阻了。不过，在加泰罗尼亚、瓦伦西亚及前阿拉贡王室的城市，仍保有一些自治权。

在16世纪三四十年代，查理一世几次入侵法国。1544年，西军一直打到了距巴黎70公里的地方。法国与英国、意大利、土耳其、教皇组成反哈布斯堡同盟，但是未能逃脱战败的厄运，佛兰西斯一世被迫求和。

宗教改革对西班牙的影响是什么？

查理一世统治期间，宗教改革运动席卷欧洲。作为一个狂热的天主教徒，查理一世对此十分愤怒，他和西欧保守势力相勾结，镇压各国的新教运动。1529年，查理和教皇联合派军镇压佛罗伦萨人民起义，恢复了美第奇家族的统治。1547年4月24日，西班牙将领阿乐发公爵在缪尔伯格战役中，粉碎了德国新教诸侯的抵抗。在西班牙本土及其属地设立宗教裁判所，大肆迫害欧洲其他国家具有自由思想的人士。

10月7日，联合舰队与土耳其海军在勒颁多发生激战，土耳其战败。此役，是土耳其军队对外征战中第一次战略性惨败。以西班牙为主力的联合舰队，成功地扼制住了土耳其人向西地中海地区的扩张势头，西欧基督教世界避免了又一次浩劫。勒颁多一战，确立了西班牙在地中海的霸权，它的国际地位空前提高。1580年，西班牙攻占里斯本，兼并了葡萄牙及其海外殖民地。16世纪末，腓力二世还屡次干预英国的内部事务，扶持英国的天主教势力。到16世纪末，西班牙在欧洲的霸主地位确立。

西班牙的霸权为什么会走向衰落？

由查理一世、腓力二世缔造的霸权，并没有维持多久，只是昙花一现。还在查理一世时期，西班牙在强大的军事力量下，就已经显露出经济基础软弱的弊病。他在西班牙征收重税，严重损伤了西班牙民族经济。连年征战，也使西班牙背上了沉重的债务负担。1516年，西班牙国债已经达2万锂；到1556年，又上升到700万锂。1556年，国库亏空达6761272杜卡特。在腓力二世时期，西班牙财政曾于1557年、1560年、1575年和1596年四次宣告破产。

英国圈地运动的社会背景是什么？

15世纪末发现美洲之后，美洲白银不断输入欧洲。与此同时英国人口增长，市场需求增加，引起物价高涨、货币贬值，发生了"价格革命"。1540～1640年的100年间，英国物价上涨了6倍。在这样的环境下，那些靠固定货币收入的人，特别是那些收取传统的固定货币地租的贵族，实际收入不断减少。有些贵族就用新方式管理土地，以适应新的形势。其主要方式之一，就是进行"圈地"，把土地圈占起

来,用新方式进行经营。或者把土地出租给租地农业家,收取地租。

圈地的现象很早就在英国出现了。不过,到15世纪末羊毛价格迅速上涨时,圈地运动才大规模开展起来。圈地并不是地主单方面的掠夺,有时也是农民与地主订立协议的结果。在17世纪时,这样的协议曾在大法官庭进行登记,但是圈地所引起的农民的悲惨境遇却是无可否认的。托马斯·莫尔在《乌托邦》一书中关于"羊吃人"的悲叹是人所共知的。圈地产生了重大的社会后果,它促进了英国原来的封建农业向资本主义农业的转变。在圈地过程中,大批丧失土地的农民,成了被迫出卖劳动力的雇佣劳动者,为资本主义的发展提供了劳动力市场,是资本积累的主要因素。

英国为什么会出现圈地运动?

在英国革命前的土地关系变化过程中,亨利八世的宗教改革对其也有很大影响。当时占全国耕地面积1/6的修道院土地被没收。其中大部分又被出卖,落入大商人、银行家和企业主之手。由于当时农业中商品货币关系的发展,使原有的一批坐收固定地租的贵族不能适应新的形势而纷纷破产,他们中许多人不得不变卖地产,使这些地产都落入大商人、农业资本家和新贵族的手中。

由于以上几种原因,造成了16世纪末17世纪初英国的土地所有权大规模转手的现象。以前农产品是为了消费而生产,基本上是自给自足的。此时不但是农产品,土地本身也越来越多地成为商品。在革命前夕,工业也有了很快的发展,不仅老的

工业部门如羊毛加工业、炼铁业、采矿业和造船业等有了较快的发展,而且一些新的工业部门如棉纺织业、丝织业、玻璃制造业、肥皂业等也建立并发展了起来。特别是采煤工业发展得更快,革命前的100年中,煤产量从年产20万吨增加到150万吨。在1640年,英国的煤产量比欧洲其他地区煤产量的总和还多3倍。

17世纪英国的经济发展形态如何?

到17世纪中叶,英国的工业仍处于手工工厂阶段,并以分散的手工工厂形式占主要地位。特别是在羊毛加工业和棉纺织业部门中,由商人提供给农村的劳动者以原料,劳动者在家中进行加工的方式尤为普遍。只有在冶金业、采矿业、玻璃和造纸等工业部门中,存在着集中的手工工厂。工业的发展为商业的繁荣提供了条件。对外贸易也迅速发展起来。自发现美洲后,西方贸易中心由地中海逐渐转移到大西洋。英国地处国际贸易要道。1588年,英国击溃了西班牙的无敌舰队,从而开始树立了其在海洋上的优势地位,英国的海外贸易更迅速地发展起来。

在对外贸易中,各种专卖公司起了很大作用。本来,在16世纪以前,英国的对外贸易还为汉萨同盟等外国商人所操纵。后来,外国商人的势力逐渐被排挤。1598年设在伦敦的汉萨同盟的商栈被关闭。英国本国的各种专卖公司掌握了英国对外贸易的控制权,它们的贸易活动扩展到世界各地。远至俄国、土耳其、印度和美洲等地,都和英国建立了商业关系。

与欧洲大陆各国相比,中世纪末期,英国社会阶级的特点是界限不清、流动性

大。当时的人，对社会阶级的划分不尽相同。16世纪以来，在英国的贵族中，除了原来的旧的贵族外，已经逐渐分化出一个与资本主义有密切联系的新式贵族阶层。

英国革命爆发前的国内情况是什么样的？

革命前的君主专制和议会在英国，议会虽然长期以来一直存在并进行活动，但是直到1590年左右，议会与专制王权之间没有不可克服的矛盾，而且它实际上是君主的传声筒，很少反抗。然而到了16世纪末以后，情况发生了变化。在经济上日益壮大的资本家和新贵族，对君主制度阻碍他们发展经济和取得更大政治权利的行为日益不满。

1603年伊丽莎白女王逝世，玛丽·都铎的儿子——苏格兰的詹姆士六世继任英国国王，称詹姆士一世，从而开始了斯图亚特王朝在英国的统治。在詹姆士一世和查理一世统治时期，议会中反映资本家和新贵族利益的代表，对政府的各项政策不断进行指责。1628年，议会通过了重要的限制王权的《权利请愿书》。其中规定，此后不经议会同意不能强迫任何人交纳赋税，任何人如未被指出其具体罪状，不得加以逮捕，任何人如无法庭判决，不能剥夺其财产，士兵不能强占民房，在和平时期不能用军事法对公民进行审判等。查理一世为了获得议会对他的金钱补助，勉强批准了《权利请愿书》。但是随后又曲解权利请愿书的条文，并继续不经议会同意而征收赋税。当议会号召人民拒绝向国王交税时，查理一世在1629年将议会解散。

英国革命是如何爆发的？

当英国国内人民不满日增，群情鼎沸的时候，爆发了苏格兰人的起义。苏格兰在16世纪已经完成了宗教改革。长老派的宗教信仰在苏格兰占统治地位。苏格兰的詹姆士成为英国国王以后，苏格兰和英格兰共有一个国王，但是苏格兰仍是一个独立的王国，有自己独立的议会和教会组织。然而1637年查理一世根据大主教劳德的建议，命令苏格兰采用英国国教稍加修改过的祈祷书和国教祈祷仪式。消息传来，引起全苏格兰的普遍愤慨。1638年，苏格兰人起草了一份"公约"，并组织了一支军队，表示要为苏格兰的宗教和政治独立而战斗。1639年，苏格兰的"公约派"组织的军队攻入了英国国境。查理一世面对这一现实，不得不在1640年4月召开已经被停止了11年的议会，企图要议会通过他所需要的经费，以便组织军队去同苏格兰人作战。然而议会里的许多代表不但拒绝国王所需要的经费，而且提出了议会的权利问题。查理一世气恼之余，于5月初又将其解散。这届议会存在不到一个月，历史上称为"短期议会"。

苏格兰人民起义的发展状况如何？

这时苏格兰人的起义不断扩大。起义者占领了英国北部的纽卡斯尔等地。在英国国内，伦敦和其他城市的手工工人和城市平民发生了暴动。农民运动也在英国东部爆发，各地人民纷纷递交请愿书，要求召开议会。10月，查理一世与苏格兰人在里朋签订了停战协定，但是被迫答应每天付给苏格兰人850镑的费用，直到最后和约的签订。对这笔款项，查理一世也无处

可以筹措。在走投无路的情况下，他不得不在1640年11月3日召开了新的议会。这届议会断断续续，一直存在到1660年，历史上称为"长期议会"。"长期议会"召开后，成了反对查理一世为首的王党的领导中心，所以成为革命开始的标志。

苏格兰人民起义对英国造成什么影响？

当议会里议员的分歧越来越大的时候，查理一世决定用武力将议会中较激进的反对派领袖皮姆、汉普顿等五人逮捕。当查理一世亲率三四百个武装卫士到下议院去逮捕这五个议员时，议会加以拒绝，而皮姆等人闻讯已经躲到了伦敦城区。整个城区的手工业者和平民武装起来。当查理一世率卫队又前往伦敦城区时，被武装的群众挡住了去路。伦敦市内及郊区南沃克的水手、脚夫以及附近白金汉郡、肯特郡的农民也结成队伍开到伦敦，沿途高呼"保卫议会，保卫王国"的口号。一周以后，皮姆等人在群众簇拥之下，以胜利者的姿态回到了下院，查理一世无路可走，于1642年1月10日离开了首都。

英国第一次内战的情况如何？

第一次内战的初期阶段是在1642年年初，查理一世离开伦敦后，当年秋天到了北方。在那里，他集结了一批王党分子，于8月22日黄昏时分在诺丁汉的卡塞尔山顶升起了王党的军旗，宣布讨伐议会的叛乱分子。

内战开始后，全国从地区上看，显然分为两个阵营。一个是王党所控制的北部和西北部地区，另一个是议会所控制的包括首都伦敦在内的东南部地区。王党所控制的北部和西北部经济比较落后，地主经济占优势，王党在这个地区的社会支柱是贵族。议会所控制的东南部地区资本主义经济因素发展程度较高，议会在这一地区的力量主要来自资本家、新贵族及城乡中、下层人民。

从交战双方的力量对比来看，议会占有绝对的优势。然而内战的初期阶段，议会军队却遭到一连串的失败。1642年10月23日在埃吉山的一次胜负不分的战斗后，查理一世率军队直趋伦敦，把牛津作为他们的大本营，威胁伦敦。1643年秋，牛津和北部、西南部的王党军队一齐向伦敦进击。到了年底，全国约有3/5的地区落入王党之手，议会受到很大威胁。只是由于伦敦市民所组成的民团奋勇作战，才使议会的处境稍有缓和。

"神圣同盟与公约"是在什么情况下签署的？

1643年9月，议会同苏格兰人签署了"神圣同盟与公约"。苏格兰军队于1644年1月越过边界攻入英国。这年7月2日，在马斯敦荒原一战，苏格兰的军队与托马斯·费尔法克斯爵士所领导的军队以及曼彻斯特伯爵克伦威尔领导的东部联盟的军队所组成的联军，击败了王党。但是由于议会军队缺乏统一的指挥，未能乘胜追击。而由埃塞克斯伯爵指挥的一支议会军，在西南地区被王党击溃。

人民反政府斗争的表现形式之一，是各种不同政治内容的出版物、小册子的大量涌现。自1641年以后，随着专制政体的动摇，钳制舆论的检查制度失去了控制力。内战开始后，专制政治机构陷于瘫痪，人民蕴藏在心中的各种思想顿时迸发了出来。各色各样思想和内容的出版物、小册子大量出版。

议会军为什么会取得胜利？

战场上军事斗争的紧迫性和城乡劳动群众独立的反政府斗争的蓬勃发展，促使议会不得不考虑采取一些必要的改革措施。1644年12月9日，克伦威尔在议会发言，要求对军队进行改革。他警告那些反对改革军队的议员说："如果军队不按照新的方式进行改组，如果战争不更加坚决地进行，那么人民就不愿再忍受下去而要强迫议会订立耻辱的和约了。"这样，议会才在1645年初通过了关于改组军队的法案，即所谓"克己法"。根据这个法案，议会两院的议员，必须放弃他同时所担任的军事或民政职务中的一项。

改组后的议会军称"新模范"军，共22万人。士兵主要是从农民和手工业者中招募来的。中、下级军官中也有一些是出身下层社会，因军功和能力而擢升的人。"新模范"军的士兵，具有旺盛的战斗精神，纪律严明，在战场上一往无前，连战皆捷。1645年6月14日在北安普顿郡的纳斯比附近的决战中，王党军队遭到了彻底的失败。1646年6月攻克了王党的大本营牛津。在此之前，查理一世已经投降了苏格兰人，第一次内战即以议会军的胜利而结束。

第二次内战爆发的影响是什么？

1648年2月，南威尔士的王党进行暴动，从而开始了第二次内战。5月间在肯特地区，王党分子占领了许多城市，在英格兰北部，王党分子和苏格兰的军队共同行动，有一部分舰队也投到了王党方面。

但是，在议会阵营，独立派和平等派已经重新联合，军队恢复了团结。议会军的士兵奋勇作战，反击王党分子的反扑。各地的社会中、下层人民，积极支持议会军，并主动参与同王党的斗争，因而战局很快扭转到有利于议会军方面。1648年7月上半月，镇压了南威尔士的王党叛乱。8月，在普雷斯顿附近的决定性战斗中，王党军队被击溃。31日，王党在东南方的最后根据地科尔切斯特向议会军投降。第二次内战以议会军的胜利而结束。

第二次内战后英国的统治者有哪些变化？

当议会军开赴前线作战的时候，议会内的长老派趁机秘密与国王谈判，企图使国王在接受他们的条件下复位。长老派的活动引起人民的普遍不满。社会中、下层人民和军队里的士兵纷纷向议会递交请愿书，要求审判国王，把国王作为内战的祸首加以惩处，与此同时要求清除议会里同国王勾结的议员。在1648年4月9日，军队召开了一次军官会议，在平等派鼓动员参加下，通过了要追究国王查理一世罪责并对之进行审判的决议。同年11月10日，当军队从前线胜利归来，到达离伦敦不远的圣·阿尔班的时候，军官会议通过了一项《军队抗议书》，谴责议会里一些议员同国王进行谈判的行为，要求成立审判国王的法庭；解散现存议会，废除君主制等。当议会表示拒绝接受这些建议时，军队就于1648年12月2日再度开进伦敦，并派人到

怀特岛将国王押解到赫斯特城堡以断绝议会同国王的来往。

1648年12月6日，普莱德上校带领军队占领了议会的各个出入口。他拿了一份议员的名单，宣布那些不准进入议会的议员的名字。次日，清洗继续进行，一共约110名议员被从议会"清洗"了出去，他们大都是长老派的议员。经过"普莱德清洗"以后，议会里剩下的议员约200人，即"残余议会"，主要由独立派议员所组成。此后独立派就在议会里占据了统治地位。

"议会"是怎样处置查理的？

"残余议会"12月28日通过了把查理作为背叛国家、内战祸首、破坏法律和英国人民自由的罪犯而加以审判的决议。根据当时的规定，法律在下院通过之后，须经上议院同意才能生效。这时上议院只剩下16个议员，他们一致否决了关于审判国王的议案。下议院于是在1649年1月4日通过一个关于下议院享有最高权力的决议。决议指出，国家的任何法律的最高源泉都是人民，因而由人民选举产生的下议院应该是国家的最高政权机关；下议院的决议可不经上议院和国王的批准而直接生效。接着，下议院在1月6日通过了成立最高法庭以审判国王的议案，随后成立了由135人组成的特别的高等法庭。参加者有议会议员、法学家、高级军官、伦敦市议会的议员等，庭长为法学家布拉德绍。

审判从1月20日开始，判决书上对查理一世定的罪状是："暴君、叛徒、杀人犯和我国善良人民的公敌，判决在1月30日执行，查理一世在白厅前被斩首。

英国共和国是怎样建立的？

2月份，下议院又通过了废除上议院和王权的决议，这时英国事实上已经成为共和国。到5月19日，议会的决议正式宣布"英国的人民和所有隶属于它的领土和地区上的人民，都是并都将由此构成、缔造、建立和团结成为一个共和国和自由邦，都将由这个民族的最高权力，即议会中的人民代表和他们所任命为人民谋福利的官员所统治，而不需要任何国王和贵族院"。这样，英吉利共和国就以法律形式正式确定了下来。另外，根据议会在2月份所通过的决议，国家行政权交给了由41人组成的国务会议。新成立的国务会议的成员中，大部分都是独立派领导人物。

斯图亚特王朝在什么情况下复辟的？

1658年克伦威尔去世后，他的儿子理查·克伦威尔继位为护国公，理查为人懦弱无能，他手下的高级军官不服他的统治，因而不得不于1659年辞职。随后，政权就由一小撮高级军官操纵。但是伦敦城区的大资本家却拒绝服从这一小撮军官集团，与此同时，在军人集团中也展开了争权夺利的斗争。这时率军驻扎在苏格兰的蒙克将军就借口保卫被军队解散了的议会而带领军队向伦敦进发。到伦敦后，他召开了一个在革命前选举法基础上选出的议会，议会决定政权应该属于"国王、贵族和平民"，并决定派人到荷兰同查理一世的儿子查理谈判在英国复辟君主制的问题。

1660年5月，查理回到伦敦，登上了王位，称查理二世。于是斯图亚特王朝在英国复辟。但是查理二世登位之后，却不顾"不列达宣言"中所许下的诺言，而对过去的革命者加以追究迫害。克伦威尔和艾尔顿以及审判查理一世的其他人等都要加以严惩。克伦威尔和艾尔顿的尸体被从棺木中拖出来吊上绞刑架，然后被用斧头将头颅砍下来，挂在议会大厅之上，任人嘲笑唾骂。

辉格党和托利党主要分歧是什么？

以查理二世为首的王党，虽然想尽量恢复他们在革命前的权势地位，然而，历史的发展已经不可能完全倒转。在复辟年代里，资本主义经济在原来的基础上，更加迅速地向前发展。复辟时期成了英国资本原始积累的重要发展阶段，差不多在所有的经济部门中，资本主义关系都有巨大的进步。随之而来的就是资本家势力的不断强大。这些羽翼渐渐丰满起来的资本家，对查理二世政府的倒行逆施政策感到越来越不堪忍受，不满的情绪在国内逐渐滋长并弥漫开来。1679年议会选举时，反对查理二世政府的反对派在议会中占了多数。这次反对派的议员在议会中提出了一个"人身保护法"。法案规定，每一个被逮捕的人，在逮捕之前应先公布他的罪状，被捕的人有权要求立刻按照法律进行审讯。这个法案在下院通过后，遭到上议院的否决。但是下议院坚持法案，三次否决，三次又通过，终于使它成为法律。"人身保护法"的起源可上溯到13世纪，后经过不断发展、变化，但是一直有不少漏洞。不过"人身保护法"虽然还有一些保留条件，然而它在一定范围内限制了保守势力的任意胡作非为以及侵犯人权的行为。

英国立宪君主制确立的社会背景是什么？

1685年查理二世去世，他的弟弟继位，即詹姆士二世。詹姆士二世统治时期，不顾国内的广泛反对和以前的法律禁令，力图在英国推行罗马天主教，给天主教徒以信教的自由和平等的公民权利。他即位不久，就违背查理二世时制订的"宣誓条例"中关于禁止天主教徒担任公职的规定，委任天主教徒到军队里任职，随后又任命了更多的天主教徒到政府部门和大学里去担任重要职务。后来，他又发布了"宽容宣言"，给予包括天主教徒在内的所有非国教徒以信教自由，并要求英国国教的主教们在各主教区的教坛上宣读这个宣言。这些举动引起了英国全国包括辉格派和托利派在内的一致反对。

英国的一些有声望的人士写密信给在荷兰的信奉新教的詹姆士二世的女儿玛丽和女婿奥兰治的威廉，邀请他们到英国来保护英国的"宗教、自由和财产"，并表示将在英国国内发动起义予以响应。1688年11月5日，威廉率领1万余人的军队，在德文郡的托尔湾登陆。消息传来，伦敦一片混乱。詹姆士二世的亲信们都背弃了他，于是他慌忙逃往法国。12月，威廉在未遇任何抵抗的情况下，长驱直入伦敦。

"权利法案"制定的意义是什么？

1689年2月召开的议会全体会议，请威廉和玛丽共同统治英国，与此同时向威廉提出"权利宣言"，谴责詹姆士二世破坏法律的行为，要求国王今后未经议会同意不能停止任何法律的效力；不经议会同意不能征收赋税；今后任何天主教徒不能

45

担任英国国王；任何英国国王不能与罗马天主教徒结婚等。威廉接受了这些要求，然后即位为英国国王，是为威廉三世。当年10月，议会通过这个"权利宣言"，并制定为法律，即"权利法案"。从此之后，英国开始逐渐树立起立宪君主制和议会高于王权的政治原则。

君主立宪制是怎样确立的？

议会又在1701年通过"嗣位法"。根据此法，威廉三世之后，王位应该传给詹姆士二世的第二个女儿安妮。由于安妮没有直接继承人，在她之后，王位应传给斯图亚特王朝的远亲、德国的汉诺威选帝侯。实际上，这样就杜绝了斯图亚特王朝对英国王位的占有野心。与此同时还规定，英国王位不能传给天主教徒，凡英国国王必须加入英国国教会；直接依附于国王的人，不能够做下议院的议员；所有英国的重要民政和军事职务，只能由英国人担任；所有政府的法案，必须由同意该法案的枢密院成员签署才能生效等。这些措施，限制了国王的权力，确立了资本家新贵族长期以来竭力追求的立宪君主制原则。

法国在君主专制下处于什么样的社会状态？

虽然17世纪在英国已经爆发了革命运动，但是这时的法国却正处在专制制度的鼎盛时期。1643年路易十四即位，他当时只有5岁，政府的实际权力，被红衣主教马扎尔尼所掌握。1661年，马扎尔尼去世后，路易十四才亲自执掌政权。他实行严格的专制独裁，宣扬"君权神授"的思想，声称"上帝要每一个生而为臣民的人绝对服从"，"臣民没有权利，只有义务"。他把国家一切内外政策的重要权力，完全集中在自己手中。他公开把国家等同于自己，宣称"朕即国家"（国家就是我）。他的手下阿谀地称他为"太阳王"。

路易十四是怎样进行专制制度的？

路易十四将国家统治权力完全控制在自己手中后，把中央政权分别给予由他任命并对他个人负责的一些大臣领导。地方权力则由国王任命的监督官加以管理。17世纪末，法国分为若干财政区，每个区都由国王任命的监督官直接领导，并完全听命于国王。早在14世纪时，法国就建立了一个等级代表机关"三级会议"。到1614年以后，这个会议停止召开，国王的权力又少了一个羁绊。从宫廷到地方的各级官吏，不仅在政治上对人民实行高压控制和严密监视。而且操纵思想舆论，把社会舆论吸引到歌颂"太阳王"身上。而对那些政治犯，则投之于阴森恐怖的巴士底监狱，这个14世纪起建立起来的堡垒，成了专制暴政的象征。伏尔泰在《路易十四时代》一书中所记述的"铁面人"的故事，就从一个侧面反映了这座监狱令人恐怖的情况。

专制制度对法国社会有哪些影响？

为了显示法国的强盛和作为君主的威严，路易十四下令在离巴黎不远的凡尔赛建造了一座豪华的宫殿即后来的凡尔赛宫。为此他召集了许多建筑学家、雕刻家和画家进行设计装饰。与此同时还开辟了许多喷泉、园林。为建造凡尔赛宫，花费了国库大量钱财，大批被驱赶来从事建筑的农民工和士兵中，很多人在艰辛的劳动条件下死亡。那些在劳动工地惨死的工人的尸体，在夜幕降临之后，被用车子偷运到别处掩埋。

许多大贵族也仿效"太阳王"的榜样，在各地建造自己的豪华宅第和城堡。然而在法兰西君主制堂皇的外表之下，普通老百姓的生活却每况愈下，许多地区都爆发了人民起义。这些反抗，反映了人民对"太阳王"视之如寇仇的愤恨情绪。当1715年路易十四去世的时候，害怕人民会乘机起义，只得将他秘密埋葬。对于他的死，人民如释重负。有的人对"太阳王"加以诅咒，有的开怀畅饮，以发泄对他的痛恨。

为什么说德国处于分崩离析的状态？

自中世纪以来德国在政治上一直处于分崩离析的状态。15世纪以后，西欧的英、法逐渐形成中央集权的民族国家的时候，在中欧的德国却仍处于一盘散沙之中。三十年战争结束后，这种分裂状态被固定了下来。此后一直到18世纪末，德国的土地上仍有三百多个独立的邦，一千多个骑士领地。除此之外，在德国还存在着外国君主如英国国王、瑞典国王、丹麦国王的属地。而法国则吞并了斯特拉斯堡、阿尔萨斯、勃艮第、洛林。

分裂割据的政治局面，严重地妨碍了德国各地区的经济发展。多数邦都有自己的度量衡制度和货币制度，彼此之间互不统一，加之各邦之间关卡林立，商品贸易不能顺畅进行。封建领主之间也互相争

战，以致战乱频仍，民不聊生。各邦的统治者，不仅将行政、立法及财政、军事等大权完全掌握在自己手里，对人民巧取豪夺，进行压榨盘剥，而且实行野蛮的超经济强制。

16世纪后德国有哪些变化？

16世纪以后，德国有些地区，主要是易北河以东的东北德国地区，农奴制度逐步恢复并加强了起来，发生了所谓"农奴制的再版"的现象。在农奴制压榨下，农民丧失了人身自由，任凭地主的宰割。他们除了要把大部分时间用于为地主服劳役之外，还常常受地主的体罚或像牲畜一样被买卖。在德国的西南部，农民保存人身自由，处境稍好一些，不过他们所负担的地租额也非常沉重。由于政治上的分裂和农奴制的存在，使德国各地区的经济长期处于停滞落后状态。

在德国的联邦中最强大的是那些国家？

在德国的三百多个邦中，最强大的是奥地利和普鲁士。奥地利的哈布斯堡家族，从15世纪中叶起，长期被选为神圣罗马帝国的皇帝。16世纪时，这个家族又继承了西班牙王位。后来，奥地利不断进行扩张，占领了属于德国的捷克人和匈牙利人地区。西班牙王位继承战争后，波旁王朝取得了西班牙王位的继承权，但是奥地利的哈布斯堡家族却得到了比利时和意大利的米兰、那不勒斯等地。

奥地利的国家发展状况如何？

奥地利境内多个民族地区，经济发

展不平衡。不过从总体来说，奥地利的经济发展比英、法、荷兰等国落后。在神圣罗马帝国的版图上，另一个重要的邦是普鲁士。在中世纪时，普鲁士是被条顿骑士团占领后建立为公国的，并不属于德国。1618年时，这个公国的统治权由霍亨索伦家族的一个亲王所继承，这个亲王与此同时是德国的勃兰登堡的统治者，这样，勃兰登堡和普鲁士就统一在一起，变得越来越强大。

普鲁士国家处于什么样的社会状态？

18世纪初，勃兰登堡和普鲁士的统治者弗里德里希一世获得普鲁士国王的称号。以后，凡原来霍亨索伦王朝的统治的地区，都属于普鲁士王国，勃兰登堡这一名称不再使用。在国王腓特烈·威廉一世统治时期，普鲁士成了一个军事专政的国家。威廉一世穷兵黩武，花费大量经费来扩充军备，并把常备军扩充两倍，达到9万人，以严格的军事纪律加以训练，大大增强了这支军队的战斗力。

1740年威廉一世去世，由他的儿子腓特烈二世即位，史称腓特烈大帝。腓特烈二世以"开明专制"君主自居，还故作姿态地与法国著名启蒙学者伏尔泰接近，邀请伏尔泰到他在波茨坦的"无忧宫"做客。但是实际上，他也是一个顽固的军国主义者。在他统治时期，他的主要注意力都放在扩充军事力量、准备对外扩张上。他积极地参与了奥地利王位继承战争和七年战争（1756~1763年），吞并了原属于奥地利的西里西亚，后来又在1772年伙同沙皇俄国和奥地利，瓜分波兰，抢夺了原

属波兰的波罗的海的部分领土。在腓特烈二世之后，俄、普又在1793年第二次瓜分了波兰，普、奥、俄又于1795年瓜分波兰，将波兰领土瓜分殆尽，波兰作为一个独立国家从地图上暂时消失。

德国政治上的分裂对国家发展有哪些影响？

德国政治上的分裂和经济上的落后，严重阻碍了德国的历史发展进程，然而德国的民族统一和社会进步是德国人民的普遍愿望，这种主观愿望和客观现实的矛盾越来越深，但是始终得不到解决。新形成中的资本集团力量微弱。他们被分裂割据的政治局面所分隔，各自都只关心自己小邦的地方利益，并同当地小邦的统治者相勾结，以维持自己的经济利益和社会地位，在很多地方上资本家主要生产供各领地小邦统治者需要的奢侈品，他们无力担负起统一德国、推动德国历史前进的使命。

在这样的环境下，知识分子在现实社会中找不到出路。有些人就把精力和思想钻入了脱离现实的"精神王国"，这正是德国的唯心主义哲学在这个时期发展起来的原因。它和法国的理性主义的启蒙学家的思想不同。

这时期德国的唯心主义哲学家有康德（1724~1804年）和海德（1744~1803年）等人。康德著有《纯粹理性批判》等书，他认为事物的本质，即所谓"自在之物"是不可能被认识的。人们认识的唯一源泉是经验，理性都只能抓住现象而不能深入现象的本质，人类不可能超越这个认识的界限，一切要想越过这个界限的企图

都是会误入歧途的。海德是哲学家兼历史学家，他在《关于人类哲学的思想》一书中，认为人类的历史是不断发展前进的过程，德国的统一是这一发展前进过程所要求的，但是他认为统一只可能是内部精神活动的结果。

17世纪俄国是什么样的国家状况？

莫斯科解放后，1613年各城市的贵族、商人、教士们在莫斯科举行的缙绅会议中，选举大贵族罗曼诺夫家的16岁的米哈伊尔·罗曼诺夫为沙皇。从此开始了罗曼诺夫王朝，直到1917年二月革命时被推翻。

新政府于1617年同瑞典缔结和约，将芬兰湾一带土地割让给瑞典，把俄国和波罗的海隔开。1618年又同波兰订立停战协定，将斯摩棱斯克一带土地割让给波兰。以后俄国为恢复上述两部分土地，长期与瑞典、波兰为敌。

17世纪俄国的经济发展状态如何？

1649年的法典，把追捕逃亡农奴的限期取消，农奴制在法律上最终形成，农民完全农奴化。但是在农奴经济中，商品关系已经发展起来。许多农民在农闲时从事手工生产，并将产品拿到市场出卖，换取货币，然后用这些货币交纳捐税和地租。商业的发展，刺激了农民的分化，有些农民放弃耕种做了商人，以货币代役租交给地主，在个别地主的土地上出现了大企业式的经济模式。商业的发展，逐渐将全俄国连成了一个互通有无的经济统一体。在17世纪开始形成了全俄市场。莫斯科是全国的商业中心。

手工业和商业的发展，促进了城市的兴起，但是城市中的上层阶层控制着市政权力，将国家捐税转嫁到下层市民头上。有些下层市民为了逃避捐税，宁愿把自己"抵押"给大贵族或教会，受后者的奴役。城市中日趋紧张的关系，导致了17世纪中叶的多次城市人民暴动。第一次暴动发生在1648年6月，这时莫斯科的市民向沙皇政府控诉他们的生活困苦和大贵族莫罗佐夫对他们的残酷奴役，但是政府反而用鞭子把请愿的市民驱散。第二天，市民们重新集合起来，冲进克里姆林宫，并捣毁了大贵族和大商人的住宅。在声势浩大的市民起义威慑之下，沙皇政府被迫将莫斯科警察局长交给起义者处理，并将莫罗佐夫流放到遥远的北方。

1648年和1650年在诺夫哥罗德、普斯科夫爆发了城市人民起义。1662年因为政府滥发铜币引起物价高涨，又引起莫斯科人民起义。农民运动也风起云涌。1669年在顿河一带爆发了由斯杰潘·拉辛领导的农民起义。起义队伍由顿河进到伏尔加河、雅克河，然后打向波斯，再折回伏尔加。1670年起义失败。拉辛被处决。

彼得一世是怎样进行改革的？

由于农奴制严重阻碍俄国的发展，到了18世纪，俄国与西欧各国比较起来，已经大大落后了。在俄国国内有些人开始意识到必须进行改革才能克服俄国的落后状况。早在17世纪后半期，俄国少数贵族已经提出改革的要求，到18世纪初期改革的要求更为迫切。这时的改革是由新沙皇彼得一世实行的。

彼得一世废除了原来的大贵族杜马，新设立参政院作为国家最高权力机关，以提高中央行政部门的工作效率，参政院的成员由彼得亲自指定。又设立了9个院（后增至12个）来掌管财政、司法、外交、军事各个部门。将全国划分为8个州和50个省，由中央直接领导。1722年又颁布了"官职等级表"将全国官职分为14等。凡在政府部门任职者，必须由低级起在实际工作中逐步升迁。凡贵族出身的有能力的人也可担任官职。为了大力促进国内工业发展，新建了许多手工工厂。1721年颁布法令，允许商人在购买土地时，把农奴一齐买走，这些农奴即可作为工场里的劳动力。彼得一世实行重商主义政策，鼓励出口，限制本国能生产的商品进口。

18世纪初，彼得一世在芬兰湾附近的涅瓦河畔的沼泽上兴建了一座新城市彼得堡，并把首都从莫斯科迁移至此。为了争夺波罗的海的出海口，彼得一世发动了同瑞典之间的长达21年的"北方战争"，结果瑞典被击败，俄国将波罗的海沿岸的土地据为己有（即后来的爱沙尼亚和拉脱维亚的大部分）。1722年俄国参政院给予彼得一世以"皇帝"称号，是为彼得大帝，俄罗斯成为帝国。

第五章　18世纪的欧洲历史——欧洲文明的多样化

18世纪俄国的国家经济处于什么样的发展状态？

全国市集数目的增长反映出国内市场的扩大，18世纪70年代在俄国共有市集达1637个，在俄国广大的版图上布满了市集网。全俄市场的中心是莫斯科。莫斯科市集的商业活动每年从夏季开始一直要继续到次年一月。不但是俄国各地区的商人，而且欧洲和东方各国的商人也经常到这里来经商赶集。流经莫斯科的莫斯科河和奥卡河把莫斯科和中央黑土诸州和伏尔加河流域各地连接了起来，成为通往国外的重要商业道路。

随着各地商品贸易关系的日益频繁，交通运输也有了进一步的改善。原有的运河系统在50年代进行了整修，与此同时还开凿了新的运河。在陆地交通上，马车运输占重要地位。最著名的道路是从太平洋的奥霍斯克港起贯穿整个俄国，直到西部的莫斯科和彼得堡的奥霍斯克大道。18世纪后半期，俄国对外贸易也有了较大的增长。从数字上看，俄国对外贸易的进出口总额在1749年是700万卢布，到了90年代就增加到了10960万卢布，而且在这段时期对外贸易中经常保持出超。对外贸易的商品，输出的多为原料和半制成品，其中以农产品为主，也包括一些工业品。

18世纪俄国的农业有什么发展？

18世纪末，俄国农业的耕地面积靠下列几种方式扩大了，最重要的一种是俄国依靠几次对外战争的胜利合并了广大土地，其次是对东方和南方边区的殖民开拓，最后是地主为了应付日益增长的国内市场和国外市场的需要，竭力强迫自己的农奴开垦荒地或者干脆抢夺农民的份地。而农民也因为在当时国家义务逐渐加重的条件下，为了交纳义务税，也不得不在可能的条件下扩大自己的耕种面积。虽然由于耕地面积扩大了，粮食的绝对产量有所提高，但是农业的生产率却仍旧停留在18世纪初的非常低下的水平上。在个别方面，甚至还较18世纪初后退了。

18世纪俄国的工业发展状况如何？

俄国的工业在18世纪后半期也有很大的发展，特别是手工工厂生产增长更为迅速。在彼得一世统治的末年俄国共有工场233个。到叶卡捷琳娜二世即位时，即1762年达到984个，而到18世纪末（1796年）时则迅速增加到3161个。18世纪末，俄国工业企业约有2000个左右，其中有1000个左右是较大的手工工厂类型的企业，工人总数达20万人。就工业中的主要部门冶金业和金属加工业来看，在整个18世纪，俄国的熔铁量占

世界第一位。从18世纪中叶以来，代替了原来的图拉地区作为俄国冶金工业中心的乌拉尔已经不仅是俄国的出名的工业中心，而且也是闻名于全世界的规模宏大的大工业区。

农民的手工业工场是在小商品生产的基础上发展起来的。这是一种前所未有的新现象，由于小商品生产发展的规律，使部分生产者发财致富，积累大量货币资金并掌握巨大的集中的生产资料，而另一部分生产者，则贫困破产，丧失掉生产资料，沦落为雇佣工人。

18世纪末革命发生之前，资本主义因素已经渗入农村。不过，它是以通过家庭手工业在农村逐渐发展并因而引起农民的阶级分化为特征。工商业也在逐渐发展，到18世纪末，法国的工商业发展水平在欧洲各国来说，仅次于英国。随着工商业的发展，城市人口不断增长。18世纪末叶，巴黎人口达60万，里昂人口达13万，其中约有一半是纺织工人。

当时法国工业中主要的生产方式是家庭手工业。纺织工业比较发达，革命前法国全国共有纺织工人59.4万人，特别是法国北部，纺织业最为发达。不过，由新式机器装备起来的大工厂已经开始出现。在阿尔萨斯、洛林地区已经有了英国式的铁工厂和熔铁炉。由于封建制度下自给自足的自然经济的环境，国内封建割据、关卡林立、政府的苛捐杂税、重重盘剥，加以占国民绝大多数的农民多处于极其贫困的状态中，这些因素严重地阻碍了法国工商业的发展，与此同时也造成了法国工业发展的一个特点，即供上层贵族和达官贵人享受的奢

侈品，如巴黎的香水、葡萄酒，奢华的绸缎、高级服装等特别发达。

在商业贸易方面，法国的对外贸易特别发达。在18世纪末，它的对外贸易额仅次于英国。当时法国有一些大商港，主要从事对外贸易，如马赛、波尔多、南特等。马赛港每年出入的船只达15万艘，海员达8万人。在当时，对外贸易是法国整个国民经济部门中最为发达的。银行业和高利贷业也比较发达。

在农业和工商业发展过程中，在工业中存在着行会制度和行会法规，限制着工业中新的生产工具和新的生产方法的采用；施行保护行业，不利于竞争和发展。革命前法国行政区划的分裂割据、关卡林立、地方保护主义大大阻碍了国内商品交换关系的发展。

路易十四是怎样打压文艺的发展的？

17世纪中叶路易十四统治时期，国王宫廷所在地的凡尔赛，不仅是法国的政治中心，而且也是法国文化思想的中心。法国多数文学家、艺术家的创作，都唯凡尔赛宫廷的好恶为指向。在著名的作家如拉辛和莫里哀的作品中，也常常散发出一种宫廷气息。国王和上层贵族，把许多优秀的文学、艺术人才，都控制在自己的监督和支配之下；对那些不受控制的文化思想倾向，则尽量予以排挤、打击，并通过书报检查制度，严格限制这些作品的问世。

17世纪法国国内的主要问题是什么？

17世纪中叶时，两种极端的相互敌对

的思想倾向，反映了当时国内阶级力量的现实。这就是反映贵族上层人物的君主专制思想和反映下层人民特别是贫苦农民的反封建的革命思想。在这两种思想之间的则是处于中间游离状态的思想倾向，其中有的代表贵族反对派的要求，站在贵族的立场批评现存制度。

到了18世纪中叶，形势发生了较大的变化，专制政体在政治上、经济上走向衰落，它作为领导思想、文化的核心作用也倾颓了。路易十四时代作为知识分子思想、精神的中心和指标的凡尔赛，已经变为千手所指的批判对象。

18世纪出现了哪些优秀的启蒙学家？

到了18世纪前半期，所谓"老一辈"的启蒙学者伏尔泰（1694～1778年）和孟德斯鸠（1689—1755年）的思想在社会流行，对国家思想产生了巨大的影响。

伏尔泰被当时人称为"哲学家的家长"。他著作丰富，体裁多样，在法国以至欧洲都有很高的威望。伏尔泰批判封建专制制度，反对思想迫害和书报检查制度。他理想的政治是开明专制，国家应该由既是国王又是哲学家的人来统治。

孟德斯鸠曾因世袭而担任了波尔多市议会的议员，后卖掉这个职位，专门从事著述。他的成名之作是《波斯人信札》，书中以虚构的两个访问法国的波斯人的通信，对法国的专制制度和社会风气进行讽刺。1748年发表了他最重要的著作《法的精神》，书中探讨人类社会发展规律，认为地理环境等自然条件决定了一个民族的精神状态。

卢梭（1712～1778年）的思想比较激进，他在《论不平等的起源和基础》（1755年）一书中认为，在人类历史的最初阶段生活在自然状态中，人都是平等的，那时人的需要不大，容易满足，后来由于私有财产的出现，就产生了不平等。不平等的发展经历了三个阶段：第一阶段是私有财产的出现，这时出现了财产上的不平等；第二阶段是国家的出现，这时又加上政治上的不平等；第三阶段是专制政治的出现，这时人成了奴隶。

卢梭的思想后来对革命中的激进派，特别是雅各宾派产生很大影响，罗伯斯庇尔自称是卢梭的学生。1793年宪法就是按卢梭学说的精神拟订的。

新思潮对法国的统治者有哪些冲击和影响？

1787年路易十六的政府已经陷入走投无路的境地，无奈，路易十六只得接受了财政大臣卡隆的建议，在1787年召开了一次名人显贵会议。参加会议的主要是一些名门贵族，但是也有一些第三等级的人。卡隆在会议中建议，由于国家财政困难，现在必须改变税收制度，以后不仅第三等级要交纳捐税，而且第一、第二等级的人也应交税，以帮助政府渡过难关。但是他这一建议，引起与会第一、第二等级的人的强烈反对，路易十六只得又将这次会议解散。这次会议表明，上层统治阶级的内部已经分裂。路易十六政府不仅受到第三等级人民的一致反对，而且在第一、第二等级内也出现反对派。

显贵会议被解散之后，有人提出召开自1614年以后已经有175年未召开过的

三级会议。这个建议得到社会各等级人士的一致赞同。路易十六为了争取第三等级人民的支持，即分配给第三等级以加倍的代表名额——600名，而第一、第二等级却只有各300名代表。不过，会议的议案是按每个等级一票，还是按每个代表一票进行表决的问题，并未作明确的规定。三级会议预定在1789年5月召开，在筹备三级会议的过程中，全国各地展开了积极的宣传活动。城乡中下层人民纷纷在向三级会议的代表提交的陈情书中提出自己的要求。

"三级会议"召开的重要意义是什么?

1789年5月5日"三级会议"在凡尔赛的一个宫殿——"消闲宫"开幕。但是在国王和芮克等大臣的讲话中，都不提改革的事，而只是强调三级会议应设法帮助政府解决财政问题。次日（5月6日）会议着手审查代表资格，这牵涉到表决权是按各等级一票或每一个代表一票的问题。第一、第二等级的代表要求按等级分别审查代表资格，而第三等级的代表则要求三个等级的代表集中在一起共同审查代表资格。如果按等级分别审查代表资格，则可能造成将来表决权按每一等级一票的办法，这样，第一、第二等级加起来即可稳操2/3的选票。如果三个等级的代表在一起审查代表资格，则将来表决时可能按每一代表一票的原则，这样，第三等级的代表有600人，可能会占优势。上述两种意见争论不决，直到6月10日仍未取得结果。在这段时间，又不断有群众到会议所在地的"消闲宫"来向第三等级表示支持。

6月10日，根据代表西耶士的提议，第三等级决定着手审查所有三个等级代表的资格，并通知其他两个等级的代表前来参加会议，否则以自动放弃代表资格论。结果引起了第一、第二等级代表的分化，有少数低级教士前来参加第三等级的会议，另有一些贵族也发生了动摇。

法国革命是怎样爆发的?

在三级会议和国民会议在凡尔赛召开的过程中，全国各地人民的起义浪潮不断高涨。7月11日国王把主张改革的大臣芮克免职。消息传出，人们认为这是国王转入反攻的信号。第二天，人民纷纷走向街头。有些地区发生了人民同军队之间的冲突。到7月13日，巴黎各处警钟乱鸣，工人、手工业者和小商人以及部分知识分子手执多种武器如枪、斧、短刀、石块等，走到街头，展开起义。有些群众攻入军火库和残废军人院去抢夺武器。一部分军队也加入到起义群众里面来。到了夜间，巴黎大部已经落入起义群众手中。与此同时，资本家改组了巴黎市政府，并组织了国民自卫军。

当全国城乡到处都发生人民起义浪潮的时候，制宪会议开始讨论一些实际问题，首先是土地问题。在8月4日彻夜召开的会议上，通过了诺亚尔子爵的提案，宣布"完全废除封建制度"，而实际上废除的只是一些封建劳役及教会什一税等。其余的封建义务必须赎偿。赎偿的条件非常苛刻，为一般农民力所不及，所以这次会议并未解决作为革命的根本问题的土地问题，而是起了宣布废除封建义务的作用。

制宪派是怎样巩固政权的？

制宪派经过10月5到6日的人民起义，巩固了自己地位后，制宪会议继续讨论制订宪法。1789年11月，为了缓和政府的财政危机，制宪会议根据主教塔列兰的提议，没收了教会的土地，将之称为"全民财产"，并予以出售。

1790到1791年制宪会议还通过其他一些法令。1790年1月15日的法令废除了中世纪的行政区划，把全国划分为范围相近的83个郡。郡下设区、县和公社。后又颁布法令，统一了度量衡制度，废除国内关税。6月19日的法令又废除了等级区分和贵族的爵位世袭制。公民在法律面前一律平等。

1791年9月13日制宪会议通过了宪法。宪法确立了立宪君主制度。行政权由世袭的国王行使。国王可以任命官吏，但是要经中央行政部门6个部的部长签署，而部长则必须对立法会议负责。最高立法权属于一院制的立法会议。

立法会议的召开对法国政权有哪些影响？

立法会议的召开（1791年10月1日）是在革命开始之后，贵族纷纷逃往国外，他们聚集在科不棱茨等地，企图勾结外国势力，伺机对国内革命人民进行反扑。国王路易十六和皇后安东妮特也秘密与外国势力来往，密谋进行反革命活动。1791年6月20日～25日，路易十六突然化装逃跑，当到了法国边境的发棱茨时，被当地百姓发现，即被遣回巴黎。人民得知这个消息后，群情激愤。7月17日，大批群众自动聚集到马尔广场举行示威，要求审判国王。但是制宪会议却派拉法耶特率军队向群众开枪，将集会驱散。

君主立宪之后法国的经济形势有哪些变化？

法国国内的经济形势在1790到1791年时曾一度稍有缓和，但是到了1792年情况又趋恶化，生产萎缩，商业凋敝，失业人数增加。1791年8月在法国的殖民地圣多明哥（海地）爆发了黑奴起义事件，这使从该地输入法国的糖、蔗汁、咖啡等货物减少，引起法国日用必需品价格的上涨，城市中、小资本家及下层平民不满情绪日增。在农村，因为土地问题仍未根本解决，所以在1791年农民起义事件又多起来。在这样的环境下，反革命势力蠢蠢欲动，在法国南部发生了反革命叛乱。法国国内的反革命分子，把希望寄托在国外的武装干涉之上。

法国动乱对其他国家产生了什么样的影响？

法国动乱发生以后，在欧洲各国都引起了巨大的反响。一切进步人士都为之欢欣鼓舞，但是一些封建专制国家的统治阶级则大为恐慌，英国政府也害怕法国暴乱对英国国内的反政府的激进主义者发生影响，所以也抱着敌视法国动乱的态度。

1791年8月27日，奥地利皇帝同普鲁士的国王在萨克森的庇尔尼茨签订了盟约，宣布他们将援助法国国王路易十六，这就意味着外国干涉法国动乱的开始。随后，在英国、俄国政府的积极支持下，奥地利和普鲁士加紧了反对法

国动乱的活动。

对于外国武装干涉的威胁，立法会议中的斐扬派害怕战争会影响他们的势力，不愿在这时发生对外战争。在雅各宾派内部，对待战争有两种态度：以罗伯斯庇尔为首的一派人认为，战争如果发生可能会被反革命分子所利用，所以反对立刻开始对外战争。但是吉伦特派则主张战争，他们认为战争可以转移人民的视线，缓和国内矛盾。

当时在路易十六周围的王党力图促使战争早日到来，以便趁机进行反革命活动。1792年3月路易十六解散了原来的斐扬党人的内阁，另任命吉伦特派人组阁，并于4月12日的立法会议上提议向奥地利宣战。4月20日立法会议以绝大多数票通过宣战的决议。于是法国的对外战争开始，以后法国的对外战争断断续续打了很多年。

法国君主立宪是怎样被废除的？

1792年4月对外战争开始后，立刻暴露了王党的反革命阴谋，路易十六的王后偷偷地将法军作战计划告诉了奥军。前线的贵族军官，有的按兵不动，有的公开投敌，反对派在立法会议上和报刊上公开谴责左派人士如罗伯斯庇尔和马拉等人。人民对此大为不满，纷纷举行示威，要求解散立法会议，废黜国王，废除1791年宪法，另外成立国民公会掌握政权，巴黎以及其他地区的一些人民也自动废除了积极公民和消极公民之分，并着手组织各地政权机关。

7月25日普奥联军总司令布伦瑞克发表了一个宣言，威胁法国人民不准侵犯

国王和王室的安全，否则将彻底毁灭巴黎。这个宣言无异于火上浇油，更激起了人民对国内外反革命势力的仇恨。8月5日，巴黎准备起义，8月9日夜至8月10日晨起义爆发，群众攻入杜伊勒里王宫，强迫立法会议废除王权并按照普选权原则选举国民公会。与此同时巴黎各区人民自动派代表到巴黎市政厅开会，径自挑起了政权的责任，并成立了领导革命的公社。

8月10日的人民起义推翻了王权，废除了君主制度，结束了大资本家立宪君主派的统治，使革命上升到一个新的阶段。

9月21日的会议上，通过了废除君主政体的法案，宣布成立共和国。9月22日，法兰西共和国（第一共和国）诞生。接着国民公会讨论如何处置国王路易十六的问题，虽然吉伦特派反对，但是会议仍然通过了山岳派关于处死路易十六的决议。1793年1月21日，路易十六被送上断头台。

欧洲各国政府是怎样掀起反对法国暴乱的新浪潮的？

1792年秋，法国军队在前线的胜利引起了欧洲各国的恐慌，特别是路易十六被送上断头台处死之后，欧洲各国政府立刻掀起反对法国暴乱的新浪潮，它们组成了反对法国的联盟。英国政府在其中起了积极作用。1793年2月1日法国首先向英国开战。除了英国和奥地利、普鲁士之外，参加到反法联盟中的还有西班牙、荷兰、沙皇俄国以及一些德国的邦国。

1793年春，法军在前线屡遭失败。主要原因不是由于革命力量较弱，而是

由于一部分指挥人员的叛变。4月间，被吉伦特派任命的北方总司令的度穆累战败投敌。在国内的旺达郡，王党分子3月间发动的反革命叛乱，逐渐向法国南部蔓延。

但是在这种国内外危急的情况下，吉伦特派却与山岳派不和。4月间他们将"人民之友"马拉逮捕送至革命法庭。但是人民群众保卫马拉，法庭只好宣布马拉无罪。巴黎10万群众簇拥着马拉回到国民公会。

后来传来了吉伦特派人士在里昂发动叛乱和旺达郡的王党叛乱不断扩大的消息。对外战争也屡遭失败。于是马拉到钟楼去敲响了警钟。6月2日，巴黎街头挤满了革命群众。他们包围国民公会，把火炮拖到国民公会门前，吉伦特派不得不表示屈服，将政权交给了雅各宾派。

雅各宾派是怎样取得胜利的？

1793年夏，雅各宾派掌握政权之际，正是国内外局势十分危急的时候。在前线，反法联盟正压迫着法军不断向后撤退。在全国，83个郡中有60个郡都有叛乱发生。在巴黎，7月13日吉伦特派的夏绿蒂·科黛刺死了马拉。

面对这种紧张的局势，雅各宾派立即发动一切力量同国内外反革命力量作斗争。他们立刻着手解决人民最关心的问题即土地问题。6月3日命令将逃亡贵族的土地分成小块出卖，款项可在10年之内分期付给。6月11日的法令又规定贵族必须退还强占农民的公社土地，并按人口分配这些土地。7月17日又宣布无偿地废除全部封建赋税和封建义务。各种封建契约一律

加以焚烧。如有人私自保存，给予严惩。在工商业政策上，坚决实行最高限价政策。9月29日通过了普遍的最高限价，对匿粮不卖或故意抬高粮价的奸商则处以死刑。

雅各掌权期间推行了哪些政策？

雅各宾派在掌握政权之后半个月，即6月24日，通过了一个新的宪法。它比原来1791年的宪法更具有民主革命性质，是整个18、19世纪各种宪法中最民主的。

宪法确认了法国的民主权利，规定普遍选举权的原则。凡年满21岁的公民都有选举权；所有国家的公务员都由选举产生。规定公民享有言论、出版、集会的自由和请愿、结社、反抗压迫、人身不可侵犯、起义等权利。

为了对付反革命的白色恐怖，自9月开始，雅各宾派政府实行革命的恐怖政策。对叛徒奸细、投机者、造谣者、伪造钱币者一律处死刑。9月17日又颁布了"嫌疑分子"法令，凡行动和言论表现出拥护暴政或与亡命贵族有关系及被免职的政府人员，未能证明忠实于共和国者，都为嫌疑分子，一律逮捕。10月，将国民公会中的吉伦特派分子加以清洗并将其中40人逮捕。接着，又将路易十六的妻子玛丽·安东妮特及吉伦特派的领导人罗兰夫人等送上了断头台。革命的恐怖政策，虽然打击了反革命的气焰，但是也造成了人人自危的气氛。有些品质恶劣的人，趁机广施杀戮，打击报复，诬陷善良之事时有发生。

1793年秋，在法国受到反法联军四面包围之际，国民公会在8月23日通过了普

遍征兵和全国总动员令。在军队中进行了整编和改组，把志愿军和常备军合并在一起，建立了统一的制度和统一的领导。

为什么雅各宾派内部出现了分裂？

在打退了国外敌人以后，雅各宾派内部的矛盾开始上升。本来在此之前斐扬派和吉伦特派已经先后从雅各宾派分裂了出去。但是雅各宾派内部仍存在着意见不一致的几个集团。大致来说，可以分为三个派别：左派反映了社会最下层贫苦人民群众的愿望。他们的领袖是箫美特。箫美特在群众中享有很高的威望。他从1792年8月起任巴黎市府（公社）的检察官。他虽然对政府的一些措施感到不满，并主张坚决执行最高限价政策和由国家接管一些重工业企业。但是他认识到国家政权的重要性，所以不主张发动起推翻以罗伯斯庇尔为首的现政权。在1794年3～4月间艾贝尔煽动叛乱时，箫美特拒不参加。

左派中的艾贝尔派则更为激进，他们不但是要求坚决镇压反革命分子，而且要求封闭所有的教堂，逮捕所有的牧师，在坚决执行最高限价时，甚至连卖青菜的小贩，也要加以制裁。这些要求显然都是过激的，容易引起广大群众的反感和恐惧。

右派反映了在革命中已经获得利益的集团，人们称他们为"新富翁"。他们的领导人是丹东。他们在国内外局势好转的时候，开始对最高限价和恐怖政策感到不满，要求释放监狱中的"嫌疑犯"。丹东在他的朋友德莫林主办的一份报纸上要求设立一个"仁慈委员会"，重新审查被捕人的案件。他们还指责罗伯斯庇尔企图实行个人独裁。在上述左、右两派夹攻之中

的是以罗伯斯庇尔为首的核心派。

雅各宾派内部分裂后的后果是什么？

在左、右两派的夹攻之下，他们既反对右派丹东等人，也反对艾贝尔等左派。但是罗伯斯庇尔知道，当时主要的危险来自以丹东为首的右派，因为右派继承了过去吉伦特派反对革命的手法，他们要求将革命停止下来。如果按照这派的意见去做，必将引起中、下层人民的不满，而雅各宾派如果失去人民的支持，就无法继续掌权。所以罗伯斯庇尔希望先取得艾贝尔派的谅解。1794年3月艾贝尔派在煽动暴乱时，雅各宾曾派代表与科德利埃俱乐部联系，表示愿意互相团结。但是过了几天，艾贝尔仍企图煽动暴动，并计划占领军火库，处死安利奥，烧毁国民公会，因此罗伯斯庇尔就改变了计划，命令公安委员会在3月21日逮捕了艾贝尔等人，24日处以死刑。3月30日又逮捕了丹东，4月13日处以死刑。

热月10日（7月28日），罗伯斯庇尔等被带到断头台上斩首。大资本家为了发泄仇恨，将前些时候由于滥施杀戮引起人民恐惧和厌恶而拖到郊外的断头台重又拖回到市中心的协和广场。那些新富翁和贵妇人好像过节一般，都聚集到广场周围来看罗伯斯庇尔等人被斩首的情况。热月政变标志着法国暴乱上升时期的结束，自此以后，革命就走向了逆流的方向（357热月政变）。

热月执政党是怎样统治法国的？

热月政变以后，热月党人掌握了政

权，在他们以后15个月的统治时期（1794年7月～1795年10月），将革命时期所取得的一些成果和人民的民主、自由权利，逐一取消。雅各宾俱乐部被封闭，巴黎市府被摧毁。"最高限价"被取消，一时物价飞涨，大资本家趁机投机倒把，大发横财。革命时期艰苦朴素的巴黎，立刻变成了纸醉金迷、灯红酒绿的巴黎。社会两极化日趋严重，一方面是上层阶级的狂欢豪饮，骄奢淫逸，另一方面，劳动群众却饥寒交迫，横死沟壑。有些被饥饿所迫的妇女，声称要自杀，并要杀死她们养不活的孩子，以免其遭受痛苦的折磨。平时，巴黎居民食用的面粉，平均每天需要1900袋，但是由于大商人囤积居奇，1795年3月25日这一天，全巴黎只有115袋面粉。在里昂，1795年春天，工人整整五天买不到一块面包。反革命的流氓，所谓"金色青年"，成群结队，公开在街上殴打、屠杀过去革命的参加者，有的公然冲进居民的住宅，肆意进行劫掠。巴黎及其他一些城市，陷入暗无天日的恐怖气氛中。

拿破仑是怎样登上历史的舞台的？

在对外政策方面，自从1794年7月的热月政变以后，法国的对外战争的性质已经在渐渐转变。军队中的民主分子逐渐被清洗，取而代之的是一些政治投机分子和野心家。原来是为了保卫革命的果实，现在则走向对外侵略和扩张的道路。其中，青年军官拿破仑·波拿巴渐渐崭露头角。

波拿巴在1796～1797年率军征讨意大利，在意大利肆意进行劫掠。这时，战败的奥地利，在1797年同波拿巴订立坎波福米奥和约，退出了战争。只剩下英国凭借它的强大海军力量，继续同法国战斗。法国的督政府为了打击英国，即派遣拿破仑率军去攻打当时属于土耳其的埃及和叙利亚。企图从这一路去进攻英国"王冠上的宝石"——印度。

当波拿巴率军远征埃及时，法国国内局势动荡不宁，不断有下层人民的起义发生，王党派也蠢蠢欲动。资本集团的统治岌岌可危，他们急需建立一个强有力的政权，以巩固他们的统治防范下层饥民的反抗和王党的叛乱。波拿巴在埃及听到了法国国内局势混乱的消息，感到这是他恢复政权的好机会，于是就抛开了军队，急速地秘密赶回法国。

"雾月政变"在什么时间发生的？

1799年10月波拿巴回到了巴黎，他立刻成了资本集团众望所归的建立军事专政的合适人选。波拿巴即利用军队控制了巴黎，强迫议会迁至巴黎郊外，以离开巴黎市内的暴乱群众。1799年11月9日（雾月十八日）他发动政变，解散五百人院，政权移交由三个执政组成的执政府，波拿巴为第一执政，这就是著名的"雾月十八日政变"。

英国工业革命前的社会状况如何？

在英国工业革命诸前提中，资本原始要作用。在资本原始积累过程中，一方面把社会生活资料和生产资料转化为资本，另一方面把直接生产者转化为工资劳动者。而农村生产者即农民的土地被大地主和城市贵族资本家兼并，是这个过程的基础。

英国的农民与生产资料相脱离的过程，是与圈地运动相联系的。所谓"圈地"，就是把原来的"敞田"制的敞田和公地用篱笆、栅栏等圈围起来，使之成为彼此完全独立的完整的地产。圈地运动从15世纪末开始大规模地展开，这是因为当时羊毛手工工厂的发展引起了羊毛价格的上涨，刺激着封建主先将自己直接支配的土地，然后又将公用土地用栅栏圈起来改为牧场。与此同时，由于"价格革命"的后果，在农业中雇佣劳动成为有利可图的事，所以有许多封建主雇佣失去土地的失业农民来经营农业，使农业日益走上资本主义轨道。

在圈地过程中，新、旧贵族大量收购农民的土地。农民在小块土地上的个体生产又不足以与高效率、有集约化经验的大农场竞争，必然陷入破产境地，必然将土地出卖给贵族或农场主。

工业革命前英国的经济处于什么样的状态？

自耕农作为一个阶级，到18世纪中叶在英国已经基本上消失，农民几乎全部出卖了自己的土地，土地集中在少数地主、贵族和资本家手里，自耕农转变为雇农和城市工人，这意味着直接生产者与生产资料的脱离，它为大工业生产所必需的自由劳动力市场创造了条件，成为英国工业革命重要的前提之一。

在原始积累过程中，除了剥夺农民的土地之外，殖民制度、国债制度、近代课税制度和保护关税制度都起了很大的作用。而这些因素，在17世纪末的英国都系统地结合在一起了。

与此同时，自17世纪末以后，英国政局稳定，约翰·洛克的私有财产神圣不可侵犯的思想在社会上普遍流行，并取得法律地位。在哲学和伦理观念上，经营工商业发财致富得到社会的肯定。工商业者的社会地位较高，不是像法国等欧洲大陆国家那样，商人被看作是满身铜臭、唯利是图的受人鄙视的人。这些都对英国工商业的发展和资本积累起了积极作用。

英国的交通运输业比较发达，这对工业的发展也是一个便利条件。作为一个四面环海的岛国，大不列颠岛上的任何地区距离海岸线都没有超过120公里，各地的工业原料和产品的运输可以经过海道进行。特别是早期的英国大工商业中心都设立在沿海岸的河口上，使这个便利的条件更能发挥作用。

为什么说英国工业革命爆发是历史的必然性？

到18世纪后半期、工业革命前夕和工业革命进行时期，英国又进行了大规模的国内公路建设和运河开凿的工作，国内布满了四通八达的公路网和几条贯穿全国主要工业地区的运河。

16世纪中叶英国进入了手工工厂的发展时期。这时，手工工厂的主要形式是分散的手工工厂。到了17世纪，在兰开夏郡和约克郡的许多城镇中，一个新的手工工厂部门棉纺织业迅速地发展起来。棉纺织业由于没有行会的约束和限制，而且产品价格低廉，地理气候又适宜于种植长纤维的优质棉花，所以棉纺织业的发展特别迅速。其他纺织业的手工工厂如丝织业和麻织业等，在17、18世纪也逐渐建立和发展起来。重工业中的冶金业和采矿业的手工工厂，在工业革命前夕也有了相当程度的发展。而在沿海的一些城市，则兴起了造船业手工工厂。

但是从手工工厂过渡到大机器生产并不是一个逐渐的量变过程，而是在生产技术上和社会关系上的一次巨大的质变。这个质变的焦点是当这个时期到来时才出现的，即手工工厂的生产发展到一定水平以后，再也无法满足日益扩大和增长的国内外市场的要求，于是创造一种新的具有更高的生产力水平和更适合于资本家追求高额利润的生产技术和生产组织的要求，成为刻不容缓的事。生产上的迫切需要，成为推动科学技术发明的强大动力。到了17世纪，理性思想原则逐渐取代了盲目信仰为基础的思想原则，科学发明一一出现。到17世纪末以后，英国的社会政治环境，又为科学思想的发展、技术的创造发明奠定了适宜的土壤，生产技术上的发明就不断涌现了出来。这时就发生了工业革命。

在英国，工业革命首先开始于一个新的工业部门——棉纺织业中。这是因为棉纺织业在当时的英国是一项新兴的工业部门，它没有传统的规章和行会行规的束缚，容易采取新的技术，开展竞争。与此同时，棉纺织品的价格较羊毛便宜，市场需要量越来越大。为了增加产量，提高生产率，以满足市场不断增长的需要，对技术革命的要求比较迫切。

工业革命对英国有哪些影响？

纺织机发明以后，由于大量制造机器，对金属的需求量急速增长。而当时英国的铁产量不多，在1720年左右全国只有60高炉，每年只能生产17万吨生铁，不敷国内需要，还必须从国外进口。因此，如何改进英国国内生铁的生产并提高产量，成为刻不容缓的事。

冶铁业的主要技术变革，是用煤代替木炭作燃料。1784年，亨利·科特发明了搅炼法以后，才能用煤将生铁炼成熟铁。而在此之前，用煤和碎玻璃的混合物炼钢的方法就已经发明了。从80年代起，冶金业和采煤业中的技术改造速度加快。铁和钢具有巨大的拉力和抗压力特点，又具有可以炼造成各种所需要的形态并能长久地保持其形态的性能，所以它是工业发展所必需的原料，而且为以后的大工业发展创造了条件。在18世纪中叶，由于采矿业和冶金业的发展，大规模的工厂不断建立起来，但是在开动巨大的和为数众多的机器的时候，人力已经显然大大不够了。

作为发动机器的蒸汽发动机，是詹姆斯·瓦特发明的。瓦特生在苏格兰，曾到格拉斯哥大学当实验员。1765年在格拉斯哥大学的实验室里已经发明了一种蒸汽发动机，它是为了在矿井中抽水用的。以后瓦特又在原来的基础上不断改进，提高蒸汽机的效能，终于发明了能用作发动机的"万能蒸汽机"。1784年瓦特得到了万能蒸汽机的专利权。这种机器很快就在全国广泛应用。除了纱厂，还应用到了冶金厂、面粉厂等。后来还导致了运输工具的改进。

蒸汽机的发明是工业革命最后的具有决定性阶段的开始。在以后的几十

年间，英国工厂像雨后春笋般地建立起来，一座座高大的厂房和烟囱拔地而起。烟囱里和厂房里冒出的烟雾，遮盖了天空。中世纪的山静森幽、田园生活，迅速地为一个变动不息、到处奔忙、喧声嘈杂的世界所取代。在社会关系方面，也发生了旷古未闻的大变动，历史跨进了一个新的时代。

工业革命对德国有哪些影响？

19世纪30年代，工业革命开始在德国各邦中兴起。德国提出了"在不太长的时间内，即使不能全面，也要在某些方面赶上英国"的口号。

德国工业革命首先从纺织工业开始。由于广泛利用英国的机器和技术，纺织工业成为各工业部门中率先发展起来的行业。采矿业和冶金业由于采用了新的技术设备，有了长足发展。莱茵河左岸的鲁尔区和萨尔区先后成为德国采煤业和冶金业的中心。1840年鲁尔的煤产量达99万吨，1850年已经超过196万吨。在冶金工业中，搅拌法炼铁新技术得到广泛推广，焦炭逐渐取代了木炭。蒸汽机的采用率大幅度增加。1837年，普鲁士的蒸汽机数目达到419台，1846年增至1139台。

交通运输业一向受到社会的重视，尤其是铁路建筑业。1842～1846年普鲁士对铁路投资为10700万塔勒尔，1848年达12090万塔勒尔。1835年纽伦堡路德维希铁路公司建成连接纽伦堡和福尔堡、全长6公里的德国第一条铁路。1840年，普鲁士已经建成了以莱比锡为中心的10条铁路线。1848年，铁路线已经达2500公里，超过比利时和法国，居英美之后，占世界第3位。全德国范围的铁路网业已经形成。铁路的建筑和铁路网的形成，促进了资本主义的发展，对工业革命的进行和深化具有重要意义。与此同时，铁路也逐步消除了各邦的分裂界限，有利于民族的统一。

在以纺织业为主的轻工业进一步发展的同时，重工业迅猛发展。工业发展的重心很快从轻工业转移到重工业领域。这种转变是从德国的战略目标出发，同国民经济的军事化联系在一起的，是在普鲁士的带动下完成的。普鲁士仍把铁路建筑置于经济发展中的重要位置。铁路建筑的突飞猛进有力地推动了采煤、冶金和机械等诸多重工业部门的发展。与此同时，国家还采取措施，修筑公路，开凿运河，建立商船队，发展公路运输、内河及海上运输。

法国的工业革命的社会背景是什么？

早在18世纪法国革命之前，由于本国资本主义经济的发展和英国工业革命的影响，已经出现了工业革命的萌芽。在工业生产中，采用机器生产已经不是个别现象。工业生产形式以工场手工业为主。法国整个工业的水平算是欧洲大陆国家中最高的，法国工匠的精湛技术在欧洲堪称一流。

随之而来的革命沉重打击了封建制度，为资本主义经济的发展扫除了许多障碍，为向工厂制度的过渡创造了有利条件。封建领主土地所有制的废除，便利了农民的自由迁徙，为大工厂工业形成劳动力市场创造条件，政府积极推行鼓励资本主义工业发展的政策，尤其是在拿破仑执政时期。拿破仑一方面采取保护关税、国家订货、津贴补助、奖励竞争、实行发明专利、举办博览会等手段来促进工商业发展；另一方面，通过国家立法，从法律上来确保资本家的利益，保护资本主义工商业。1804年颁布的《拿破仑法典》，就是第一部旨在保护资本家和私人占有制的国家法典。

工业革命对法国的经济发展有哪些影响？

正是在这一时期，法国的工业革命拉开序幕。从18世纪末到1815年，法国工业部门中，机器的使用较以前大为增加，纺织、冶金、采煤等部门成为工业革命发展中的先导部门。在棉织业中，到1805年已经有机械纺车125万架。1811年时，机械纺纱厂达到200多个。在丝织业中，1805年贾克尔织机的发明，促进了这一行业的发展。1812年，在里昂一地即有12万架这种新织机至20年代中期，战争的创伤已经逐渐恢复，国民经济重新开始活跃起来。

工业革命的发展对交通运输提出了新的要求。首先是改进公路和运河线路，以提高运输速度和数量。30年代起，在政府的大力支持下，铁路建筑兴起，这使运输业有了飞跃性的变化。1831年，法国建成第一条长39公里的铁路。40年代出现了"铁路热"。1842年，法国议会通过关于建筑铁路的"基佐法"，决定扩建8条铁路干线。其中6条是以巴黎为中心的星形线路，2条分别以波尔多和斯特拉斯堡为起点通向地中海的干线。1848年，法国铁路总长度为1932年公里，巴黎成为铁路交通枢纽。

到19世纪40年代末，工业革命的进行使法国的工业较前有了重大发展，在世界上仅次英国而居第二位。1847年，全国工业总产值估计达40亿法郎。

工业革命后工人的生活状态是什么样的？

在利兹地方的毛织业和丝织业工厂里，一般工人每日工资约为1先令，童工的最低工资每天仅有1便士，而当时面包的价格每磅要15便士，房租每天要15便士。所以有些童工的工资即使维持最低限度的生活水平也是不可能的。而在18世纪末叶以后，工人的实际工资仍在不断下降。1782～1815年，工人的实际工资大约下降了33%。女工和童工在当时英国工人总数中占很大的比重。1839年在大不列颠的419560名工厂工人中，除了23%是成年男工之外，其余都是女工和童工。而童工中大部分是5到10岁的儿童。这些女工和童工每日工作长达16到18小时，还要受到资本家的种种虐待和凌辱。

工人的工会组织是在什么情况下建立的？

在上述情况下，工人阶级无论是个人或是整个阶级都不可能像人一样地生活、感觉和思想。他们在资本家的眼中比工具还不值钱，只被看作是工具——机器的附属物。工人们为了争取自己作为人的最起码的条件，就只有反抗斗争了。工人的反抗斗争经过了几个不同的发展阶段。工人反抗资本家的斗争是从捣毁机器、破坏工

厂开始的。

工人们在不断斗争中取得的经验教训，使工人逐渐懂得，要取得斗争的胜利，只有联合全体工人阶级的力量，否则此起彼伏，容易被政府各个击破。于是工人们走上结成团体、组织工会、进行联合斗争的道路。虽然工人们的秘密工会很早以前就已经存在了，但是从1824年议会颁布了废除禁止工人集会结社的法令后，工会组织才广泛成立。

工业革命对文艺有哪些影响？

工业革命后，文艺复兴运动破坏了欧洲的宗教传统在社会秩序上所起的道德教化作用，社会日益分裂和混乱；金钱第一，拜金主义思想猖獗，精神文明和道德严重失落，物欲横流，物质享受至上，这些成为许多人的生活目标。在闪闪发光的黄金面前，没有了宗教道德的内在制约，一切都黯然失色了。友谊、幸福、安闲、艺术和诗歌，以至时间，都要用金钱去衡量。

第六章 19世纪的欧洲历史——欧洲动荡期

19世纪初期工人运动的特征是什么？

随着工业革命的发展，资本主义社会的两大基本矛盾，也就是资产阶级与无产阶级的矛盾和生产资料私有制与生产社会化之间的矛盾都逐渐加深了，资本主义社会的弊端随着工业革命的发展进一步地显露出来，从而促使了工人运动的发生，随着工业革命的发展，无产阶级的力量不断壮大，为运动提供了阶级基础。

19世纪初期的欧洲民主运动和工人运动风起云涌，革命浪潮席卷整个欧洲。在英国、法国、德国和俄国都产生了广泛的影响，由于资本主义初期生产力发展的不平衡，以及出现的种种社会矛盾和社会混乱，社会改革家和部分知识分子们开始探讨和构想一种理想化的社会模式，从空想社会主义到马克思的共产主义都在这个时期出现，并一度影响了欧洲的思想界，在民众中则对整个欧洲的民主运动和工人运动都有巨大的影响。

十二月党人起义的影响是什么？

十二月党人的第一个秘密革命组织产生于1816年，即"救国协会"，后来通过的章程中称之为"祖国忠诚子弟会"。协会的创立者为亚历山大、穆拉维约夫等人。不久，彼斯特尔和普欣也参加了进来，协会会员共约30人，他们都是青年军人，在1812年卫国战争时在战斗中彼此结识。后来协会宣告解散，另于1818年组成了新的团体即"幸福协会"。这个"幸福协会"的成员数目扩大了，会员约200人，并制定了一个内容含混的章程。

这时在俄国国内农民运动的发展、军队起义事件的不断发生和国外西班牙、那不勒斯、彼蒙特以及希腊的起义都给予十二月党人以强烈的影响。"幸福协会"中一部分人开始产生了共和主义的思想，并且越来越多的人主张采用军事手段来实现他们的理想。

十二月党人起义是怎样失败的？

12月14日清晨，许多十二月党人军官到了自己的团队，鼓动士兵拒绝向尼古拉一世宣誓。亚历山大·别斯土日夫所率领的莫斯科团首先到了国务院广场。这团士兵在彼德大帝的铜像前排成方阵，随后其他团队也陆续开来。但是团队的集合过程很慢，而且预定的领导者特鲁别茨基临阵逃脱，没有到广场上来。尼古拉一世又向广场调来了四倍于起义者的军队，准备对起义者进行镇压。等到天色将晚的时候，起义者才选出了新的领导者奥博连斯基。但是沙皇的军队已经把起义军包围了起来。天黑时分，沙皇的军队开始对起义者射击。起义军在还击以后不久即告溃散，起义很快被镇压下去了。

法国工人运动前的社会背景是什么?

在法国国内社会矛盾日趋尖锐的环境下,国王路易十八于1824年去世。路易十八的弟弟即位,是为查理十世,这是一个有名的保守分子。他即位后,颁布了一连串的法律。加上当时法国爆发了经济危机,使国内的局势更为严峻。在20年代曾发生了类似意大利烧炭党的运动,后来又有一些秘密的革命团体组织了起来,在自由主义者中,也酝酿着反政府的活动。1830年7月举行的议会选举中,政府的候选人完全落选。查理十世于7月26日颁布了6条敕令,宣布解散议会。改变原来的选举,修改出版法,使原来人民所享有的有限的民主自由权利大为削减,因而引起人民的普遍反对,这终于导致了革命,即"七月革命"。

"七月革命"是怎样爆发的?

革命首先于7月27日在巴黎爆发,经过三天激烈的斗争,革命取得了胜利。但是革命的胜利果实,落入大资本家之手。大资本家捧出奥尔良公爵路易·菲立普为国王。路易·菲立普是大资本家的工具,他即位后,法国的金融大资本家在政治、经济领域中占据了统治地位。七月革命标志着法国从热月政变以后到复辟时期的稳定已经达到顶点后,开始出现转折;它是法国进一步向资本主义发展的关键;它是资本家对贵族的胜利。1830年七月革命后,法国波旁王朝的半封建的君主制度又变成了完全的君主立宪制度。

在七月王朝时期(1830~1848年),掌握法国国家政权的是上层金融资本家。不但是人民在政治上毫无权利,即使中、小资本家的政治权利也大受限制。根据1830年制订的宪法,选举议会议员的权利虽然稍有扩大,但是仍保留很高的选举权资格。在3600万居民中,仅有24万人享有选举权。

"四季社"起义的过程是什么?

在经济上饥寒交迫,在政治上完全无权的劳苦大众,不满情绪日趋高涨,终于激发起1831年和1834年的里昂工人起义。1831年11月21日里昂的3万手工工厂的纺织工人举行罢工,要求提高工资,后罢工发展为起义。结果被政府军镇压,约1200名工人在战斗中死去。

1831年和1834年里昂工人起义失败后,在法国的一些手工业者和工人阶级中开始组织秘密组织,准备进行革命活动。在这些团体中,最著名的是布朗基在30年代所建立的"家族社"和"四季社"等。

1839年5月12日,一个星期天,当市政厅的官员和警察到赛马场去观看赛马时,布朗基"四季社"中的少数人在巴黎举行了起义,他们占领了警察局和市政厅,并着手组织临时政府,发表告民众书。第二天,起义就被镇压下去了。镇压了1839年发生的布朗基的"四季社"起义之后,七月王朝巩固了他们的统治。

路易·勃朗(1811~1882年)是个改良主义者。他虽然承认政治斗争的重要性,但是他只主张争取普遍选举权,他认为实现了普选权以后的民主国家就可以解放工人阶级。他反对社会各阶层互相仇视和敌对的阶级斗争和破坏经济发展和社会秩序的暴力革命,提出"人人皆兄弟"的口号，鼓吹穷人和富人要合作，共同解决社会问题。路易·勃朗的改良主义思想在当时法国手工业工人中非常流行。

德国工人运动的社会背景是什么？

在19世纪初，德国在经济发展水平上，落后于欧洲的英、法及其他一些国家。这时的德国仍旧是一个农业国，70%的居民都居住在农村中。农业中封建关系占统治地位，资本主义在农业中的发展非常缓慢。地主拥有广大地产，促进资本主义经济的发展。这种在保存大量封建因素的条件下缓慢地发展资本主义的道路，被称之为农业资本主义发展的"普鲁士式的道路"。工业方面，在19世纪前半期，德国各邦刚刚开始工业革命，虽然资本主义的手工工场和用机器生产的大工厂已经有了较大发展，但是手工业仍占相当大的比重。1834年在普鲁士的倡导之下，德国的18个邦建立了关税同盟，它促进了有关各邦的经济发展。

从30年代后期起，德国各地的经济发展开始加速，先在莱茵地区、以后在西里西亚工业发展更快。随着德国资本主义的发展，德国的资本家阶层和工人阶层也逐渐形成。

德国工人运动对德国产生了哪些影响？

在当时，欧洲一些先进国家，随着工业革命的发展，工人队伍已经形成并展开了反对资本家的斗争，德国的资本家已经感到工人组织才是他们最可怕的敌人。与此同时，在当时的国际市场上，英国和德国的商品占据绝对的优势，德国的资本家

感到只有依靠普鲁士的强有力的君主制度和军国主义的容克贵族，才能保障他们在国外同其他国家资本家相竞争的实力。因而他们就投靠以普鲁士君主为首的德国的容克贵族。

西里西亚的纺织业手工工厂中的工人，因为劳动力过剩，就业竞争压力增大，他们的待遇低下，劳动条件恶劣，家中孩子太多使他们经常处于饥饿状态；有6000名工人及其子女因缺乏食品而被活活饿死。不愿饿死的工人，在1844年6月爆发起义。起义者捣毁他们仇视的资本家的豪宅，抢去富人的财物，最后，起义被政府派来的军队镇压。

西里西亚织工起义之后，又发生了多起工人罢工事件。虽然这些工人运动都失败了，但是这已经说明了一个重要问题：随着农业经济的资本化发展，涌入城市的失业农民不断增多，城市的就业竞争压力越来越大，城市工业化所带来的就业速度跟不上农民失业和人口的增长速度，城市饥民越来越多，劳动力越来越廉价，一个工人的工资养活不了一大家人，要求增加工资的罢工不断发生。

英国工人运动前的社会处于什么样的状态？

根据1815年维也纳会议的决议，英国得到了广大的殖民地。英国资本家靠着对本国劳动群众和殖民地人民的残酷掠夺，迅速地发展了资本主义经济。到了19世纪二三十年代，英国的工业革命已经基本完成，国内的经济面貌和阶级关系发生了很大的变化。

随着农民涌入城市人口的增加和人

口的膨胀，无产阶级在数量上迅速增长，就业竞争压力不断扩大，劳动力变得异常廉价，无产阶级仇视富人的反抗斗争不断发生。以前已经发生过的捣毁机器的"卢德运动"又重新发展起来。工人们当时不了解他们的处境是由人口增长和就业竞争压力带来的问题，而把他们的苦难归咎于新采用的机器挤掉了他们的工作，所以在很多地区都发生了工人捣毁机器的事件。1816年，在英国东部许多郡的纺织工人和其他地区的工人中都有工人捣毁机器的事件发生。但是与此同时，有些工人已经认识到"卢德运动"的缺陷，他们采取新的斗争形式，即组织秘密工会，进行罢工。在1816年和1818年，在兰开夏和里兹等地都发生了工人罢工事件。罢工的工人要求降低粮食价格，提高工人的工资。说到底，粮价上涨是因为粮食总量不足引起的，如果粮食过剩，粮价会非常低廉；工资不高的根本问题是劳动力过剩的问题，是就业竞争压力下出现的问题，是人口增长超过了经济发展所带来的就业岗位的增长问题。

空想社会主义是怎样产生的？

19世纪中叶，西欧一些国家资本主义发展非常迅速。随着资本主义的发展，现代无产阶级形成并展开了日益广泛的斗争，而资本主义所固有的矛盾也日益暴露了出来。自1825年起，周期性的生产过剩危机不断发生，工人们的失业和普遍贫困化现象严重。生产的无政府状态、生产资料的私人占有和生产的社会化之间的深刻矛盾，造成生产秩序和社会秩序的混乱。

贫富悬殊越来越突出，一方面是富

人纸醉金迷，另一方面是穷人饥寒交迫、横死沟壑。民众的社会道德沦丧，价值观念恶化。19世纪初法国的圣·西门、傅立叶及英国的罗伯特·欧文等空想社会主义者，制订了各种方案，企图建立一个没有剥削和压迫，人人和睦友爱，像历代农民人口危机时期的社会理想一样，要实现一个"均富贵"的美好的大同世界。当然，他们的计划都一一失败、破产了。

马克思主义产生的社会背景是什么？

在这个时候，当人们又陷于悲观失望境地的时候，无产阶级的解放斗争正日益蓬勃地开展起来，这引起了一批知识分子的注意，他们认为可以利用这个新兴的日益壮大的阶级来改造资本主义社会。

马克思、恩格斯密切注视着欧洲各国工人运动的发展，总结其经验、教训，从而为制订科学社会主义理论确定了阶级基础。马克思的出现，使工人阶级的破坏活动，上升到对国家政治力量和权力组织上的全面破坏。

马克思和恩格斯都生长在普鲁士的莱茵省，这里是德国工业发达的地区之一。莱茵地区在19世纪初发生了封建生产关系迅速崩溃、新的资本主义因素迅速增长的明显过程。与此同时，在德国，这时也存在新、旧多种思想流派激烈斗争的现象。这时马克思一方面从事理论研究，另一方面也积极参加当时的革命运动。

恩格斯青年时代也是黑格尔左派，在思想上是个革命民主主义者。1842年恩格斯到了英国，在那里他见到英国工人阶级的悲惨状况和工人运动的发展。

在宪章运动期间，他和马克思都密切注视着运动的发展，并和宪章派领导人保持经常联系。1844年，恩格斯的思想完成了从革命民主主义向社会主义的转变。就在这时，恩格斯写出了他的名著《英国工人阶级状况》。

马克思主义对工人产生了哪些影响？

由于马克思、恩格斯的不懈努力，工人群众中原来弥漫着的小康生活的空想社会主义思想影响渐趋消失，科学社会主义的思想越来越多地被工人群众所接受。1847年2月，"正义者同盟"伦敦委员会派全权代表先后到布鲁塞尔和巴黎去会见马克思和恩格斯，邀请他们参加"正义者同盟"，并请他们用宣言的形式来阐述他们的科学共产主义理论。与此同时还请他们帮助改组"共产主义同盟"，另建一个新的组织。

1847年6月"正义者同盟"在伦敦召开代表大会。马克思因经济困难未能参加。恩格斯作为巴黎的"正义者同盟"的代表参加了大会。布鲁塞尔的代表是威廉·沃尔弗。在代表大会上通过决议，将"正义者同盟"改名为"共产主义者同盟"。

《共产党宣言》有哪些重要的意义？

1847年11～12月在伦敦举行了"共产主义者同盟"第二次代表大会，会议讨论同盟纲领时，通过了马克思和恩格斯在会上所提出的一些原则，与此同时会议委托他们两人草拟同盟的纲领。1848年2月，同盟的纲领在伦敦出版，这就是《共产党宣言》。

《共产党宣言》是第一个科学社会主义的纲领性文献，它系统地、简明扼要地阐述了马克思主义的基本原理。它的基本思想在于论证：资本主义必然灭亡，没有阶级剥削和压迫的乌托邦共产主义社会必然会代替资本主义社会。实现消灭资本主义，建立共产主义是无产阶级的伟大历史使命。无产阶级在完成这个使命时必须进行无产阶级革命；建立一个以先进的理论武装起来的革命的无产阶级政党，是无产阶级完成其历史使命的先决条件。

第一国际建立的社会背景什么？

1864年9月28日英国工联的领袖们在圣马丁堂接待法国工人代表团时，他们正在为声援波兰起义而召开大会。出席会议的除英国工人代表外，还有法国、意大利、波兰等国的工人代表共约2000人，会上，英国工人代表奥哲尔宣读了致巴黎工人的呼吁书，开始煽动仇富心理，鼓动造反。

法国工人代表托伦宣读了法国工人的回信，信中号召工人们团结起来，"反对政治上的专制和经济上的垄断与特权"，其他国家的代表也在会上发了言，由于参加会议的各国工人代表思想各不相同，所以许多代表对将建立的工人阶级的国际组织，对其性质和任务是什么，各有各的看法。

第一国际的成立有哪些现实的意义？

根据各国代表的发言，大会决定成

立国际工人协会，也就是第一国际，并选出了由32人组成的临时委员会负责起草协会的章程。1864年11月1日起，临时委员会改称为中央委员会。第一国际的历史可分为两个时期：第一个时期是1864～1869年，这是第一国际内马克思主义者同蒲鲁东主义者斗争的时期；第二个时期是1869～1872年，这是马克思主义者从思想上、组织上反对巴枯宁主义的时期。

1864年第一国际成立后，除了继续在英国工联中展开工作外，还在其他欧洲国家进行工作并建立支部。1865年，在英国已经有第一国际的会员15万人，在法国巴黎也成立了支部，有会员约500人；在瑞士成立了两个支部，一个设立在日内瓦，另一个设立在瑞士南部。以后，第一国际还在比利时、西班牙、美国成立了支部。但是在德国，由于受到俾斯麦政府的阻挠，成立支部的计划始终未能实现。1865年，第一国际在伦敦召开了代表会议，英、法、比利时、瑞士等国都派了代表参加，会上发生了意见分歧和争论。

1866年9月在日内瓦召开了第一国际的代表大会。马克思因忙于写作《资本论》未出席会议，不过他为会议拟订了议程，在这个议程中，工人的经济状况问题是主要问题，因为马克思认为，在1866年工人罢工斗争重新高涨的情况下，经济问题可以作为团结各国工人阶级进行斗争的重要环节。

巴黎公社是怎样成立的？

当1870年7月17日普法战争开始以后，国际总委员会发表了由马克思执笔的两篇宣言，第一篇发表于7月23日，第二篇发表了9月9日。宣言中对战争的性质作了深刻分析，指出德法两国的工人阶级应该采取的国际主义立场。马克思还警告法国工人不要举行过早的起义。但是与此同时，巴枯宁主义者却提出于"法兰西的正义事业"的沙文主义口号，并号召第一国际的支部手执武器去保卫法兰西共和国。1870年9月28日巴枯宁率领他的拥护者在法国里昂举行起义，企图利用当时的局势来实现他们消灭国家的计划，起义者占领了里昂市政府，巴枯宁立刻宣布成立"法兰西中央救国委员会"，并着手颁布法令，宣布取消国家行政机关、法院、税收等，但是法国政府派军队迅速将其镇压，巴枯宁仓皇逃往日内瓦。

1871年3月18日在巴黎诞生了巴黎公社。马克思这时在伦敦得到巴黎公社的一些消息，他密切注视着公社的斗争，并写信给许多人，动员他们来保卫公社。在巴黎公社时期，国际总委员会请马克思起草关于公社的宣言，马克思在5月底写好了宣言，5月30日的总委员会通过了马克思起草的宣言，这就是《法兰西内战》。

巴黎公社被镇压下去以后，各国政府展开对第一国际和马克思主义造反夺权理论的镇压。许多国家的报刊攻击第一国际制造国家政变、破坏国家经济发展和社会秩序。在第一国际处于困难境地之际，巴枯宁主义者展开反对第一国际的活动。1871年9月在伦敦召开的秘密的代表会议，当时的环境无法召开公开的代表大会，在马克思、恩格斯领导下，通过了关于组织问题的几个决议。决议中吸取了巴黎公社的经验教训，提出建立无产阶级独立政党的必要性。

第一国际解散的原因是什么？

在1872年的海牙代表大会上，根据恩格斯的提议，将第一国际的会址从伦敦迁往纽约，这是为了防止总委员会的权力被英国的工联主义者篡夺。

海牙代表大会以后，国际总委员会迁到了纽约，德国社会主义者左尔格当了国际的总书记，他和马克思、恩格斯经常保持联系。

原来预订在1875年在日内瓦召开的代表大会，并未开成，因为当时各国政府加紧对革命者的迫害，各国的国际支部都未能派代表前往参加。而在纽约的总委员会内部又发生了马克思主义者同拉萨尔主义者之间的斗争，削弱了总委员会的力量。鉴于当时的环境，1876年在美国费城召开的国际代表会议上，通过了解散国际的决议。

第一国际之所以解散，是因为各国的工人造反运动减弱了，减弱的原因是因为就业状况有很大改善。追其根本，是这一时期欧洲的对外大移民，解决了欧洲的失业压力和就业竞争压力，工人的生活状况得到改善，资本主义经济得以向前发展，工人阶级的生活状况也有所好转。向殖民地的大移民，解救了欧洲的资本主义。

德国在实现统一的过程中做过哪些努力？

19世纪中叶，在德国历史发展道路上的中心任务，是德国的民族统一。但是1848年革命的失败，实际上也是标志着用自下而上的革命方式统一德国的运动的失败。随后，在德国各邦，封建势力卷土重来，加强了反动统治。在普鲁士，统治阶级对社会主义者的迫害变本加厉，言论、出版自由被取消，书报检查制又恢复起来，游行、集会遭到禁止。一些参加过1848年革命的人士，为了逃避迫害，流亡到国外。在奥地利，1849年3月通过的宪法又被废除，君主专制制度重新建立。

1850年3月，普鲁士政府颁布法令，允许农民以高额赎金赎免劳役和其他一些次要的封建义务。根据这项法令赎得自由的农民，组成农村的资产阶级，他们逐渐参加到容克贵族的统治中，与城市资产阶级一起拥护普鲁士君主制统治；而原来普鲁士的君主制逐渐转变为贵族、资产阶级联合治理的民主政权。

但是普鲁士争取统一全德国的运动继续发展，1859年9月普鲁士的代表在法兰克福集会，会上宣布成立"德国民族协会"，其宗旨是争取在普鲁士领导下统一德国。

德国是怎样实现统一的？

1861年威廉一世即位为普鲁士国王。次年，他任命俾斯麦为首相。俾斯麦掌权以后，即着手以强硬手段和发动对外战争来积极争取德国的统一大业。

60年代初，俾斯麦利用当时欧洲的国际局势有利于普鲁士的时机，于1864年发动对丹麦的战争，并拉拢奥地利作为同盟；奥地利则意欲趁机参与吞并丹麦部分领土，站到了普鲁士的一方。战争开始后，丹麦不敌普鲁士的优势兵力，10月间被迫签订丧权辱国的和约。根据和约，普鲁士占领了什列士维格，奥地利占领霍尔斯坦。

1866年7月3日，在萨多瓦（地处捷克

境内）的战斗中，普军取得决定性胜利，奥地利不得不忍辱求和，并于8月23日在布拉格签订和约。根据和约，奥地利同意解散德国联邦。此后，普鲁士将美因河以北的各邦组成北德国联邦，普鲁士控制了这个联邦的广大地区。

德国统一的重大意义是什么？

1867年在普鲁士的领导下的北德国联邦正式成立。它包括美因河以北的19个邦和3个自由市，约占全德国的2/3的领土和人口，同年所制订的北德国联邦宪法，在法律上确立了普鲁士在联邦中的统治地位，当时只剩下南部的4个邦仍处在联邦之外。

普鲁士在击败奥地利并建立了北德国联邦后，势力迅速壮大，这引起了它同法国关系的日趋紧张。法国一向企图在欧洲大陆称霸，它竭力阻挠德国的统一进程，企图作为德国联邦命运的主宰者。当北德国联邦建立后，法国皇帝拿破仑三世要求将德国南部莱茵河西岸的部分领土合并到法国，在遭到普鲁士坚决反对之后，两国关系处于剑拔弩张状态，恰好这时发生了西班牙王位继承问题，它成了双方发动战争的借口。在普法为西班牙王位而争执的过程中，发生了有名的塔姆斯急电事件。俾斯麦故意窜改电文，激怒了法国，结果，法国皇帝拿破仑三世在1870年7月19日向普鲁士宣战。普法战争爆发后，法军节节败退，9月1日，法军在色当被包围，次日，拿破仑三世向普军投降。

在普法交战过程中，德国南部诸邦站在北德国联邦方面同法军交战。法国投降后，1870年11月，德国南部4个邦与北德国联邦签订条约，正式合并，成立"德意志帝国"。1871年1月18日，普鲁士国王威廉一世在巴黎近郊的凡尔赛宫加冕为德国皇帝。德国的统一，对以后德国的政局稳定、经济发展和文化的繁荣，都起了积极作用。

意大利为什么会爆发内战？

1848～1849年革命失败后，意大利政治分裂的局面依然如故，外族的压迫进一步加深。在政治上，反动恐怖的气氛笼罩着整个意大利。

在民族解放运动中，自由派加强了活动，这时，自由派的领袖是皮蒙特的首相加富尔，加富尔虽然主张统一意大利并在政治上实行一些改革，但是反对革命。

加富尔为了推行他的通过外交手段"自上而下"地统一意大利的计划，于1858年7月同法国皇帝拿破仑三世在普隆比艾尔秘密会晤。双方互约，用发动战争将奥地利的势力从伦巴底和威尼斯赶走，由皮蒙特将两地加以合并，而皮蒙特则将萨伏依和威尼斯割让给法国作为报酬，与此同时在意大利建立以教皇为"荣誉总统"的四国联邦。

在准备对奥战争的过程中，加富尔于1859年年初请加里波第组织志愿军参加对奥作战。加里波第虽然为了意大利的民族解放事业奋不顾身地进行斗争，但是却看不清自由派的伪善面目，特别是对所谓"立宪君主"维克托·艾曼努尔二世抱着忠心驯服的态度，主张建立"君主与革命的联盟"，把忠于革命和忠于维克托·艾曼努尔二世混在一起。因而，虽然他已经饱尝了皮蒙特政府迫害的苦头，但是经过加富尔用花言巧语同他一席长谈之后，答应组织志愿军，在皮蒙特政府领导下从事反对奥地利的战争。

意大利内战怎样开始的？

1859年4月底皮蒙特联合法国反对奥地利的战争开始后，加里波第率领的志愿军，即所谓"阿尔卑斯猎兵"攻击奥军，在伦巴底一带取得一连串胜利，法国和皮蒙特的联军也在6月间彻底击溃了奥军。与此同时，意大利人民在战争过程中将民族解放斗争同国内的社会经济改造要求结合了起来，很多地方的旧政权被起义的人民所推翻。同年秋，托斯坎尼、莫登纳、帕尔马和罗曼纳的制宪会议通过决议，将这些地区合并于皮蒙特。

但是，拿破仑三世并不愿看到意大利的真正统一。当战争还在进行，奥军正节节败退之际，他却派人同奥军谈判停战，随后，又背着皮蒙特政府于7月11日单独同奥地利皇帝弗朗茨·约瑟夫在维拉弗兰卡签订了一个预备和约。根据和约，奥地利将伦巴底交由法国"转让"给皮蒙特，但是却保留对威尼斯的占领。与此同时拿破仑三世保证设法恢复帕尔马、莫登纳和托斯坎尼已经被人民推翻的旧政权。很明显，这个条约是对意大利统一事业的一个打击。因而，消息传出后，意大利全国为之大哗。但是，一心只顾皮蒙特统治集团的加富尔，却于1860年3月和法国政府缔结密约，在取得拿破仑三世正式承认帕尔马、莫登纳、托斯坎尼和罗曼纳合并于皮蒙特的条件下，将萨伏依和威尼斯割让给法国。

意大利内战对意大利的统一有哪些影响？

在西西里岛起义农民的支援下，加里波第的志愿军于8月初渡过墨西拿海峡，长驱直入地攻向那不勒斯。这时，以前开始的南意大利农民运动更加高涨，许多地区的农民掀起了自发的夺取地主土地的运动，少数城市中还爆发了手工业者和工人的起义，国王法朗西斯二世一日之间连打5个电报请求教皇为他祝福，不久，他就逃出了那不勒斯。9月7日走在部队最前面的加里波第，只带了六七个随从人员，坐在敞篷马车里，进入了万众欢腾的那不勒斯，加里波第到了那不勒斯之后，建立新的革命民主政权，新政权采取了一系列反封建的革命民主措施，不仅废除了为人民所憎恨的苛捐杂税，分配廉价食品给城市贫民，而且还颁布命令将一部分土地分给少地的农民。

加里波第志愿军的这次远征，是1859～1861年意大利资产阶级民主革命发展的顶点。这次远征过程中广泛的人民起义和革命斗争，实际上为以后意大利的统一事业奠定了基础。但是，人民起义的浪潮，吓坏了资产阶级贵族自由派，他们立刻聚集一切力量来镇压人民起义，当加里波第进入那不勒斯以后，皮蒙特国王维克托·艾曼努尔二世亲自率领军队，也开抵那不勒斯国境，准备迎击加里波第的志愿军。

意大利是怎样完成统一的？

1862年7月加里波第再次前往西西里岛，号召人民武装起来向罗马进军，他提出了著名的"不解放罗马毋宁死"的口

号，并带领群众到马尔萨拉教堂的祭坛前宣誓以表示决心，西西里岛人民热烈响应加里波第的号召，8月初，在他的周围已经聚集了三千余人。

以后一直到1866年普奥战争爆发，意大利站在普鲁士方面同奥地利作战时，意大利政府才又派人邀请加里波第组织志愿军从事普奥战争。战争开始后加里波第的志愿军连战皆捷，政府军却节节败退，最后，由于普鲁士军队在萨多瓦战役中彻底击溃了奥军，决定了战争的胜负。10月3日，奥地利同意大利在维也纳签订和约，奥地利被迫放弃威尼斯，威尼斯合并于意大利。

威尼斯合并于意大利后，只剩下罗马教皇领地仍在法国雇佣军保护下。加里波第于1867年夏、秋曾两次筹组志愿军，准备解放罗马，但是两次都因遭到政府的破坏而失败。到1871年7月普法战争爆发，法国驻军撤走，罗马教皇失去了依靠。同年9月20日，加里波第的战友尼诺·毕克西奥所率领的志愿军和卡多纳率领的政府军与此同时攻入罗马，教皇的世俗政权被推翻，教皇领地合并于意大利王国。187年1月26日意大利议会宣布罗马为意大利首都，意大利的统一事业最后完成。

波兰人民起义的社会背景是什么?

自亡国之日起，波兰人民始终没有停止过反对外族统治、争取国家独立和民族自由的民族解放运动，波兰人民的斗争是英勇卓绝的。在民族运动中，争取使用波兰语的平等权的运动是最为广泛、深入和持久的斗争，在这场关系到保卫波兰民族特性的斗争中，农民是中

坚力量，他们保卫住了自己的语言、习惯和文化，使俄罗斯化和日耳曼化未能得逞，许多知识分子以惊人的胆略，向民众灌输民族自由的思想。

随着波兰各阶层人士和广大民众与俄普奥统治者之间矛盾的尖锐化，起义此起彼伏。19世纪上半期，有三次大规模的、反抗民族压迫的民族大起义。一是1830年的十一月起义，它在波兰历史上具有重要的意义；二是1846年的克拉科夫起义，起义中，起义者第一次从理论上的设想进入实践，把独立事业与社会解放结合了起来，因而，它是19世纪上半期波兰民主思想的最高成就；三是1848年的三月起义，这次起义带有十分明显的社会性质，在民族矛盾不断尖锐的同时，波兰社会中资产阶级与无产阶级之间的冲突和农民与地主之间的冲突暴露了出来，这场起义显示出了波兰农民和市民的爱国热情以及他们为独立而斗争的决心。这些起义最终均因遭到残酷镇压而失败，但是都打击了外族的统治，推动了民族解放运动的发展。

波兰人民起义的发展状况如何?

19世纪50到60年代，是欧洲民族运动的高潮时期。波兰的民族运动形势也在这一时期形成。形势的发展，要求各爱国团体联合起来，组成有统一领导的组织。1861年秋，在华沙形成了一个成分复杂、结构松散的组织"红党"。它是一个具有民族主义倾向的政治团体，其机关报是《运动报》。参加这个组织的有工厂工人、手工业工人、城市贫民、市民、农民、知识分子、中小贵族及中小资产阶级。1861年10月17日，红党成立"城市委

员会"，旨在组织城市里的革命活动。次年5月，城市委员会改称中央委员会，主要成员有东布罗夫斯基、赫美尔尼茨、吉莱尔等人。中央委员会提出了自己的纲领，宣布波兰为独立的共和国，恢复1792年前的国界，土地归耕者所有，由国家付出赎金，废除等级制度，全体公民不分语言、民族和宗教信仰一律平等。

与此同时，贵族地主和大资产阶级在1861年10月组成了"白党"。在民族运动中，在理论上，它与红党相对立，在行动上，又与红党相对抗。白党竭力反对和破坏城乡民众的起义，诋毁红党对市民和农民的影响，努力把民族运动纳入"合法"轨道，鼓吹"道德革命"。它宣传自由主义思想，认为波兰的当务之急不是武装起义而是提高国家的经济和文化水平，它仇视俄国革命，反对同俄国革命者合作，它企图利用波兰人民的力量迫使俄国当局让步，实行波兰的自治。

波兰人民起义有什么社会意义？

镇压起义后，俄国政府在波兰王国和立陶宛实行白色恐怖，15万多起义者被处死，1万多人被流放到西伯利亚，近7000人逃亡国外，全国军警密布，监狱林立，俄国当局更加强化波兰的俄罗斯化，所有机关和学校禁止使用波兰语，甚至连"波兰"的名字也不能使用，镇压波兰起义是1815年以来"最严重的欧洲事件"。

1863年波兰起义是19世纪波兰历次起义中规模最大、持续时间最长的一次起义。正是这次起义迫使沙俄政府承认既成事实，废除了封建农奴制。由于1864年封建农奴制的废除，使波兰全部地区进入了

资本主义发展阶段，开始了波兰历史的新时期，工人阶级登上了政治舞台。

17世纪希腊的社会状况如何？

从神圣罗马帝国以来，希腊一直处在外族统治之下，尤其是自1453年君士坦丁堡陷落后，它蒙受着土耳其奥斯曼帝国军事封建制度的奴役。从近代起，在奥斯曼帝国衰落的同时，希腊地区成为帝国境内资本主义经济发展尤为突出的区域，商品交换和对外贸易逐渐增多，自给自足的自然经济日渐解体。17～18世纪，希腊手工业获得长足发展，出现了许多纺纱、染纱、丝织、制皂等手工作坊。生产的发展促进了贸易的增长，希腊的产品除满足国内市场外，还行销国外。18世纪后半期，海运业发展起来，希腊商船驶出爱琴海，进入地中海，希腊商人和船主们渐渐掌握了奥斯曼帝国同德、法、俄等国之间的贸易。

希腊社会的主要矛盾是什么？

伴随着以民族矛盾为核心的社会矛盾的加深、资本主义经济的发展和希腊资产阶级力量的加强，从18世纪后半期起，希腊人民的民族意识明显加强。法国的启蒙运动和1789年法国大革命对希腊产生了积极影响，社会上出现了一股发扬民族文化、继承古典传统的热潮。一些先进分子逐渐认识到，必须摆脱奥斯曼帝国的统治，建立民族国家，才能使希腊人获得自由、生存和发展的条件。希腊知识分子表现得尤为活跃，他们一方面通过宣传和教育的手法，对民众进行启蒙教育，传播以民族独立和民族自由为主要内容的民族主

义思想；另一方面创建秘密组织，积极筹划起义。

与此同时，广大民众进行了一系列反抗土耳其统治者的斗争，但是因他们处于自发的分散状态，均遭失败。拿破仑战争后，希腊一度把民族独立的希望寄托在维也纳会议的裁决上，但是会议的《最后决议书》仍维持土耳其在希腊的统治，这引起了举国上下的极大愤慨。

希腊人民起义的情况如何？

1820年10月，鉴于帝国境内暴力不止，土耳其政府对此疲于奔命。"友谊社"主要领导人在比萨拉比亚的伊兹梅尔召开会议，会议认为此时是进行独立斗争的良好时机，决定在近期内，在伯罗奔尼撒举行起义。

1821年3月，因起义计划泄露，依普希兰狄斯率部在罗马尼亚的雅西宣布希腊总起义开始，他们曾希望争取得到俄国的支援，但是未能成功。4月6日伯罗奔尼撒武装起义正式开始，佩特雷城成为革命的中心，起义者成立了"革命指挥部"，并向各国驻该城的领事发出照会，宣布希腊革命开始，希腊独立战争拉开了序幕。至6月底，起义烽火已经从伯罗奔尼撒燃烧到爱琴海诸岛和中部希腊（鲁麦里）地区，到年底，起义军解放了希腊很大一部分地区，土耳其军队的镇压受挫。

1822年1月初，希腊起义者召开了第一届希腊国民会议，正式宣布希腊独立，通过了希腊宪法，建立了由议会和执行委员会组成的新政府，议会由70人组成，依普希兰狄斯之弟季·依普希兰狄斯为议长，执行委员会由5人组成，马夫罗柯

尔达托斯为主席，第一届国民议会的召开和希腊独立的宣布，在国内外引起很大反响，大大鼓舞了希腊人民的斗志。6月，土耳其调集3万精兵前来镇压希腊革命，希腊军民在名将科罗克特洛尼斯的指挥下，全歼了来犯之敌。但是，此后，希腊政府和军事首领们却忙于内部权力之争，贻误了战机，内讧愈演愈烈。在1824～1825年间，希腊革命阵营两次发生大分裂，甚至出现了武装冲突。

希腊人民起义产生了哪些影响？

起义爆发不久，俄国借土军杀害总主教格里高列一事，向土耳其提出抗议，并照会列强，提出希腊自治的方案，进而又提出了肢解希腊的三自治公国倡议。1823年2月，英国向土耳其声明，不得迫害奥斯曼帝国境内的基督徒，接着，英国宣布承认希腊为"战斗的一方"，并开始向希腊政府提供贷款。1826年4月4日，英俄签订《彼得堡议定书》，声称决定"调解"希腊问题，让希腊成为一个自治国，仍隶属于奥斯曼帝国，每年向土耳其缴纳赋税。议定书规定，两国都不在希腊谋求特权，法国不甘落后，1827年7月18日，法国同英、俄签订了一项三国协定，该协定基本上重复了《彼得堡议定书》，但是有一项补充规定，要求希、土双方立即停火。10月20日，三国舰队在纳瓦里诺海湾与土埃舰队交战，土埃舰队惨败。1824年4月26日，俄土战争爆发，俄国大获全胜。

这时，希腊内部的派系斗争略有缓和。在1827年4月召开的第四届国民会议上，各党派取得妥协，推举卡波斯特里亚

主持政府工作。1828年初，卡波斯特里亚采取了一系列整顿和改革措施，使混乱局面有所改变。希军开始反击。1829年9月24日，季·依普希兰狄斯率军大战于提佛附近的别特拉，大获全胜，历时8年半之久的希腊独立战争就此结束。1830年2月3日，英法俄三国代表签订了新的议定书，第一次规定"希腊将成为一个独立国家，在政治、行政管理、贸易等方面享有完全独立的权利"，1830年4月，土耳其宣布接受三国的该项议定书，希腊的独立正式获得国际社会的承认。

什么标志着罗马尼亚近代史的开始？

18世纪末至19世纪初，随着奥斯曼帝国的衰落、法国大革命的冲击及国内资本主义的缓慢发展，罗马尼亚诸国的民族解放运动蓬勃发展起来，民族意识明显加强，不同社会阶层的人士在争取摆脱外族统治的斗争中联合起来，罗马尼亚诸国与土耳其统治者之间的矛盾急剧紧张。

1821年1月18日，罗马尼亚军官图多尔·弗拉迪米雷斯库率部在奥尔特尼亚宣布起义，他许诺给所有人以正义和自由。数日内，附近各县都响应号召，揭竿而起，起义者建立起了具有政府职能的领导机构"救国会议"，起义迅速在摩尔多瓦和瓦拉几亚扩展开来，并对特兰西瓦尼亚产生了强烈的影响，以农民为主体的起义军攻打土耳其地主和寺院庄园，围攻土军据点，图多尔在指望得到俄国支持的希望落空后，完全依靠人民群众，他保护农民，减轻赋税，深得广大民众的拥护，土耳其当局在多次要求图多尔放下武器的通

牒被拒绝后，出兵镇压，图多尔被捕，并遭杀害，起义壮烈失败，这场争取罗马尼亚民族独立的革命，是罗马尼亚近代史的开始。

罗马尼亚的民族革命发展情况如何？

1821年革命失败非但没有削弱罗马尼亚的民族解放运动，反而起了促进和加强的作用。19世纪30～40年代，在摩尔多瓦和瓦拉几亚，资本主义工业有了迅猛发展，这使新兴的民族资产阶级为了发展经济而迫切要求摆脱土耳其落后的封建统治，并谋求国家统一。

在欧洲革命感召下爆发的1848年罗马尼亚革命是1821年革命的继续，独立和统一已经成为民众的共同奋斗目标。资本主义的发展使这场革命具有鲜明的资产阶级民主主义色彩。1848年3月底，革命在罗马尼亚各地陆续开始，革命的中心目标是争取恢复罗马尼亚自古以来就有的完全自治和独立自主的权利。

罗马尼亚诸国的革命运动从一开始就受到了来自土耳其和俄国的敌视，虽然土俄统治者之间存在着尖锐的矛盾，但是，在镇压革命方面，他们的矛盾则退居第二位。不久，大量俄军集结于普鲁特河西岸，接着，俄军进入摩尔多瓦，扼杀了那里的革命，7月19日，土军渡过多瑙河，进入瓦拉几亚，全力镇压革命，罗马尼亚人民的抵抗活动直到1849年6月才结束。

在这次革命运动中，以农民、劳工、手工业者、市民、知识分子为主体的民众是革命的主力军，资产阶级是革命的领导者，起到了革命旗手的作用。

革命极大地提高了罗马尼亚要求民族独立和统一的民族意识，加速了统一的罗马尼亚民族国家的形成。从此，争取实现民族国家的统一和独立成为罗马尼亚诸国民族运动的宗旨。

哪个时期是英国历史发展过程中的重要转折时期？

19世纪中叶是英国历史发展过程中的重要转折时期。在经济上，随着工业革命的完成，英国的资本主义逐渐走向成熟。虽然在1857年和1866年曾两度发生经济危机，但是由于英国有广大的殖民地和在世界贸易中的垄断地位作为缓冲和补偿，所以这两次经济危机从时间上和规模上都比30年代和40年代时的危机要轻。

19世纪中叶英国工业革命已经完成，这时英国的工业发展水平，超过世界上的其他国家，号称"世界工厂"。1850～1870年间，英国的纺织厂数目从1932个增加到2483个，纺织厂中的机器纺纱锭达到3000万个，比法国多4倍，比普鲁士多14倍。冶金业中的生铁产量从1848年的200万吨增加到1870年的600万吨。原煤产量从1855年的6150万吨，增加到1864年的9200万吨，超过了全世界总产量的一半以上，机器制造业的产量多于除英国外全世界的总产量。

19世纪中叶英国的交通运输业开始迅速发展。这时，英国的铁路线长度已经达到106万公里，路轨已经采用了钢轨，代替了原来的铁轨。汽船航运业也发展迅速，汽船的数目已经从19世纪50年代的1000艘迅速增加到1860年的5000艘。在这个时期，全世界的汽船约有一半都是属于英国的，在造船业中金属材料渐渐代替了木材。不过，到这时为止，在船运业中帆船仍然占大多数，汽船航运业的发展，对英国具有重要意义，因为英国对外贸易在英国经济中占有很大比重，而且世界其他国家也有很多海外贸易靠英国的船只进行运输。

英国对殖民地有哪些活动？

英国殖民者用野蛮的手段摧毁了印度的经济，但是也就破坏了自己掠夺的来源。在18世纪末，在英国的东印度公司统治地区，约有1/5地区都变为一片荒芜之地，殖民者为了保证其掠夺来源，从1793年开始，实行所谓的"柴明达尔制"。殖民者本来想把这个制度推广到印度南部，但是印度南部在英国入侵前很久已经存在土地私有制了，所以除了邻近孟加拉的马德加斯北部之外，印度南部都未实行"柴明达尔制"。在印度的南部从19世纪20年代起实行了一种"流特瓦尔制"。在这一制度下，农民须向英国殖民者直接交纳很重的货币地租。民耕种土地是一种国家义务，不能随便放弃土地不加耕种，虽然规定农民可以抵押或出卖土地，但是很少有人购买，因为土地的封建义务太重。

在英国殖民统治之下，印度成了英国工业品的倾销市场和稻米、棉花等原料来源地。而原来印度的手工业与农业相结合的农民村社制经济瓦解，大批手工业者和农民破产。与此同时，印度当地的封建主，由于殖民者削减了他们原来享有的权利，也对英国殖民怨恨满腹，印度教徒和伊斯兰教徒则由于殖民者带来的基督教的传播引起宗教信仰上的冲突，在此基础上，爆发了印度的士兵起义。

英国是怎样镇压殖民地的起义的？

19世纪中叶，英国殖民者在印度共有雇佣兵28万人，除3.8万人为英国人之外，其余都是从印度当地人中招募来的。这些印度士兵待遇低，又受到民族的、宗教的歧视，对殖民当局十分不满。1857年，由于军队中使用涂了牛油和猪油的子弹，士兵中印度教徒和伊斯兰教徒都非常愤慨，因而激起了士兵起义。起义蔓延到从德里到加尔各答的广大地区，农民、手工工业工人、部分封建主和僧侣（包括印度教徒和伊斯兰教徒）也参加了起义，但是在起义过程中，起义者内部发生矛盾，英国殖民者收买了封建主和上层僧侣，又得到尼泊尔的廓尔喀部族首领的支持，1857年9月，英军占领德里，起义被镇压。

英国对阿富汗也进行了侵略战争，1839到1842年第一次对阿富汗战争中，英军占领了喀布尔，并将阿富汗国王俘虏送到印度，但是喀布尔人民发动起义。将英国大使杀死，驻阿富汗的300多名英军大部分被杀，英军被迫从喀布尔撤出。

英国是怎样加强对殖民地的统治的？

英国与阿富汗的封建上层分子相勾结，1854年3月英国与阿富汗国王多斯特·穆罕默德签订白沙瓦条约，阿富汗站在英国一边，共同与伊朗及沙皇俄国为敌。

当1856年伊朗占领了阿富汗的海拉特时，英国即趁机向伊朗宣战，英军在波斯登陆，1857年攻入伊朗腹地，伊朗被迫同

英国订立巴黎和约，伊朗同意以后如与阿富汗发生争端时，愿接受英国的调停。通过上述几次侵略战争，英国在亚洲的地位逐渐巩固起来了。

19世纪中叶英国侵略者还对新西兰和澳大利亚的土著居民进行了劫掠。1860年英国人将那些不愿驯服的土著居民毛利人加以杀戮，或把他们从原来居住的土地上赶走。但是在澳大利亚，当英国殖民者向西部扩张时，遇到了顽强的抵抗，澳大利亚西部的气候条件恶劣，英国政府将国内的一些罪犯流放到那里，但是在澳大利亚其他地方白人移民要求下，英国才在1865年停止将罪犯流放到那里。19世纪中叶，英国既掌握了世界工业生产上的垄断地位，也在殖民扩张上占据了垄断地位。

法兰西第二帝国是怎样建立的？

路易·拿破仑·波拿巴在1851年12月2日政变之后不久，于1852年1月颁布新宪法，把全部立法、行政大权都集中在自己手里。新宪法规定，议会由参议院和立法团组成，参议院的正副议长及成员均由总统任命，立法团的成员虽然由选举产生，但是只能讨论和表决由总统提出的法律，不能对之修改，也无立法倡议权，立法团的会议也由总统召集。

实质上，两院都只不过是总统下属的随声附和的机构，只对第二帝国的独裁政体起装潢门面的作用。政府各部部长，都由总统直接任命，只对皇帝负责，不受任何立法机构的监督，而被路易·拿破仑·波拿巴所任命的各部长都是政客，他们只善于政治钻营，贪赃枉法，不学无术，缺乏政治原则和社会道义观念。

路易·拿破仑·波拿巴在制定了新宪法后，即到全国各处进行活动。各地支持波拿巴派的人士，也纷纷举行集会，掀起恢复法兰西帝制的舆论要求，在一片民族主义的浪潮中，参议院在1852年11月通过决议，将法兰西共和国改为法兰西帝国。随后进行全民投票，公民把票投给了拿破仑的侄儿路易·拿破仑·波拿巴身上，投票以7439万票赞成、7万票反对的绝对优势同意建立帝国，是为法兰西第二帝国，路易·拿破仑·波拿巴成了拿破仑三世皇帝。1852年12月2日路易·拿破仑·波拿巴正式称帝，这一天正是拿破仑一世在1804年加冕称帝之日，也是1805年拿破仑一世在奥斯特里茨战役取得重大胜利的日子。

第二帝国时期法国推行了哪些殖民策略？

到19世纪中期，法国工业革命正在进行，法国由此而成为仅次于英国的经济强国。但是与其他工业国比起来，法国工业的特点是：小生产者数量巨大，75%的企业是雇佣10人以下工人的个体小企业，还处于资本主义发展的初级阶段。法国某些轻工业部门，如丝织业及奢侈品生产，如葡萄酒、香水等闻名世界。另外一个特点是，信贷业和风险资本贷款特别发达，超过工业资本。

第二帝国建立以后，拿破仑三世曾表示他的外交政策是谋求和平，他宣称"帝国即和平"。但是不久，帝国政府即积极从事对外侵略扩张并在亚洲、非洲加紧抢占殖民地，这种对外政策，既符合资产阶级的要求，也可以借此来转移国内人民的

注意力，把中、下层人民对当权的统治阶级的不满，吸引到外交斗争方面来。

第二帝国所进行的第一次大规模的战争是克里米亚战争（1853~1856年），这次战争是由于英国、法国同沙皇俄国为了争夺近东势力范围而引起的。在1848年革命失败后，欧洲列强已经把注意力从镇压革命而转到了在东方扩充势力。

第二帝国时期，法国加紧了对亚洲、非洲和拉丁美洲的殖民扩张。本来早在17、18世纪，法国的天主教士已经到了中国和越南等地。

普法战争是怎样爆发的？

拿破仑三世为首的第二帝国统治集团所以要发动对普鲁士的战争，除了想以此来转移国内人民的视线，摆脱即将到来的革命危机之外，与此同时还想用战争手段来阻止德国的统一进程，避免德国在欧洲大陆与法国争夺霸权。而第二帝国的军队中的高级将领也想借战争来掠夺占领土地，发财致富。另外，战争是当权的大资产阶级向外掠夺世界市场和原料产地的必然产物，就普鲁士这方面来说，自从1848年革命失败后，在统一德国的两条道路的斗争中，自下而上地用革命的方法统一德国的道路被打断了，而自上而下地用王朝兼并战争来统一德国的道路占了上风。1861年担任了普鲁士首相的俾斯麦，更加坚决地用"铁和血"的政策，推行在普鲁士容克贵族领导下利用对外战争的方式来统一德国的道路。但是在德国统一道路上，横着一个法兰西第二帝国。9月4日革命后新成立的"国防政府"，不采取措施认真抵抗普鲁士军队的侵略，以致普军长

驱直入，迅速占领了大片法国领土，半月之间（到9月19日），普军已经将巴黎包围，而原来在麦茨被包围的约18万法军，也于10月27日在巴赞元帅率领下不作任何突围的尝试就宣布投降了，与此同时，临时政府的领导人物则秘密同普鲁士的俾斯麦勾结，积极进行投降卖国活动。

第二帝国是怎样走向灭亡的？

1870年10月31日和1871年1月22日巴黎人民先后举行两次起义，企图推翻"国防政府"，但是因为起义缺乏组织而被临时政府镇压。

3月10日，以梯也尔为首的政府从波尔多迁到了巴黎近郊的凡尔赛，以凡尔赛为根据地展开反对巴黎工人阶级的斗争。

为了解除工人的武装，3月18日清晨，梯也尔政府的军队奉命到巴黎市内的蒙马特尔高地去夺取国民自卫军的大炮。附近的工人和国民自卫军闻讯赶来，同政府军展开了战斗，粉碎了他们夺取工人武装的阴谋，接着，在巴黎全市都爆发了起义，到了傍晚，巴黎全城都落入起义者手中，在起义过程中，国民自卫军中央委员会起了领导作用。起义胜利后，国民自卫军中央委员会迁到了巴黎市政厅开会，在市政厅上升起了红旗，政权掌握在工人阶级手中了，第二帝国正式走向灭亡。

巴黎公社的性质是什么？

1870年3月28日，在红旗招展、万众欢呼声中，国民自卫军中央委员会将政权移交给巴黎公社。

巴黎公社是人类历史上第一个无产阶级政权。巴黎公社成立后，采取了一系列具有重大原则性意义的措施。公社宣布废除常备军，而以武装起来的人民来加以代替，取消了旧的资产阶级官僚机构，规定一切国家机关的公职人员，包括行政机关和法院在内，都由人民直接选举产生，并应定期向人民报告自己的工作，人民有权随时加以撤换。公社规定了国家公职人员的工资应相当于工人的工资。国家各级公务人员的最高工资不得超过6000法郎。另外，公社还摒弃了三权（行政、立法、司法）分立的原则，而将行政权和立法权结合起来。国家最高权力机关为公社委员大会，它既制定法律，又是法律的执行者。

公社还高举国际主义大旗。许多外国的革命家参加巴黎公社为无产阶级的解放而奋斗，其中不少人为此而献出了自己的生命。

巴黎公社为什么会以失败而告终？

1870年3月18日革命胜利后，巴黎的无产阶级革命队伍未及时组织对反革命巢穴凡尔赛进攻。致使梯也尔等反革命分子在凡尔赛集结了力量，到4月初即展开了对巴黎无产阶级的疯狂进攻。

到了4月底，在凡尔赛集结的反革命武装已经达10万人左右，而巴黎公社所领导下的革命武装却只有4万人左右，众寡悬殊。再加以公社的军事组织和指挥都存在着缺点，所以虽然公社群众英勇奋战，但是却无力阻挡凡尔赛反革命武装向巴黎进逼，前线形势逐渐恶化。到5月初，巴黎城西的伊西和凡夫两个重要炮台相继失守，在麦克马洪指挥下的凡尔赛军队开始了对巴黎的直接攻击。

5月21日夜在城内奸细的策应下，凡

尔赛军队攻入了城西的圣克鲁门和其他几个城门。从这天起，开始了凡尔赛反革命残酷屠杀巴黎公社革命群众的"五月流血周"。巴黎的无产阶级和劳动群众浴血奋战，在街头建筑了500多个街垒，利用街道和房屋与敌人进行激烈的争夺，妇女儿童都参加了战斗。

5月27日，战斗中的公社社员退到了城东区的拉雪兹神父公墓，在这里继续英勇抵抗，最后弹药完全用尽，就同敌人展开激烈的肉搏，最后于5月28日在一堵墙边全部英勇就义。5月28日凡尔赛分子占领了朗波诺街上公社最后的堡垒，至此，震撼资本主义世界的巴黎公社革命宣告失败。

技术革命是怎样掀起新的浪潮的？

1876年，德国人奥托制成了第一台四冲程内燃机（亦称汽油机）。1897年，德国工程师狄塞尔制成了大功率柴油机，并在1900年巴黎世界博览会上，表演了柴油机的发动与运转，引起了人们的重视。内燃机的发明为工农业生产提供了比传统的蒸汽机更方便、更经济、功率更大的动力机。它还引起了交通工具的巨大革新，致使欧洲国家汽车工业的兴起。

在技术革命新浪潮中，化学工艺学也取得了巨大成就。它的迅速发展是由合成染料、人造化肥、碱与酸的生产方法、炸药爆炸等方面的重要发明来决定的。

通讯技术迅速提高并被广泛使用。1878年，英国安装了商用电话，次年，伦敦有了第一个电话局；1881年4月1日，德国柏林建立了电话网。1887年，德国科学家海·赫兹发现了电磁波，阐明了无线电

报的原理。意大利科学家马可尼根据这一原理于1895年研制成第一根无线电通讯发送天线。1899年3月29日，他从英国向法国拍发第一份无线电报，获得成功。经过众多科学家的努力，到1914年，无线电报技术已臻完善。

总的来说，19世纪最后30年间，在技术革命的作用下，欧洲工业和农业的生产总额较以前有了更大规模的增长。1908年5月14日，法、英博览会在伦敦开幕，两国都以前所未有的规模展示出自己的产品，在200多英亩大的25个豪华展厅内，展出了从艺术到冶金、造船和烹饪的各种产品。到19世纪末20世纪初，欧洲先进资本主义国家先后变成以重工业为主导的工业国。

英国的殖民扩张是怎样进行的？

19世纪中叶以前，英国已经侵占了大批殖民地，但是那时英国国内工商业繁荣，英国的地主、资产阶级并没感到殖民地的重要性，相反，他们觉得殖民地对他们来说，在某种程度上反而是一种负担。到19世纪末，英国加强了对殖民地的掠夺。英国统治阶级之所以在这个时期特别加紧殖民地侵略，一个重要的原因是英国工业在世界市场上受到美、德等国的排挤，国内经济困难，引起阶级斗争尖锐化，危及他们的统治地位，所以要积极对外扩张以寻找出路。

70年代初，英国把目光投向了埃及，因为自从1869年苏伊士运河通航后，埃及已经成为世界性的水上航运的最重要的枢纽之一，对英国来说，它成了英国控制东方殖民地印度等的便捷的道路。1875年，

狄斯雷利以购买股票的方式控制了苏伊士运河，而为了保证苏伊士运河的安全，就必须占领运河所在地埃及。与此同时，占领埃及之后，可以进一步向地中海东部扩张势力。1878年英国已经占领了塞浦路斯岛，在地中海获得了重要的战略据点，如果占领埃及，就可将之作为向中亚伊朗等国及达达尼尔海峡推进的基地。英国的资本家急欲夺取盛产棉花的埃及，以供应兰开夏等处的棉纺织工厂原料。所以英国就开始对埃及积极进行侵略，1882年将埃及占领。

法兰西第三共和国建立的社会背景是什么？

巴黎公社失败后，法国名义上被宣布为共和国，但是实际上在政府中起领导作用的都是保皇主义者，保皇主义者领导着军队和国家机关。1871年在波尔多召开的国民议会中，保皇主义者仍然占据多数，这些保皇主义者在消灭了巴黎公社后，企图在法国恢复帝制。

1871年8月31日被他们选为总统的梯也尔，本身就是一个保皇派，梯也尔不敢公然恢复帝制，引起了保皇主义者中右翼分子的不满。1873年5月梯也尔被迫辞职。波旁王朝的拥护者麦克马洪，也就是那个在色当战役中的败将和镇压巴黎公社的刽子手，被选为总统。麦克马洪当了总统后，实行极端反动的政策。他迫害共和派人士，庇护天主教徒，并积极准备恢复帝制，然而不久他也明白了，恢复帝制的企图是不可能实现的，所以不得不放弃了这一计划。

保皇主义者恢复帝制企图的失败，

主要原因并不是像有些人所说的那样是由于保皇派内部的派别斗争，虽然这一点也起了一定的作用，恢复帝制企图失败的主要原因是：从18世纪末法国革命以来，经过多次复辟和反复辟的斗争，到19世纪70年代，社会上各个阶级，包括工人阶级、农民阶级、工商业资产阶级都对帝制抱否定的态度，拥护帝制的只是一小撮职业政客，帝制已经失去了任何社会阶级支柱，任何人都无法使之复辟了。

法兰西第三共和国是怎样建立的？

1875年1月30日法国国民议会以1票的微弱多数通过了宪法草案，宪法对法国的政体并未有专门明确的条文，只是在其中的一条中偶然提到了"共和国"的字样，这条条文是："共和国总统由组成为国民会议的参议院及众议院的绝大多数投票选举，任期7年，并可连任。"这里的"共和国"字样是有人顺便提出的，由此间接地承认了共和政体。这个宪法连同以后陆续通过的其他法律，构成了"1875年宪法"，它一直存在到第二次世界大战法国投降希特勒时为止。在这一时期内存在的共和国就是法兰西第三共和国。

根据1875年宪法，法兰西第三共和国的最高政权机关，包括由两院组成的国会和国会两院联席会议上选出的总统。国会两院即众议院和参议院，众议院议员由年满21岁以上的男子，在一处定居半年以上者中选出。妇女、军人、殖民地土著居民无选举权，众议院讨论，通过法律，举行对政府的信任投票，政府根据投票结果决定留任或辞职。参议院议员由城乡自治机关的代表选出，自治机关的职务无薪俸，

所以只有资产富有者才能担任。参议院议员的年龄必须在40岁以上，众议院通过的任何议案，须交参议院审议，参议院可加以否决。与此同时参议院可以会同总统解散众议院，所以参议院在政治上可起阻碍的或反对的作用。共和国总统在参众两院联席会议上由秘密投票产生，任期7年，得连选连任，不得罢免。

德国工人运动是怎样开始的？

巴黎公社失败后，国际工人运动中心转移到了德国。当时德国资本主义的发展，引起工人数量迅速增加，工人阶级反对容克资产阶级的斗争蓬勃发展。但是德国的工人阶级组织有两个互不统一的派别，一个是威廉·李卜克内西和倍倍尔领导的爱森纳赫派，另一派是拉萨尔派。工人运动在现实斗争中迫切感到有统一组织的必要。因而上述两派在1875年在哥达召开了两派合并的代表大会，但是大会所通过的纲领充满了拉萨尔的观点，马克思、恩格斯对这个纲领进行了批判。

德国政府是怎样镇压工人运动的？

工人运动的迅速发展，引起了统治阶级的恐慌。1878年10月俾斯麦政府颁布了反社会党人的"非常法"。社会主义工人党的一些领导人，因为受了拉萨尔主义的影响，相信议会民主，突然遭此打击，思想混乱，不知所措，中央委员会竟声明解散党组织。而党内的一些主张走和平道路的人，如伯恩施坦、赫希伯格、施拉姆为首的"苏黎世三人团"，宣称放弃暴力革命的道路而决定"走合法的即改良的道路"。而以莫斯特和哈赛尔曼等为首的一

些人，则主张采取个人恐怖手段，反对任何形式的合法斗争。而社会主义工人党的基层群众则表现得比较镇定，他们自动相互联系，从下而上地重建党的组织。在马克思、恩格斯帮助下，李卜克内西和倍倍尔也逐渐克服了自己的错误，把合法斗争同秘密斗争结合起来。1880年在瑞士的维登召开了该党在地下状态中的第一次代表大会，批判了左、右倾机会主义错误，结束了党内动摇和混乱时期。

1890年反社会党人的"非常法"停止施行后，德国社会主义工人党在1891年于爱尔福特召开代表大会，制订了新的纲领。爱尔福特纲领虽然和哥达纲领有所不同，但是纲领中仍未提到关于无产阶级专政、关于在当时的德国建立民主共和国的要求。

农奴制度废除后俄国的社会发展状况如何？

在资本主义发展过程中，国民经济中越来越多地采用先进的技术和机器生产，蒸汽动力的采用也逐渐增多。80年代，俄国完成了工业革命，在一些工业部门中，机器生产超过手工劳动，占了主导地位。运输业的进步也很快。从1860年到1900年，俄国共修建了5万公里的铁路线。在国内河道上航行的轮船，从1868年的646艘增加到1895年的2539艘。农业技术也在发展，农业机器和新式农具的采用，已经扩展到新兴的富农阶层中了。就生产发展的速度来说，这个时期的俄国超过了西欧各国，特别是重工业的发展更快。不过，俄国的工业发展速度虽然比与此同时期的其他资本主义国家快，但是，在经济技术

上却仍然远远落后于西欧各主要资本主义国家和美国。和这些国家比较起来，俄国在大工业发展的同时，保存了更多的利用手工操作的手工工厂和家庭工业。而且，劳动生产率的水平也比较低下，90年代初，俄国工业中的劳动生产率比英国约低1/2至2/3。

随着工业生产的发展，引起了生产集中化的增长。到90年代初，全部棉纺工人的3/4都集中在拥有1000人以上的大棉织工厂中。俄国工业生产集中程度之高，超过了其他资本主义国家。与此同时，在俄国工业发展过程中，外国资本大量输入。从80年代起，外资的输入量急速增长。1890～1900年俄国工业中的外国资本总额由2亿卢布增加到9亿卢布，逐渐造成了俄国对外国资本的依赖。

瑞士联邦制国家的建立对瑞士产生了哪些影响？

在1848年欧洲资产阶级民主革命的推动下，经过内部自上而下的革命运动，瑞士的城市贵族和乡村自由民主共和制被资产阶级民主共和国取代。1848年9月12日颁布的联邦宪法，标志着瑞士联邦旧体制的终结和新的联邦制国家的诞生。19世纪中期，统一的瑞士联邦是欧洲反动年代里唯一的资产阶级民主共和国。

自三十年战争结束后，瑞士的外交政策开始遵循中立的原则。在1815年维也纳会议的《最后议定书》中明确规定，瑞士为"永久中立国"。瑞士的永久中立得到了国际社会的正式承认。

然而，法、德、奥、意环绕的地理位置使瑞士联邦陷于欧洲主要大国的纠纷和抗衡的夹缝之中，使瑞士面临着错综复杂的国际关系。这四大强邻不仅一向漠视瑞士的永久中立的立场，而且，总是企图把瑞士卷入它们的纷争之中。此外，瑞士的居民大都与四大邻国存在民族血缘和文化心理的联系。

在这种复杂而敏感的国内外形势中，瑞士朝野一致认为拯救和维护国家及联邦生存的唯一方法是继续执行严格的中立外交政策。瑞士联邦政府高度注意着欧洲的风云变幻，以强调中立原则来回避卷入矛盾和冲突，以谈判和适当让步的方式，解决了与邻国的领土纠纷等历史遗留问题。这一政策的奉行使国际政治对瑞士内政所引起的动荡和纷争减少到最低限度，从而保证了社会的稳定，使瑞士同国际事务中那些具有强烈破坏性的事变和冲突之间的距离越来越大，确保了国内的安宁和和平局面。

瑞士的民主运动是什么时候开始的？

19世纪资本主义工业化的崛起和发展，从根本上改变了瑞士的经济结构，与此同时也给瑞士带来了深刻的社会变化。各个不同阶层的分化使阶级阵线日益分明。除少数人迅速致富外，大多数的农民和手工业者因破产而沦为无产者，进入了工人阶级的行列，工人等劳动者的生活状况有所下降。

为了改善自己的状况和地位，罢工斗争成为瑞士工人阶级的一种斗争武器。1868年，日内瓦3万建筑工人举行大罢工，该城的钟表工人捐款予以支持，罢工斗争持续了3个星期。最后，罢工以工人

工资提高10%和工人的工作日时间从12小时减至11小时而胜利告终。这次罢工事件是瑞士劳资双方阶级矛盾尖锐化的体现。此后，有组织的罢工运动此起彼伏。

1877年10月，联邦工厂法得到通过。此后，工厂法多次得到修订和补充，工厂法的制定和不断修正，在一定程度上改善了工人的劳动和生活条件，使19世纪工业化以来出现的诸多社会问题得到缓解，激化的社会矛盾得到缓和。因此，1877年工厂法的实施，被认为是瑞士向社会福利国家转变的开始。

第二国际成立的社会背景是什么？

第一国际解散后，马克思、恩格斯用很大精力帮助当时刚成立的各国工人政党，指出它们的缺陷和错误，帮助它们找到正确的道路。1875年德国的社会主义工人党爱森纳赫派同拉萨尔派实行合并时，在哥达城拟订的纲领中，对拉萨尔主义作了重大的让步，马克思写了《哥达纲领批判》，批判了纲领中存在的拉萨尔主义的错误。

与此同时，第一次提出了从资本主义向共产主义过渡时期，必须经过无产阶级专政和共产主义社会两个阶段。在俾斯麦政府实行反社会主义"非常法"时期，德国社会主义工人党内部思想混乱，有人主张放弃阶级斗争，有人主张立刻进行革命。马克思、恩格斯批判了这两种左、右倾的错误路线，帮助该党领导人威廉·李卜克内西和倍倍尔，采取把合法斗争与非法斗争相结合的斗争方法，使之渡过那段艰难时期。马克思、恩格斯也帮助法国的工人运动领导人盖德、拉法格建立法国工人党。该党成立时通过的纲领、序言部分即由马克思起草。法国工人党成立后，马克思、恩格斯批判该党党内可能派的错误，与此同时也指出盖德、拉法格死背教条而缺乏灵活性的缺陷。在这一时期，马克思、恩格斯对英国、俄国以及欧美其他国家的社会主义和工人运动也予以密切注意，批判它们的错误，鼓励它们的成就。

第二国际是如何成立的？

马克思因长期劳累，损害了健康，1883年3月14日去世。恩格斯继续担负起欧美各国社会主义者的顾问和指导者的担子。

80年代末，在欧洲的德国、法国、英国以及其他许多国家，工人不断举行罢工斗争。罢工的工人要求提高工资，实行8小时工作制。在美国，1886年春有数十万工人举行浩大的罢工运动，工人提出8小时工作制的要求。5月，在芝加哥，警察在镇压工人运动时造成重大伤亡。

芝加哥事件不但是在美国，而且在欧洲各国都引起强烈反响。各地工人纷纷集会游行，表示对美国工人的支持。欧美各国工人的斗争，使工人群众认识到必须互相团结互相支援的必要性。这时法国工人党内的可能派领导人意欲掌握国际工人运动的领导权，在1888年于伦敦召开的世界工人代表大会上，他们取得了在1889年召开国际工人代表大会的权力。在恩格斯领导下的马克思主义者为了争取对国际工人运动的领导权，就决定在1889年也召开国际工人代表会议。

1889年7月14日，在巴黎同时召开了两个国际工人代表会议，一个是马克思主义者召开的，一个是法国工人党的可能派召开的。前者具有较大的代表性，它共包括22个国家的代表，共393人，代表中包括著名的工人运动的领袖，如拉法格、盖德、威廉·李卜克内西、普列汉诺夫等人。可能派所召开的大会，有9个国家的代表参加，而且大多数都是法国人（550人中，法国人占477人）。

19世纪欧洲有哪些科学成就？

19世纪化学的突出成就是英国化学家道尔顿（1766~1844年）的原子说和俄国化学家门捷列夫（1834~1907年）发现的元素周期律。1803年，道尔顿提出了原子论，标志着近代化学发展新时期的开始。因为化学作为一门重要的自然科学，它所要说明的现象的本质就是原子的化合与化分。道尔顿的学说正是抓住了这一学科的核心和最本质的问题，主张用原子的化合与化分来说明化学现象和各种化学定义。

19世纪，光学的情况发生了重大变化，原来被忽视，甚至被物理学家们抛弃的波动说再次复活起来。英国物理学家托·杨用光的干涉实验重新证明了光是一种波动。1807年，有人发现了光的偏振现象后，他又用光是横波而不是纵波的观念解释了这一现象，使光的波动说重新为人们所重视。以后经过法国科学家菲涅尔的工作，使波动说不仅能合理地解释了已知的光学现象，而且能定量地证明了光的运动规律，从此波动光学确立起来。

18~19世纪天文学的成就主要是，人类对于包括地球在内的天体运动规律的认识比科学革命时有了很大进展。继牛顿发现了万有引力定律之后，人们依照这一定律解释了天体运动中新的观测资料，进一步证实了这一定律的普遍意义。随着天文观测手段的进步，人类的视野从太阳系扩展到银河系和河外星系；从天体力学扩展到天体物理学的领域。在研究现状的基础上，人们对天体的起源和演化问题也提出有价值的见解。

到了19世纪，电学的研究进入了动电领域，围绕着电流及其效应的研究使电学有了巨大进展。法拉第通过研究电池的化学效应发现了电解定律，定量地刻画出电流与其所引起的化学变化之间的关系。欧姆发现了欧姆定律，揭示了电压、电流强度和电阻之间的关系。焦耳通过实验证明了电流与其产生的热量之间的关系。

批判现实主义文学有哪些著名文学家？

法国第一部批判现实主义的作品是司汤达（1783~1842）的小说《红与黑》。批判现实主义文学的代表人物是巴尔扎克（1799~1850年）。他的《人间喜剧》由96部长短不一的小说构成，出现2000多个人物，堪称一部从法国革命到七月王朝末期的法国社会的风俗史。

福楼拜（1821~1880年）的代表作《包法利夫人》，通过女主人公、医生包法利的妻子爱玛堕落的悲剧，无情地批判了法国社会的丑恶习俗。雨果的《悲惨世界》通过叙述失业者冉阿让颠沛流离、投河自杀的悲惨一生，反映19世纪初至30年代的法国社会状况，集中体现下层人民的悲惨遭遇。短篇小说巨匠莫泊桑（1850~1893年）的作品语言生动、人物

描写逼真、情节发展曲折，实为文学精品。其中最受人们推崇的是《羊脂球》和《项链》。

罗曼·罗兰（1866～1944年）的代表作《约翰·克利斯朵夫》通过宫廷乐师的儿子约翰·克利斯朵夫不断反抗的人生，对社会作了深刻的批判。英国批判现实主义文学的代表人物狄更斯（1812～1870年）著有《匹克威克外传》、《大卫·科波菲尔》、《艰难时世》、《双城记》等20多部长篇小说。小说从各个角度展示了当时的社会生活。

哈代（1840～1928年）的作品真实地反映了英国资本主义的社会发展给农村带来的种种厄运，《德伯家的苔丝》为其代表作。多产作家萧伯纳（1856～1950年），共创作51个剧本。他的剧本在喜剧中蕴含着发人深省的悲剧性内容，其代表作是《华伦夫人的职业》。

批判现实主义文学在俄国非常兴盛，主要代表人物有果戈理、别林斯基、屠格涅夫、冈察洛夫、奥斯特洛夫斯基、车尔尼雪夫斯基、陀斯妥耶夫斯基、托尔斯泰和契诃夫。

果戈理（1809～1852年）是俄国文学从模仿走向独创的第一人，其代表作《死魂灵》勾画出农奴制俄国的剪影。别林斯基（1811～1848年）是俄国第一代平民知识分子代表，曾主持编辑《望远镜》、《祖国纪事》和《现代人》杂志，他在文艺理论和文艺批评领域作出了独特的贡献。

屠格涅夫（1818～1883年）是果戈理之后的俄国文坛的主将，其代表作《父与子》。

19世纪浪漫主义文学有哪些特征？

浪漫主义文学诞生于19世纪上半叶的欧洲。它以不可遏制的激情、谴责封建专制、讴歌自由理想、反对民族压迫、要求民族解放，对后世欧洲文学的发展，产生了不可估量的影响。德国浪漫主义文学家的主要代表是海涅（1797～1856年）。其作品把政论与警句、神话与传说、诗歌与散文交织在一起，充满浓厚的生活气息。他的早期诗作《歌集》以爱情为主线，在倾诉个人喜怒哀乐时，为知识分子的权利抗争，嘲讽市侩的庸俗。

19世纪浪漫主义文学有哪些优秀的文学家？

英国浪漫主义的代表是拜伦（1788～1824年）和雪莱（1792～1822年）。拜伦的代表作是长诗《恰尔德·哈洛尔德游记》，这是一部讽刺现实的浪漫抒情作品。

雪莱与拜伦齐名，其代表作《解放了的普罗米修斯》，突出了主人公作为人类解放者的光辉形象，被恩格斯誉为"天才的预言家"。同一时期的司哥特（1771～1832年）是欧洲近代历史小说的先驱，其代表作《撒克逊劫后英雄传》将民间传说中的绿林好汉置于历史小说之中，并赋予主人公的地位。

法国早期浪漫主义文学的代表为夏多布里昂（1768～1848年）。其代表作《阿达拉》以贵族阶级的伤感情绪，通过精细的文字描述，体现了消极浪漫主义文学的创作特色。1830年，法国文坛兴起了一场革命，确立了浪漫主义的主宰地位，主要代表为雨果。雨果（1802～1885年）是提出积极浪漫主义文学纲领的第一人。他的代表作小说是《巴黎圣母院》与《悲惨世界》。

俄国浪漫主义文学的代表为普希金与莱蒙托夫，普希金（1799～1837年）是俄罗斯语言文学奠基人。莱蒙托夫（1814～1841年）发表了俄国第一部心理小说《当代英雄》，继普希金后又塑造了一个"多余的人"毕乔林的形象。

波兰浪漫主义文学的代表为密茨凯维奇，密茨凯维奇（1796～1855年）既是一位作家，也是一位为民族独立而献身革命的斗士，其作品《青春颂》是1830年华沙起义的战歌，代表作诗剧《塔杜诗先生》，虽然为历史题材，却表达了民族复兴的希望。

匈牙利诗人裴多菲（1823～1849年）是一位投身民族解放斗争的浪漫主义作家。其作品具有浓郁的民歌风格。裴多菲运用节奏自由而又富于音韵美的诗体，把对未来的憧憬与对现实的批判融为一体。在代表作《爱国者之歌》、《民族之歌》中，诗人以强烈的感情，表达了爱国主义，《自由与爱情》既体现了诗人对爱情的忠贞，也体现出他对自由的热爱。

19世纪初出现了哪些著名的思想家？

赫伯特·斯宾塞（1820～1903年）出身于英国的一个中学教师家庭，由于自幼体弱多病，未受过系统的学校教育，但是在家庭环境的熏陶下，养成了勤奋好学、善于独立思考的习惯，并且积累了丰富的知识。

斯宾塞的社会达尔文主义比新唯心主义更能适应于资产阶级的需要。因为斯宾塞所鼓吹的以自然选择为旗号的自由主义，非常有利于向垄断阶段过渡的资产阶级的发展。

叔本华（1788～1860年）是德国唯心主义哲学家，唯意志论者，他创立了反理性主义的哲学流派。他认为，自然界只是现象，"意志"才是宇宙的本质，人是宇宙的部分，因此人的本质也就是意志。叔本华的主要著作为《世界即意志和观念》，他的哲学思想带有明显的悲观主义色彩，反映了1848年德国革命失败后的德国资产阶级的消沉情绪，在当时甚为风行。普鲁士以武力统一德意志之后，德国资产阶级思想界的气氛发生了极大的变化，人的情绪为之一振，于是出现了尼采的哲学。

尼采（1844～1900年）是德国唯心主义哲学家、唯意志论者。他出生于传教士家庭，24岁就成为大学教授，10年后因精神分裂而退休，主要著作有《悲剧的诞生》、《扎拉图斯拉如是说》、《善恶的彼岸》、《权力意志》，等等。尼采谴责当时的自由资产阶级，称他们为因循守旧、苟且偷生的"庸人"。

近代功利主义的创始人是英国思想家边沁（1748～1832年），他提出的功利原则的内容不同于前者，他指出，一切有助于产生快乐的事物和行为就是好的，而那些能够带来痛苦的事物就是坏的。

功利主义在政治思想上的表现就是自由主义。自由主义在17和18世纪是资产阶级反对封建专制统治和宗教禁锢的思想武器之一。19世纪后，却成为一种政治思潮，变成功利主义和自由主义，由此可

见，19世纪的自由主义同17、18世纪的自由主义相比，已经丧失了革命性和进步性，赤裸裸地表现为资产阶级的利己主义，并在欧美各资本主义国家得到广泛的传播。

19世纪欧洲艺术方面有哪些发展？

贝多芬（1770~1827年）1820年后两耳失聪，但是仍然坚持创作。他早年便深受启蒙运动和法国资产阶级革命的影响，开始追求"自由、平等、博爱"的理想，歌颂理想中的英雄性格。

在欧洲音乐史上，他继承海顿、莫扎特的传统，吸取法国大革命时期的音乐成果，集古典派之大成，开浪漫派之先河，有着十分重要的地位。他在创作手法上进行了多方面的革新，作品风格简洁、粗犷、热情，节奏变换频繁，气魄恢弘，具有强烈的艺术感染力，他的创作成就，对近代西洋音乐的发展产生过深远影响。

舒伯特（1797~1828年）是欧洲音乐史上承上启下的人物。曾被誉为"歌曲之父"，他的作品以歌曲最为著名，共有600多首，多采用歌德、席勒、海涅、缪勒等人的诗作为歌词。他提高了歌曲的艺术表现力，加强了钢琴伴奏的作用。门德尔松（1809~1847年）是德国第一所音乐学院（莱比锡学院）的创建者。他毕生推崇巴赫的作品，并力图扩大18世纪欧洲古典音乐传统的影响，他将古典音乐的严谨、和谐与个人情感的表现结合起来，形成了宁静、幽雅、平和的风格。《第三交响曲》（苏格兰）、《第四交响曲》（意大利）以抒情的笔调，描述他对不同国家的风光景色的感受。舒曼（1810~1856

年）既是德国作曲家，又是音乐评论家，从青年时代起他便深受浪漫主义文艺思潮的影响。

瓦格纳（1813~1883年）是德国作曲家、文学家，他早年便开始致力于歌剧创作，并为欧洲歌剧改革作出了贡献。

柏辽兹（1803~1869年）是法国作曲家、指挥家和音乐评论家，曾被誉为法国浪漫乐派之父。他致力于标题音乐的创作，力图通过变化无穷的音乐语言，来塑造生动的文学形象，表达一种神秘的崇高意志，他的比较重要的作品有《幻想交响曲》、乐队序曲《罗马狂欢节》、歌剧《贝文努托·切里尼》等等。

意大利是文艺复兴的故乡，也是近代歌剧的发祥地。17世纪后半叶兴起的美声唱法，将意大利歌剧的艺术技巧发展到炉火纯青的地步。及至19世纪，音乐家开始立足于生活，将本民族英雄儿女的斗争业绩化作浪漫主义的旋律，并以歌剧的形式广为传播，其中的杰出代表为罗西尼与威尔第，罗西尼（1792~1868年）的代表作《塞维尔的理发师》是一部优秀的喜歌剧，其特点是结构紧凑，旋律优美、自然，使人在艺术享受中领会其讽刺消极现象的主题。《意大利女子在阿尔及尔》以雄壮的音乐呼唤人们的爱国精神和行动。

19世纪欧洲音乐方面有哪些成就？

19世纪也是民族乐派兴起与繁荣时期，波兰音乐家肖邦是这一乐派的先行者。肖邦（1810~1849年）既是作曲家，又是钢琴家，他毕生憎恨沙俄对波兰的民族压迫和奴役，不少作品反映了他对被占家园的怀念和对民族独立的期望；也有一部分作品流露出个人感伤的忧郁情调和沙龙气息。他少年时即接触波兰民族音乐，并将民族音乐的旋律和体裁引入创作中，他的创作对其后的西洋音乐（特别是钢琴创作）有着深远的影响。

约翰·施特劳斯（1825～1899年）是奥地利作曲家。他创作了圆舞曲400余首，其中《蓝色多瑙河》、《维也纳森林的故事》、《艺术家的生涯》、《春的声息》等，流传甚广，为别于其父，人们常称他为"小施特劳斯"。

在19世纪以前，俄国几乎没有重要的音乐家。直至19世纪，俄国成为欧洲大国，欧洲的音乐艺术也影响到了俄国。这时，杰出的音乐家在俄国出现了，他们在民歌旋律的基础上，创作了富有人民精神的俄罗斯歌曲，使俄罗斯音乐走向世界乐坛的音乐家应首推格林卡和柴可夫斯基。格林卡（1804～1857年）是俄罗斯音乐家，他创造了格林卡式的俄罗斯音乐，因而被称为"俄罗斯古典音乐的奠基者"和"俄国民族乐派之父"。柴可夫斯基（1840～1893年）是19世纪下半期俄国最伟大的音乐家。他的十部歌剧作品中，《叶甫盖尼·奥涅金》和《黑桃皇后》最为著名，3部舞剧作品《天鹅湖》、《睡美人》和《胡桃夹子》提高了音乐在舞剧中的地位，至今被誉为芭蕾舞音乐的经典作品。

19世纪欧洲绘画方面有哪些成就？

戈雅（1746～1828年）是西班牙著名画家。他以奇异多变的油画、素描和版画形式，深刻地反映了他所生活的年代的社会生活动乱，对19世纪后期的欧洲浪漫主义、现实主义和印象主义运动的领袖们产生了很大的影响。

热里科（1791～1824年）是浪漫主义画派的先驱者。他的创作多选取现实题材，并探索新的表现手法，代表作《梅杜萨之筏》，以悲剧性的手法描绘"梅杜萨"号海轮沉没后，漂流在海洋上的人们挣扎求救的悲壮情景。这部作品也被视为浪漫主义画派的宣言式作品。德拉克罗瓦（1798～1863年）深受热里科的影响，坚持浪漫主义创作风格。由于他在艺术上的革新成就，加强了浪漫主义画派的地位和影响，他因此被称为新时代历史画的创始人。

杜米埃（1808～1879年）是法国进步的现实主义画家，他创作了许多幅揭露资产阶级反动统治罪恶的讽刺画。

米勒（1814～1875年）是一位法国农民画家。他创作了一批描绘农民的生活、歌颂农民的淳朴性格、揭露剥削制度的残酷的作品，如《拾穗者》、《播种者》、《牧羊女》等等，他的绘画风格质朴、凝重，富有抒情气氛。

库尔贝（1819～1877年）是当时法国进步画家的领袖人物，他曾参加巴黎公社，被选为公社委员，并担任艺术家协会主席。他在自己的作品和宣言中，确立了以生活真实为创作依据的原则，他的创作对欧洲19世纪现实主义绘画艺术有较大的影响。门采尔（1815～1905年）是德国画家，他平时注意观察生活，认为劳动是艺术创作的重要题材。

列宾（1844～1930年）是俄国画家，巡回展览画派代表人物之一。他以批判现实主义的手法，创作了许多风俗画和

历史画。

19世纪下半期，就其主流而言，绘画艺术领域仍处于现实主义绘画发展、完善的时期。在这一时期，印象画派在法国兴起，印象画派的名称由当时的批评家对莫奈的《日出印象》的嘲笑而得名。这一画派反对当时学院的保守思想和表现手法，而采用新的创作方法表达新的主题内容，使欧洲绘画出现利用光色原理加强表现力的新方法，对欧洲绘画技法的革新有很大的影响。这一画派的代表人物主要有莫奈、德加、雷诺阿等人。莫奈（1840～1926年）是印象画派的创始人之一，他曾长期探索光色与空气的表现效果，常常在不同的时间和不同的光线下，对同一对象连续作多幅的描绘，在自然的光色变幻中表达瞬间的感觉。

19世纪80～90年代，后期印象画派产生。这一画派的成员们接受印象派的用色方法但是又加以革新，他们不满足于印象派对自然的客观描绘，强调主观感受的再创造，一般不表现光，而重视色彩的对比关系、体积感及装饰性等。代表人物主要有塞尚、凡·高、高更等人。塞尚（1839～1906年）是法国画家，被誉为"现代绘画之父"。高更（1848～1903年）是法国画家。他用线条和强烈的色块组成画幅，具有装饰风味和东方色彩。

第七章 20世纪的欧洲历史——欧洲文明的成熟期

第一次世界大战的原因是什么？

普鲁士为了统一德国并与法国争夺欧洲大陆霸权，于是在1870年～1871年与法国爆发普法战争。这场战争以法国大败，普鲁士大获全胜，建立德意志帝国告终。而普法停战的和约极其苛刻，和约规定法国割让阿尔萨斯和洛林予德国，并赔款50亿法郎，结果使德法两国结怨，成为第一次世界大战的原因。

欧洲国家为什么要互立战营？

普法战争后，普鲁士首相俾斯麦担心法国报复，因此他采取结盟政策，围堵法国。他本来使德国与奥匈帝国及俄国结成"三皇同盟"，可是后来俄国在1878年的柏林会议上，因巴尔干半岛问题，与奥匈帝国发生利益冲突。德国最终在1879年选择了奥匈帝国作为盟友，与奥匈帝国缔结秘密的德奥联盟。此外，俾斯麦转而与因为与法国在殖民地事务上发生冲突，在1881年争夺北非突尼斯失败而与面临孤立的意大利结盟。因此德意志帝国、奥匈帝国与意大利王国三国缔结"三国同盟"。

俄国得知德奥两国签订了"德奥同盟"后，俄国十分愤怒，但俾斯麦是一个老练的政治家，为了保持与俄国的良好关系，于1887年与俄国签订了"再保条约"。可是当俾斯麦在1890年下台后，德皇威廉二世任由条约终止。而法国方面，则在法国财务支持俄国工业化后，在1892年与俄国结盟，是为"法俄同盟"。而英国则在1904年与法国签订"挚诚协议"，这协议并不是军事同盟，而一项解决两国有关殖民地纠纷的协议。在法国的怂恿下，英、俄双方终于在1907年结束他们的殖民地纠纷，签订"英俄谅解"。同年，法国、英国和俄国因受到德国在奥斯曼帝国的力量威胁，组成"三国协约"。欧洲从此分为两大阵营，因此只要有任何风吹草动，都有演变为世界大战的可能，第一次世界大战就是因为奥匈帝国皇储——斐迪南大公被暗杀而引起的。

什么加剧了两大阵营的矛盾？

20世纪初帝国主义兴起，在俾斯麦时代，鉴于统一德意志帝国初立，故对殖民地的争夺较少参与，后来，鉴于国内商人势力兴起，商人要求德国政府争取海外资源和市场。威廉二世即位，俾斯麦就那样被罢后，可是后来德皇认为德国殖民地太少，原料产地及商品市场不足，就又实行了"世界政策"，要求重新划分全球的势力范围，于是触犯了老牌殖民大国——英国和法国双方的各自利益。而第一次和第二次摩洛哥危机，沙皇俄国得到利益，这亦使得两大阵营的冲突加剧，战争爆发的可能性越来越大。

争夺摩洛哥两次危机分别是什么?

德法两国为了争夺在摩洛哥的利益，引发了两次摩洛哥危机。摩洛哥第一次危机：1905年3月31日，德皇威廉二世出访摩洛哥南部重要港口丹吉尔时宣称将会保护摩洛哥的独立及其领土的完整，使其与在摩洛哥扩张的法国关系变得紧张，这就是第一次的摩洛哥危机。1906年1月16日，欧洲在阿尔赫西拉斯举行会议，达成了《阿尔赫西拉斯决议》，决议承认摩洛哥能够独立，但是由法国和西班牙两国负责摩洛哥的警务，其中由法国来控制摩洛哥的海关及警察。

摩洛哥第二次危机：1911年5月21日，摩洛哥发生反苏丹的部落起义，法国就借机派兵攻占其首都非斯。德国则要求法国割让部分给非洲作为补偿，并于该年的7月1日，以保护本国商人为借口，出动炮舰"豹"号驶至摩洛哥的港口阿加迪尔，战争一触即发，这次行动被史家称为"豹的跳跃"。英国因惧怕德国挑战其海上的霸权，因此支持法国，态度强硬。德国只好被迫退让，与法国在该年11月4日达成协议，以一部分给刚果为代价，德国承认摩洛哥为法国保护国。1912年3月，法、德两国签订《非斯条约》，法国正式成为摩洛哥的保护国。因此也使德国与英、法两国在这两次摩洛哥危机里结怨更深，而德皇还扬言不会再退让，这使战争危机更进一步加大。

第一次的巴尔干战争是怎样爆发的?

1912年3月13日，保加利亚、塞尔维亚、希腊与黑山组成巴尔干同盟，联合攻打奥斯曼土耳其。10月18日，巴尔干同盟与奥斯曼土耳其爆发第一次巴尔干战争。结果奥斯曼土耳其大败，1913年5月30日与巴尔干同盟签订《伦敦条约》，宣布放弃除君士坦丁堡外所有在巴尔干半岛的领地；保加利亚则取得马其顿；塞尔维亚因为得不到亚得里亚海的出海口而感到不满，因此巴尔干同盟出现分裂。

第二次的巴尔干战争产生了哪些影响?

1913年6月1日，塞尔维亚与希腊结盟，预备进攻保加利亚，罗马尼亚于其后亦加入塞希同盟。6月29日，第二次巴尔干战争爆发，奥斯曼土耳其亦对保加利亚宣战，结果保加利亚大败，8月10日与各参战国签订《布加勒斯特条约》，多布罗查北部由罗马尼亚取得；马其顿则被分成三部分，其中瓦尔达尔、马其顿划归塞尔维亚，皮林、马其顿划归保加利亚；爱琴、马其顿划归希腊。这引来了奥匈帝国的不满，因为塞尔维亚在这两次巴尔干战争里获得的利益太大，威胁其在巴尔干半岛的地位，而俄国则借由塞尔维亚插手巴尔干半岛事务，结果与奥匈帝国的冲突加深，使得大战一触即发。

欧洲爆发全面战争的直接原因是什么?

这次事件为在欧洲爆发全面战争的直接原因。1914年6月28日上午9时正，奥匈帝国皇太子斐迪南大公参加指挥一次军事演习，演习结束后，塞尔维亚一个秘密组织成员，17岁的普林西普向斐迪南夫妇开枪射击，斐迪南夫妇毙命，普林西普被捕。这一事件被称为萨拉热窝事件，被认为是第一次世界大战的导火线。普林西普的行动是热爱民族的一种伟大表现，但是刺杀斐迪南的这一萨拉热窝事件被奥匈帝国当做了对塞尔维亚发动战争的口实。1914年7月23日奥国在获得德国无条件支持下向塞尔维亚发最后通牒，包括拘捕凶手、镇压反奥活动和罢免反奥官员等，塞国除涉及内政项目外悉数同意，不过，奥国依然将行动升级，与此同时，德国知悉俄国的军事动员，德皇要求俄国停止并迅速备战。鉴于各国的强硬外交和对国家军事力量的自骄，战争已无可避免。

第一次世界大战是什么时间爆发的？

1914年7月28日，奥匈帝国向塞尔维亚宣战。7月30日俄国动员，出兵援助塞尔维亚。8月1日，德国向俄国宣战，接着在3日，向法国宣战。8月4日，德国入侵保持中立的比利时，比利时对德国宣战；同日，英国考虑到比利时对自己国土安全的重要性，和早前为了确保比利时的中立，而在1839年签署的伦敦条约，于是向德国宣战。8月6日，奥匈帝国向俄国宣战，塞尔维亚对德国宣战，意大利宣布中立。8月12日，英国向奥匈帝国宣战，第一次世界大战爆发。

德军进攻对战争形势有哪些影响？

1914年8月2日，德军出兵中立国卢森堡，以取得卢森堡的铁路网。8月3日，德军对比利时不宣而战，至8月9日，德军成功攻占比利时全境，并且驱逐在比利时

境内的法军回法国境内。8月21日，德军分兵五路攻向法国北部，法军失守，被迫后撤。9月3日，德军已进逼巴黎，法国政府被迫撤退至波尔多。9月5日—9月12日，德军与英法联军在巴黎近郊马恩河至凡尔登一线爆发马恩河战役，结果两败俱伤，德军只得转入战略防御，固守安纳河一线，战斗开始演变为阵地战，接着，双方爆发了奔向海边的运动战，结果英法联军被打败。德军成功夺取法国东北部的广阔领土，但始终不能截断英法两国的运输线，随后双方再爆发佛兰德会战，但双方均无重大成果，结果战事进入胶着对峙状态。

战事是怎样进入僵持阶段的？

1915年春，英法联军趁德军主力集中在东面战线，发动了香巴尼和阿杜瓦两轮攻势。但因为沿用旧战术，而且欠缺强大火力掩护，结果被德军成功抵挡，己方反而伤亡惨重。该年4月德军反击，并首次使用毒气，使双方的损失更为惨重，结果1915年的西面战线，英法联军死伤百万人，德军亦死伤61万人，但战事仍然胶着。1916年2月，东面战线的压力稍为降低，德军主力再次移师西线，与法军爆发凡尔登会战，结果在激战7个多月后，德军仍不能攻取凡尔登，而英法联军为了制衡德军，在该年7月初向索姆河一线与德军爆发索姆河战役，战况更为惨烈。英军虽然在这场战争里首次使用坦克，但双方在伤亡共约120万人后，战事仍未有重大突破，并持续至该年11月，西线再次变为胶着对峙状态，不过协约国开始掌握战争的主动权。

美国为什么参战？

1917年2月24日，美国驻英大使佩奇收到齐默曼电报，称如果墨西哥对美国宣战，德国将协助把美国西南部还给墨西哥，于是美国以此为借口，在该年4月6日向德国宣战。（只向德国而不是其他同盟国宣战的一个主要原因，就是德国的海军潜艇无差别攻击，对美国军舰造成威胁）1917年4月，法军于西线开展春季攻势，与德军在兰斯和苏瓦松之间进行会战，历时共一个月，但法军在伤亡10万人后仍未有进展，引起了法国士兵的骚动。战事再度胶着，而法军因内部骚动，无力防御，只得由英军负责西线防御。在该年下半年，美国提供的装备到达欧洲，英军于是再在西线猛攻，但在损失100多万人后，仍无法改变战事的胶着状态。

最后的战争形势是怎样的？

1917年，东线因俄国发生十月革命并退出战争而结束，德军立即集中于西线，意图在美军到达欧洲之前，于1918年夏季打败英法两国，以扭转局势。1918年3月—7月，德军接连于西线发动5次大规模的攻势，头两次攻势在损兵十万后仍无所获。而美军则已到达欧洲，使协约国兵力大增。该年5月底，德军发动第三次攻势，这次成功突破法军的防线进逼至距巴黎仅37公里之地，但并不能歼灭英法联军的主力，而己方则损失十万人。在6月9日~6月13日这5天，德军发动第四次攻势，企图将德军在亚眠和马恩河的两个突出点接连起来，以集中兵力攻击巴黎，但并未能成功。7月15日，德军发动第五次攻势，但在损失15个师后，因无所获，己

方军力反而消耗殆尽，只得撤退至兴登堡防线，从此只能作消极防御。

俄国怎样发动总动员的？

1914年7月28日，奥匈帝国因为德国向其开出"空头支票"，因此信心大增，与塞尔维亚断交并对其宣战。俄国则宣布全国总动员，以支持塞尔维亚，这引起德国的不满。8月1日，德国以俄国拒绝停止全国总动员为借口向俄国宣战，并同时在西线进侵比利时。8月4日，英国因比利时为其自身安全的关键，因此对德宣战。8月6日，奥匈帝国向俄国宣战。

德俄交战的情况如何？

俄军乘德军在开战之初，集中兵力在西线之际，在东线向德军发起进攻。8月下旬，俄军进入东普鲁士，并逼向德国的心脏地带，德军被逼从西线调兵回援。德国援军行动迅速，很快便抵达东线，并于科穆辛森林附近消灭数万名俄军，使得东线战局发展受到德国控制。9月11日，俄国的第一集团军再度被击败，德军进逼至俄国境内，俄军损失共25万余人。在南线方面，俄军开始时在加里西亚和布柯维纳屡次击败奥匈帝国的军队，但德国随后对奥匈帝国提供支持，结果到12月中旬，东线战事亦进入胶着状态。

1915年，德军因为西线的马恩河会战失败，决定先集中兵力击溃俄国，逼使俄国停战，从而结束东线战事，并且避免继续陷入两线作战的困局，东线于是变成主要战场。1915年5月，德奥联军以18个师和2000余门大炮，分兵两路进击俄军，并计划将俄军逼至"波兰口袋"内歼灭。双

方交战8个多月，德军攻占普热米什尔、莱姆堡、伊凡哥罗德、华沙、布雷斯特、维尔诺及里加，并逼使俄军撤退至从里加湾到德涅斯特河一线，俄军共损失170多万人。德军虽然大胜，但己方损失亦极大，而且并未消灭俄军主力，结果逼不到俄国投降。

意大利为什么转投协约国？

1915年5月，意大利因为英法答应在战后分得阜姆和达尔马提亚，于是投向协约国一方，对同盟国宣战。意军虽然实力较弱，交战初期即损失近30万人，但却成功拖住了奥匈帝国40个师的兵力，缓减了俄法的压力。1915年9月，保加利亚加入同盟国，并出兵30万，配合德奥联军攻击塞尔维亚，结果同盟国很快便占领塞尔维亚全境，塞尔维亚政府及军队被逼撤退至希腊的克基拉岛。

俄军是怎样进行反击的？

1916年春，俄国调集3个方面军共200万人向德奥联军发动反攻，在激战一轮后，双方各损失百万兵力，但俄军兵力较多，因此逼退德奥联军，并乘胜攻进加里西亚东部地区。罗马尼亚亦于该年8月向同盟国宣战。德奥联军于是决定攻取罗马尼亚，以夺取石油和粮食补给。结果罗马尼亚首都布加勒斯特很快便失陷，德奥军队占领大部分罗马尼亚国土。

协约国为什么进攻伊斯坦布尔？

协约国军队为了解除俄国在高加索被奥斯曼土耳其牵制的困局，于是决定联合进攻奥斯曼土耳其的首都伊斯坦布尔。1915年初，加里波利之战爆发，协约国先后有50万士兵远渡重洋来到加里波利半岛，在靠近十一个月的战斗后，共约131000人死亡，262000人受伤，结果被迫撤退。这场战役是一战中最著名的战役之一，也是当时最大的一次海上登陆作战。

十月革命有哪些重大的意义？

俄国本身为农奴制的经济体系，经不起东线持续的战事，结果其国内经济崩溃，工厂倒闭，失业率骤增，军火补给极度困难，士兵极度厌战。1916年冬，俄国内部各种矛盾加剧，首都莫斯科的罢工人数更达至百万人以上，结果在1917年3月（俄历2月）二月革命爆发，沙皇尼古拉二世退位。但新组成的克伦斯基临时政府仍然继续战争，但又再被德奥联军击败。结果俄国工人及农民忍受不了，在1917年11月（俄历10月），由布尔什维克党领袖列宁领导了一场武装起义，推翻了临时政府的资产阶级政权，建立了苏维埃政府和第一个社会主义国家，史称"十月革命"。列宁其后与德国签署《布列斯特—立陶夫斯克条约》，并宣布退出第一次世界大战。它拥有重要的历史意义，因为它是人类历史上第一次获胜的社会主义革命，世界上第一个社会主义国家诞生。它的胜利沉重打击了帝国主义的统治，推动了国际社会主义运动的发展，鼓舞了殖民地半殖民地人民的解放斗争，标志着世界现代史的开始。

第一次世界大战是一场什么性质的战争？

第一次世界大战（简称一战，1914年

8月～1918年11月）是一场主要发生在欧洲但波及全世界的世界大战，当时世界上大多数国家都卷入了这场战争，是欧洲历史上破坏性最强的战争之一，是一场非正义的帝国主义的掠夺战争。

战争过程主要是同盟国和协约国之间的战斗。德意志帝国和奥匈帝国是同盟国，英国、法国、意大利、俄罗斯帝国和塞尔维亚是协约国。在1914年至1918年期间，很多在亚洲、欧洲和美洲的国家都加入了协约国。战场主要在欧洲。值得注意的是意大利虽是同盟国，但是后来英国、法国及俄国与意大利签订密约，承诺给予意大利某些土地，结果意大利加入了协约国对抗同盟国。

战争的导火索是1914年6月的萨拉热窝事件，战线主要分为东线（俄国对德奥作战），西线（英法比对德作战）和南线（又称巴尔干战线，塞尔维亚对奥匈帝国作战）。其中西线最惨烈，这场战争中大约有65000人参战，10000人失去了生命，20000人受伤。

第一次世界大战是欧洲帝国主义列强准备和酝酿了几十年的结果，在这一过程中，伴随着欧洲国际格局的演变，出现了各种形形色色的扩张主义思潮，其中最有影响的是社会达尔文主义，它是各国重新分割殖民地和势力范围所需要的理论根据。19世纪70年代初的英国社会学家赫伯特·斯宾塞是这一思潮的主要代表人物之一。他把达尔文的进化论应用于社会领域，认为人类也如同生物一样是一个自然选择的过程，19世纪是生存竞争的最新表现。欧洲强国在这种"强者吃掉弱者"的进化论思想的主导下，一旦强大就认为理所

当然地去吞并弱国。欧洲的冲突随着各国经济实力和军事实力发展的不平衡，开始不断出现，展开了吞并与反吞并的战争。

一战时期俄国的社会处于什么样的状态？

1914年爆发的第一次世界大战，使沙俄的一切社会矛盾更加激化。大战爆发时，俄国的工业尚未转入军事生产，武器弹药不足，军事指挥落后，战线过长，北起波罗的海，南至高加索，同德、奥匈、保、土厮杀，打的全是消耗战。1914年8月，俄军在向东普鲁士发起进攻时，被德军打得大败，损兵25万。1915年，俄军在波兰和喀尔巴阡山脉发起进攻时又遭失败，损兵30万，使德军占领波兰和立陶宛。1916年的军事行动也未取得实质性结果。

战争给俄国的国民经济带来了极端混乱的局面。国内出现了原材料、燃料和动力短缺，工矿企业倒闭，交通运输中断，人民生活必需品奇缺，通货膨胀，军事费用开支与日俱增，国债从1913年的88亿卢布增长到1917年的500亿卢布。为了向外国订购军火，价值约66亿卢布的黄金储备流往国外，造成严重的财政危机。

战争期间，约1400万青壮劳力脱离生产，被拉去当兵，使得许多工厂关闭，大片土地荒芜，广大劳动人民的生活状况极端恶化，不仅战争的全部负担转嫁到劳动人民身上，大资本家、地主和富农还趁机加紧对工农群众的剥削和掠夺。1914～1916年，莫斯科地区工人的名义工资虽然增加了86%，但是物价却提高了将近300%，消费必需品价格提高了4到5倍。因此，沙皇政府同广大工人、农民和革命

知识分子的矛盾特别尖锐。

大战期间，沙皇政府不断加强统治，在以列宁为首的布尔什维克党的正确宣传和组织下，俄国工人运动迅速高涨起来。1914年下半年到1916年爆发了2570次罢工，参加人数达150多万，仅1916年就发生了1500多起罢工。在工人运动影响下，士兵展开反战斗争，前线不断发生士兵开小差，甚至出现整个团拒绝执行作战命令的情况，许多战线上交战双方的联欢活动日益频繁，仅1916年，逃兵就有150万人之多。许多地区的农民夺取地主的土地、粮食、牲畜和农具，焚烧地主庄园，被压迫民族也行动起来，掀起反对民族压迫、争取民族解放的运动。1916年，在中亚细亚和哈萨克斯坦因征兵发生了几百万人参加的、反对沙皇制度和战争的民族起义。工人、农民、少数民族的革命斗争和人民大众反对帝国主义战争，争取和平的运动汇成了一股势不可挡的革命潮流，冲击着沙皇专制制度，因此，第一次世界大战加速了俄国革命前提条件的成熟。

俄国的二月革命有什么重大的意义？

1917年3月12日，在布尔什维克的领导下，俄国人民推翻了沙皇政府，推翻了统治人民长达三百多年的罗曼诺夫王朝。

二月革命后，在俄国出现了两个政权并存的局面。一个政权是资产阶级专政的政权机关临时政府，它是1917年3月15日成立的；另一个政权是工农兵代表苏维埃，它是一个"和1871年的巴黎公社是同一类型的政权"。二月革命开始后，在彼得勒格和全国各地相继成立了工兵代表苏维埃和农民代表苏维埃。2月27日成立的彼得格勒工兵代表苏维埃实际上成为全俄苏维埃中央机关。在这两个政权中，临时政府是主要的实际掌握政权的机关，代表了俄国资产阶级和英、法、美帝国主义的利益，对内竭力保存旧的国家机器，对外继续进行帝国主义战争，企图消灭工人武装和苏维埃，建立单一的资产阶级专政的国家政权。

沙皇制度被推翻，开辟了俄国革命的新时期，但是两个政权的并存，又使新时期的形势复杂化。对两个政权并存的局面，布尔什维克党人的意见并不一致。有的主张有条件地支持临时政府和护国派的政策，有的人主张对临时政府施加压力，迫使它向其他交战国提出签订和约的建议。临时政府也竭力纠集反革命武装，妄图一举消灭工兵代表苏维埃，把政权完全据为己有。孟什维克和社会革命党人积极为临时政府辩护，用谎言欺骗人民群众，阻止革命深入发展。

在这革命的关键时刻，在国外流亡十多年的无产阶级革命导师列宁于1917年4月16日从瑞士回到了彼得格勒，数千名工人、士兵汇集在彼得格勒的芬兰车站前面的广场上欢迎他的归来。

在布尔什维克党的引导下，革命群众运动不断高涨。从5月初开始，彼得格勒接连三次爆发大规模的群众示威，使临时政府日益陷入危机之中，阶级力量的对比越来越有利于革命人民。

布尔什维克党与沙皇有哪些斗争？

1917年5月1日，俄国人民第一次公开庆祝国际劳动节。这一天布尔什维克党

主持召开群众大会，号召无产阶级加强国际主义团结、反对帝国主义战争。列宁在马尔索夫广场的群众大会上发表演说，号召工人和士兵行动起来，为结束战争，争取和平和社会主义共和国而斗争。就在这一天，临时政府外交部长米留可夫发表声明，向协约国保证承担沙皇政府过去所签订条约的一切义务。

5月4日，彼得格勒工人和士兵在全部政权归苏维埃、打倒战争、公布秘密条约的口号下举行游行示威。莫斯科、下诺夫哥罗德、哈尔科夫、叶卡德林堡等地都举行了抗议性的游行示威。为了转移群众的不满情绪，继续欺骗群众，临时政府被迫解除了米留可夫和古契可夫的职务。5月18日（俄历5月5日）成立了第一届"联合临时政府"，由10名代表资产阶级的部长和6名小资产阶级政党的代表组成，吸收社会革命党的切尔诺夫和孟什维克党的策烈铁里等人加入政府。公开投靠资产阶级的社会革命党人和孟什维克挽救了摇摇欲坠的资产阶级政府，这次事件意味着临时政府危机的开始。

6月16日（俄历6月3日），第一次全俄苏维埃代表大会召开。参加代表大会的1000名代表中，布尔什维克只占少数，为105人。尽管如此，布尔什维克代表在会上揭露了当时战争的帝国主义性质，揭穿了孟什维克和社会革命党的妥协立场，阐述了全部政权归苏维埃的必要性，并且为了配合会内斗争，决定在"全部政权归苏维埃"、"打倒十个资本家部长"、"面包、和平与自由"、"工人监督生产"等口号下于6月23日举行和平示威。

孟什维克和社会革命党害怕布尔什维克的影响会在示威中扩大，操纵大会通过禁止在以后三天内举行示威的决定，随后又自行决定于7月1日举行自己的示威游行。布尔什维克党为了教育群众，争取群众，决定不仅参加而且领导这次示威。由于布尔什维克党的积极领导和努力工作，结果7月1日举行的示威成了一次革命的示威。7月16日至18日，彼得格勒的40万群众高呼"打倒战争"、"全部政权归苏维埃"等革命口号又一次走上街头，举行示威。这次示威游行表明群众的革命情绪日益高涨，布尔什维克在群众中的威信日益提高，与此同时也表明孟什维克和社会革命党的失败，临时政府的危机进一步加深。

7月17日晨，列宁赶到了彼得格勒，那天参加示威游行的群众达到50多万人，他们要求打倒临时政府。临时政府经过一段时间的准备，已经纠集了一批反革命武装，还把哥萨克部队调到首都。这次示威游行遭到血腥镇压，共打死打伤400余人，接着，临时政府实行大逮捕，强行解除工人武装、捣毁《真理报》编辑部，下令逮捕列宁，临时政府已经走上公开反对革命、血腥镇压工人和士兵的道路。

俄国的十月革命是怎样爆发的？

1917年10月20日，列宁从芬兰秘密回到彼得格勒。10月23日（俄历10月10日）列宁主持召开党中央会议，并作了《关于目前形势》的报告，会议以压倒性多数通过了关于武装起义的决议，为了加强对起义的领导，会议决定成立以列宁为首的中央政治局。10月25日，在彼得格勒苏维埃下成立了革命军事委员会。10月29日党中央召开扩大会议，邀请彼得格勒布尔什维克参加，选出由斯大林、斯维尔德洛夫、布勃诺夫、捷尔任斯基和乌里茨基等人组成的领导机构革命军事委员会，加紧武装起义的准备工作。

11月6日晚，赤卫队和革命士兵占领了涅瓦河上的桥梁，加强了市区和工人区的联系。从波罗的海调来的水兵协同工人赤卫队和彼得格勒卫戍部队，迅速占领了电话总局、中央邮局和国家银行、库房、市发电站、桥梁和火车站，并包围了政府各部机关。至此，整个彼得格勒实际上已经处在布尔什维克控制下。临时政府依仗3000名士官的保卫，继续在冬宫负隅顽抗，但是已经处于革命武装的层层包围之中。11月7日上午，克伦斯基乘坐插上美国国旗的汽车逃出首都，企图在市郊集结一支反动军队进行反扑。7日晚9点45分，革命军事委员会命令"阿芙乐尔号"巡洋舰发出攻打冬宫的信炮。赤卫队员和革命士兵高呼"乌拉"，冲向冬宫，凌晨2点冬宫被占领，临时政府的部长全被逮捕，无产阶级的革命暴力摧毁了象征地主、资产阶级反动统治的顽固堡垒。

彼得格勒武装起义是十月革命的开端，彼得格勒武装起义的消息传到莫斯科，莫斯科布尔什维克党委员会于11月7日清晨，号召并举行武装起义，由于莫斯科军事革命委员会中孟什维克的动摇和破坏，莫斯科起义受到挫折，但是莫斯科布尔什维克党组织与反革命势力进行了顽强战斗，并得到了彼得格勒赤卫队和水兵的支援，终于在11月20日攻下克里姆林宫，取得了武装起义的胜利，彼得格勒和莫斯科武装起义的胜利给全国以极大震动。从

1917年11月7日到1917年11月底，在全俄28个省会、在国内各重要工业中心、在军队和主要战线都先后建立了苏维埃政府，苏维埃政权在全国范围内纷纷建立起来。列宁把1917年11月7日到1918年2到3月这一阶段的胜利称为苏维埃政权的"凯歌行进"。

德国的十一月革命政治倾向是什么？

第一次世界大战给德国革命创造了有利的客观条件。第一次世界大战的头两年，德国凭借它的经济军事实力，在东西两线与协约国相抗衡，但是随着战争的拖延，德国的军事实力逐渐下降，军事形势也逐渐不利起来。俄德布列斯特和约签订以后，德军并没有能够调往西线，因为德国得到的白俄罗斯、乌克兰和波罗的海沿岸地区需要大量军队驻守。到1918年下半年，军事形势发生危机，又触发了国内政治危机，因为连年战争耗尽了国内的财力、人力，经济处于崩溃边缘。1918年罢工工人达到250万，如此浩大的规模，在德国历史上是空前的。

在革命的客观条件已经具备的情况下，当时革命的主观形势也逐渐成熟。革命前德国存在着若干容克资产阶级政党，但是站在十一月革命前台的是另外三种政治势力。首先是德国社会民主党。德国社会民主党在第二国际刚成立时是欧洲最有势力、最有影响的工人阶级政党，但是在第一次世界大战爆发前，其内部的机会主义使它堕落为社会改良政党。大战一爆发，它就在国会投票赞成政府的军事拨款，公然站到"保卫祖国"的沙文主义立

场上，叛变了工人阶级的革命事业。它基本上代表了德国资产阶级的利益，因而在革命中得到容克资产阶级及其政党的支持。1918年10月帝国政府改组，邀请社会民主党参加，由于社会民主党在工人和士兵中有着广泛的影响，革命爆发以后，它基本上控制了革命的进程。

凡尔赛条约的主要内容是什么？

《凡尔赛和约》全文共200余页，440条，主要内容如下：

德国根据1870年的边界将阿尔萨斯——洛林归还法国，萨尔煤矿的开采权归法国所有，萨尔区的行政管理权由国联负责，为期15年，期满后举行公民投票，以决定归属；莱茵河东岸50公里以内的地区为非军事区，德国不得在此范围内设防，莱茵河西岸分为科隆、科布伦茨和美因茨等三个区域，分别由协约国占领5年、10年、15年。

德国承认波兰和捷克斯洛伐克独立，波兹南的全部、西普鲁士所属大部分和西里西亚的一部分交给波兰，但泽市及所属地区交"国联"管理，成为自治市，波兰有权控制但泽走廊，德国放弃默麦尔。按照这一条约，德国人口减少1/10，领土减少1/8。

德国陆军总数不得超过10万人，海军人数不超过15万人，撤销德国总参谋部，废除普遍义务兵役制，只允许拥有6艘轻型巡洋舰、6艘驱逐舰和12艘鱼雷舰，放弃所有潜水艇，禁止制造坦克、飞机、装甲车和毒气，拆除莱茵河以东50公里内的一切堡垒和工事。

和约规定德国及其同盟者要对协约国的政府和人民造成的损失负责，但是由于赔款的数字尤其是对法国和比利时的赔款数难以确定，条约规定由协约国设立的"赔款委员会"决定赔款总数，该委员会经过估定，于1921年确定赔款总数为330亿美元，其中法国占58%，英帝国占22%，意大利占10%，比利时8%。1921年该委员会还决定德国每年的赔款数为10亿英镑以及德国每年出口值的26%。如德国拖欠，协约国可以采取惩罚措施。

德国放弃"其对海外领地的一切权利和称号"，把它们交给战胜国，德国在中国山东的一切权益和胶州湾租借地转交给日本继承。

意大利法西斯政权是怎样建立的？

意大利在第一次世界大战开始后才姗姗加入协约国与同盟国作战，其目的是在战后的分赃中捞取利益，但是在1919年巴黎和会上，为了阜姆地区的归属问题，意大利与其他欧洲大国和美国发生了尖锐的矛盾，由于它本身地位的软弱，最后不得不同意英美等对意大利边界的划分，然而，这引起了意大利国内强烈的民族沙文主义情绪，巴黎和会分赃的情况传到意大利后，各阶层对会议的有关规定都感到非常愤慨，全国出现了一股所谓"爱国热"和怀念"古罗马"的思潮。1919年7月7日，居住在阜姆的少数意大利人与当地的南斯拉夫人之间爆发了流血事件。意大利知名作家邓南遮利用人们的不满情绪，组建了一支由2500名退伍军人和狂热的民族主义分子参加的所谓"义勇军"，于9月12日由他亲自率领占领了阜姆城，并宣布阜姆与意大利合并。邓南遮的行动在意大利受到热烈的欢迎，各地纷纷集会、游行，要求修订《凡尔赛和约》，这种民族沙文主义情绪成了法西斯主义在意大利产生的温床。

意大利法西斯主义的鼻祖是谁？

意大利法西斯主义的鼻祖是贝尼托·墨索里尼。墨索里尼1883年出生于一个农村铁匠家庭，早年受社会主义思想的影响，1901年在师范学校毕业后加入意大利社会党，为了谋生，墨索里尼去过瑞士、法国南部和奥地利的蒂罗尔，但是因思想激进，都从这些地区被驱逐出境。

意大利参战后，墨索里尼曾应征入伍。意大利在战争中遭受重大损失，而在巴黎和会上领土野心却没有得到满足，战后墨索里尼利用国内不少人的民族沙文主义情绪和对政府的不满，发展自己的势力。1919年3月在米兰建立了名为"战斗法西斯"的半武装组织，一方面鼓吹领土扩张，另一方面反对社会党领导的工人运动。"战斗法西斯"的活动和言论得到社会一些阶层的支持。

墨索里尼最初打出的是社会主义旗号，他希望得到工人的支持，但是，意大利工人阶级对墨索里尼其人已经有了认识，而且法西斯组织主要领导人提出的理论仅仅是各种思想的大杂烩，这个组织的纲领对工人也没有吸引力，因此，在1919年11月大选中，没有一个法西斯分子能够当选。这次失败表明，在社会主义旗号方面，墨索里尼无法与社会党抗衡。1920年5月，战斗法西斯全

国会议决定把使用暴力手段作为该组织新的行动方针，把矛头直指工人运动。1920年9月，意大利60万冶金工人举行占领工厂运动时，战斗法西斯协助政府对这场运动进行了镇压。

意大利的法西斯组织是怎样发展壮大的？

这样，法西斯组织开始引起各种反对工人运动右翼力量的重视。法西斯党员很快增加，1920年年底到1921年年底，从2万人左右发展到20多万人，在此基础上，1921年11月7日，墨索里尼在罗马举行战斗法西斯全国代表大会，正式将其更名为"意大利国家法西斯党"，将法西斯一词的意义追溯到了古罗马的"束棒"，该束棒是最高权威的象征，意味着操纵对人处以鞭笞或死刑的权力，使用该名，实为墨索里尼实行独裁统治制造历史根据。

经过一年多的准备，1922年10月24日，法西斯党在那不勒斯举行法西斯群众大会，墨索里尼在会上发表了夺取政权的演说，当时的法克塔政府并未对法西斯分子采取任何行动。27日，墨索里尼发出向罗马进军的命令，当天有3万名武装法西斯分子开始从各地向罗马挺进。法克塔政府直到10月28日上午才举行紧急会议，所采取的唯一措施是从10月28日中午起实行戒严，但是国王维克托·埃曼努埃尔三世拒绝签署戒严令。29日下午，国王的副官打电话给墨索里尼，请他立即前往罗马组织新政府。20日墨索里尼抵达罗马，当天上午进宫晋见国王，次日组建了他的第一届法西斯政府。

法西斯组织是怎样加强自己的政权的?

墨索里尼刚上台时,其他党派的势力很大,尤其是全国8000多个市镇中,约有1/4由社会党控制,墨索里尼未能立即实行法西斯独裁统治,而是组成一个多党联合政府。

在由14名阁员组成的内阁中,法西斯分子仅有4人,墨索里尼担任首相兼内政与外交大臣,但是墨索里尼组成政府后,很快采取措施,改变法西斯党在政府内外的力量对比。他于1923年1月14日建立了一支30余万人组成的法西斯民兵,取名"国家安全志愿民兵",作为实现其独裁统治的重要工具。

为了控制议会多数和削弱国王的权力,墨索里尼强迫众参两院分别于1923年7月16日和11月13日批准新选举法,该法规定,大选中获得最多数选票的党,应占有议席总数的2/3,剩下的1/3按照比例代表制进行分配。1924年4月6日,意大利按照新选举法进行大选,法西斯党用武力控制选举机构,强迫选民每3人编为一组,进行投票。法西斯党共获得65%的选票,在议会中的席位从上届的35席猛增至375席。

1925年1月3日,墨索里尼在议会发表了标志确立法西斯独裁统治的演说,他公开宣布,将在讲话后的"48小时之内,用武力使全国的局势得以澄清"。墨索里尼讲话后,法西斯白色恐怖笼罩整个意大利。仅1月3日至5日的3天之内,法西斯分子就查封了95个团体和俱乐部,解散了150个公共团体、25个所谓"颠覆性"组织和120个"自由意大利"小组,逮捕了包括意共领导人葛兰西在内的三名重要的"危险分子",查抄住宅655户。

1929～1933年经济危机是怎样产生的?

1929年年初,波兰、罗马尼亚等东南欧国家最先出现危机的迹象。9月起,作为资本主义经济晴雨表的美国股票市场出现跌风。10月23日,美国的股票市价开始急转直下,24日出现空前的抛售风,导致价格惨跌。10月29日上午10时,随着纽约证券交易所开始交易的锣声,大批股票涌入市场,大户们不计市价,盲目抛售股票,开盘半小时即达300万股,当日的交易额达1600万股,创股票交易的纪录。到11月,美国的50种主要股票的平均价格下跌了近40%,股票市场全部崩溃。

美国股票市场的崩溃,宣告了资本主义世界经济危机的到来,危机很快从美国蔓延到欧洲,袭击了几乎所有的资本主义国家,震撼了整个资本主义体系,使整个资本主义世界遭受2500亿美元的损失,比第一次世界大战的1700亿美元的损失还多。历史上,1873～1878年,1893～1897年,1918～1919年,资本主义世界曾爆发过几次世界性的危机,但是1929～1933年的经济危机是最深刻、最持久的。

整个资本主义世界的工业产值下降了44%以上,生产资料生产大大缩减,减少1倍多,而消费资料生产才缩减1/4,其中煤产量减少30.6%,生铁减少64.8%,钢产量减少62.4%。重要工业部门的生产设备有1/3至1/2陷于停顿。

1932年的工业产值与1929年相比,德国为59.8%,英国为80%,法国为69.1%,

意大利为66.8%。危机使资本主义各国的生产倒退了几十年，只相当于20世纪初，甚至19世纪末的水平。这次危机也波及农业，使大量农产品"过剩"，价格下跌，农民破产。工业对农业原料的需求和居民对食品购买力的降低，加深了农业危机；危机使贸易受到沉重打击，价格下跌，世界市场的橡胶价格在危机期间比1925～1929年的平均价格下降93%，主要资本主义国家的进口贸易倒退了30～40年；危机使资本主义国家的证券交易所大批破产，股票价格暴跌，银行倒闭，金融陷于混乱状态。

在生产大幅度下降同时，出现大批企业倒闭，失业人数激增，危机期间，失业总人数达5000万人，各国失业率达30%～50%。

经济危机对欧洲经济产生了哪些影响？

危机从1929年秋开始，直到1932年才基本上渡过最低点。然后又经过两三年时间生产才恢复到危机前的水平，导致这次危机的延长，一方面是由于资本主义的总危机，另一方面是由于垄断组织力图制止商品价格下降造成的影响，在达到危机最低点以前生产下降期的冗长以及资产阶级企图依靠国家措施来克服危机造成的。

1929～1933年的经济危机造成了严重的后果，产生了深远的影响，激化了资本主义的各种矛盾。资本主义世界展开了激烈的贸易战、关税战与货币战。自美国1930年6月首先宣布提高关税率，限制外国商品进口后，法意等也相继制订新的关税法。1932年2月，一向奉行"自

由贸易"的英国也宣布实行"紧急关税法"。1931年6月到1932年4月，共有76个国家提高了关税率，实行限额进口制度和直接禁止进口。为了争夺海外市场，各国展开货币战，英国1931年放弃金本位，美国于1933年春放弃金本位，以贬低本国货币对外币的比价，向国外倾销商品。危机期间，英法为争夺世界市场还把自己的殖民地和势力范围组成排外性的经济集团。1932年7月，英国举行渥太华会议，在英帝国内部实行特惠制，组成"英镑集团"；法国则拉拢比利时、瑞士和荷兰等组成"金本位集团"。1933年6月，67个资本主义国家在伦敦举行"国际经济金融会议"，由于帝国主义国家采取损人利己的政策，互相转嫁危机，会议终于在毫无结果的情况下收场。

希特勒是怎样开辟法西斯道路的？

希特勒生于奥地利边镇布劳瑙，父亲为奥德边界的小税吏。第一次世界大战爆发时，希特勒在慕尼黑自愿加入巴伐利亚预备步兵第十六团服兵役，获得过十字奖章，战后加入了由慕尼黑工人德莱塞纳创建的德国工人党的组织，逐渐把一些与他志趣相投的人物，如赫尔曼·戈林和约瑟夫·戈培尔等网罗到自己身边。后来，希特勒又利用战后人们的普遍不满，把德国工人党改称为民族社会主义德国工人党，即纳粹党。

1920年，希特勒抛出纳粹党的《二十五点纲要》，针对德国战败受辱的处境，大力鼓吹民族主义，主张废除"凡尔赛和约"，建立强大的中央集权的国家，要求所有日耳曼人在一个大德意志的

国家统一起来。

1923年法国占领鲁尔，造成德国通货膨胀。经济方面的灾难和社会的分化给希特勒一线希望。1923年11月18日，希特勒带领一批冲锋队员占领了慕尼黑的一家啤酒店，企图胁迫正在啤酒店的巴伐利亚长官同他们一起叛乱，但是未成功，希特勒被判5年徒刑，在狱内，他炮制了《我的奋斗》的第一部《清算》，进一步补充和发展了他的法西斯主义理论。

接着，1929年世界性经济危机沉重打击了德国，德国共产党领导的工人运动不断发展。在德国各种社会和阶级矛盾日益尖锐化的情况下，希特勒及其纳粹党狂热的法西斯主义和民族复仇主义引起了垄断资本家巨头的重视，他们企图依赖希特勒的纳粹势力来挽救危机。这样，法西斯主义和垄断资本相结合，为希特勒的上台开辟了道路。

希特勒是如何重组纳粹党的？

希特勒的纳粹党重新组建以后，组织比较严密，纲领也十分明确，以夺取政权为目标。这时的希特勒及其党徒从以前政变失败中得出一个结论，即不能通过直接的政变夺取统治者们的权力，相反，只有通过与他们合作才能夺取政权。

因此，纳粹党改变了手法，一方面继续加强其武装力量，另一方面企图通过选举来达到夺取政权的目的，于是，纳粹党在全国大张旗鼓地展开了蛊惑宣传，煽动民族沙文主义情绪，结果在1930年9月的议会选举中，希特勒的纳粹党取得了重大胜利，得到640万张选票，以戈林为首的107名法西斯分子当选为国会议员；共产党在选举中也获得459万张选票，比上次多得140万张。这次选举表明，一方面进步力量已经在共产党的周围团结了起来，另一方面法西斯党也聚集了相当大的一批力量。

1932年春，德国举行总统选举。兴登堡再次被提名为候选人。社会民主党支持兴登堡为候选人，声称这样可以将国家从法西斯手中拯救出来，它的口号是"取小害，避大祸"。纳粹党提名希特勒为候选人，共产党的候选人是恩斯特·台尔曼，共产党提出的口号是："谁选举兴登堡，就是选举希特勒；谁选举希特勒就是选举战争。"这次选举的结果，是兴登堡当选了。

1932年11月，德国又举行新一轮国会选举，选举结果表明，共产党的威信进一步提高了，获得大约600万张选票。共产党人和社会民主党人在国会中共获得221席，而纳粹党失去了200万选票，议席从230席减至196席。纳粹党在不少地方自治机关选举中也遭到败绩。这一情况使纳粹党人十分担心，垄断寡头也很恐慌，生怕共产党得势。这次选举以后，一批工业家和银行家向兴登堡提出请愿书，要求任命希特勒为内阁总理，建立法西斯专政。兴登堡在1932年11月17日任命施莱彻尔将军为总理替代巴本，企图以此来挽救局面，但是没有起到什么作用。1933年1月4日，在科隆银行家施罗德宅邸中，垄断资本家费格勒尔、基尔道夫、蒂森以及施罗德与前总理巴本、希特勒会晤，即所谓"科隆密谈"。在垄断资本家的调停下，巴本与希特勒达成了默契，希特勒答应加入联合政府，而巴本则同意由希特勒组阁。这样，垄断资本寡头最终决定把政权交给纳粹党。

1933年1月30日，总统兴登堡任命希特勒为总理，巴本为副总理，于是，资产阶级最反动政党的统治即法西斯统治公开建立了起来，法西斯上台就意味着战争，在这个意义上欧洲战争策源地初步形成了。1934年8月，兴登堡去世，希特勒宣布取消总统称号，改为国家元首，自任国家元首兼总理，这样，希特勒终于全部控制了德国的最高权力。

"国会纵火案"是怎么回事？

纳粹党取得政权后，很快就解散了国会，决定在1933年3月举行新国会选举。但是纳粹党对自己在国会中能否获得多数并没有把握，因此希特勒就任内阁总理后不久就提出要打击共产党，于是在国会选举以前，纳粹分子便策划了"国会纵火案"。

1933年2月27日，纳粹党冲锋队队员通过连接当时戈林任议长的德国国会议长府和对面国会大厦的地下暖气管道进入国会大厦纵火，引起国会大厦火灾，希特勒赶到现场后立即声称这是共产党的罪行。案发次日，根据希特勒政权的建议，兴登堡颁布了所谓"保护人民和国家治安法令"，声称为了"防止共产党危害国家的暴力行为"，暂停执行宪法中有关保障个人和公民自由的7项条款。根据该治安法令，所谓叛国罪和纵火罪将被判处死刑，宪法中所规定的言论自由、新闻自由、集会自由、禁止侵犯民宅等一些公民的基本权利一律无效，根据这项法令，法西斯分子可以肆无忌惮地大批逮捕反法西斯主义人士，当时就有一万多人被捕入狱。3月3

日，德国共产党领袖台尔曼被捕，他被囚禁在监狱直至1944年被处死。

纳粹党是怎样确立自己的政权的？

1933年3月5日，德国举行国会选举。共产党在选举中仍然得票500万张，社会民主党获得700万张。纳粹党得票1700万张，占全部选票的43.7%，在国会中并没有获得绝对多数。于是希特勒政府于3月14日宣布共产党为非法，81名共产党议员当选无效，借此纳粹党才获得所期望的多数。

3月21日，第三帝国的第一届国会开幕，希特勒在国会会议中提出了所谓"授权法"，即"消除人民和国家痛苦法"，它规定将德国的立法、财政、对外政策以及宪法修改权力从国会交给希特勒内阁，这样国会就成了空架子。在法西斯分子的高压之下，"授权法"获得通过，它标志着法西斯统治的空前加强。随后希特勒下令解散各级政府，将各州警察置于纳粹党人的监督之下，接着干脆解散了所有的州议会。1933年5月2日，纳粹分子摧毁了德国工会，以所谓"德国劳动阵线"代替它，工人阶级100年来通过斗争所取得的权利和享有的自由，被纳粹分子在100天内全部取消了。6月22日，社会民主党被取缔，其他资产阶级政党则未等到勒令取缔就自行解散。1933年12月1日颁布"保障党和国家的统一法案"，最终宣布纳粹党是德国唯一政党，纳粹党党徽、党旗成为国徽、国旗。

经济危机对波兰有哪些影响？

一战后的波兰笼罩着严重的经济危

机。过去俄属波兰各地区的纺织工业几乎都停工了。还在1919年年初，波兰失业的工人就达40万，1920年春季同1913年比较，生铁的月产量只有10.2%，在业工人的工资大为减少，劳动条件不断恶化。

1924年起资本主义各国相继进入相对稳定时期。但是由于波兰政府执行反苏政策，波兰的工业特别是冶金业失去了苏俄这个传统市场，又由于波兰工业技术条件的落后、波兰的工业品在国际市场上远不能和德、美、法竞争，而波兰国内市场因人民的贫困而非常狭小，因此，波兰的工业生产指数没有达到1913年的水平。到1925年，波兰的经济状况更加恶化，引起广大群众的极大不满，工人举行多次罢工，农民中的不满情绪也日益增长，一度退休的毕苏斯基乘机组织力量，在1926年5月通过政变推翻政敌维托斯政府，迫使总统沃伊米霍夫斯基辞职，从而夺取了国家政权。

在对外政策方面，波兰政府极端仇视苏联。当英国和法国积极组织反苏活动时，波兰站在英法一边。1933年希特勒上台后，波兰又在政治上和外交上支持法西斯德国。1934年1月，波兰同法国签订为期10年的互不侵犯条约，希特勒在吞并了捷克斯洛伐克以后积极准备进攻波兰，然而，波兰政府仍执迷不悟，拒绝与苏联缔结互相协定，这成为促使1939年苏、英、法之间谈判失败的重要因素。

一战后捷克斯洛伐克的经济状况如何？

在第一次世界大战期间，捷克和斯洛伐克人民对奥匈帝国统治者进行了坚决的反抗，与此同时，捷克资产阶级代表人物马萨里克和贝奈斯等人也积极为建立独立的捷克斯洛伐克国家而活动，并取得捷克复国运动的领导权。1918年秋，在群众斗争的猛烈冲击下，哈布斯堡王朝在捷克的统治崩溃，政权落到了设立在布拉格的以国家民主党首领克拉马什为首的民族委员会手中。10月30日，斯洛伐克民族委员会通过决议与捷克合并。

捷克斯洛伐克的经济在20年代资本主义相对稳定时期获得了很大发展。到1925年底，捷的工业总产量就接近战前的水平，此后除1926年外，工业产量均超过战前水平。与主要资本主义国家的情况一样，大工业资本和大金融资本在捷经济中占主要地位。从1924年到1930年拔佳康采恩每年靴鞋的产量从300万双增加到2250万双，靴鞋的出口量占世界第一位。金融资本的中心是七、八家大银行，在东欧各国中，捷是向外输出资本的唯一国家。1929年它完成土地改革，虽然没有彻底消灭大地主的土地所有制，但是毕竟使50万农户分得了土地，结果，全国耕地面积特别是经济作物的播种面积扩大了，单位面积产量提高，畜产品产量也大大地增加了。

经济危机对匈牙利有哪些影响？

在资本主义相对稳定时期，匈牙利的经济得到一定程度的恢复和发展。在1927年至1928年间，匈牙利的工业生产不仅达到而且超过了战前的水平，匈牙利经济之所以能够得到暂时的稳定，主要是因为对劳动群众的剥削和举借奴役性的外债。1923年，匈牙利向国联赔款委员会请求救济。1924年年初，国际联盟答应借给匈牙利约5000万美元来改善财政，条件是匈牙利的财政由国联管理。

匈牙利对外国资本的依赖必然要使自己的经济对此付出代价。1929年爆发的世界性经济危机很快就蔓延到匈牙利，在危机期间，匈牙利的工业生产和危机前的水平相比降低1/3以上。工业生产总值在1927年是27.844亿克朗，而在1933年则下降到17.634亿克朗。受危机打击最大的工业部门是化学工业和纺织工业，农业也爆发了危机，农业生产急剧下降，在1930～1932年间，小麦产量减少了550万公担。

经济危机给匈牙利工农群众带来沉重的负担，失业人数大为增加。为了维护自己的切身利益，工人们举行了一系列的罢工和示威游行，其中最大一次是1930年8月1日失业工人在布达佩斯举行的示威活动，参加者达10万之众。在国内经济、政治和社会的强大压力之下，贝特兰政府被迫下台，1931年8月由卡罗利伯爵组阁。但是卡罗利政府对危机仍然束手无策。1932年9月，政权交到了贡伯什手中。

南斯拉夫在一战期间发生了哪些战争？

南斯拉夫是第一次世界大战结束之际在欧洲出现的一个新国家。一战爆发前夕，在原南斯拉夫的领土上只有两个独立国家，即塞尔维亚和门的内哥罗，其余地区为斯洛文尼亚、克罗地亚、达尔马提亚、波斯尼亚和黑塞哥维那等均在奥匈帝国的统治之下。一战期间，塞尔维亚为德奥军队占领，但是南斯拉夫各族人民却一直进行着争取本民族独立的斗争，在这一过程中，在国外逐渐出现了南斯拉夫人组成的民族主义组织，其中最大的一个是在伦敦成立的以克罗地亚政治家安东·科鲁姆比奇为首的南斯拉夫联合委员会。1917年7月20日，在协约国的支持下，塞尔维亚首相兼外交大臣尼古拉·帕西奇和安东·特鲁姆比奇在希腊的科孚岛联名发表宣言，呼吁奥匈帝国统治下的南斯拉夫各民族与塞尔维亚合并，并拥戴塞尔维亚国王彼得为新国家的国王。

俄国十月革命鼓舞了争取本民族独立自由的南斯拉夫人。1918年秋，当奥匈帝国日趋崩溃的时候，南斯拉夫人民的独立运动声势更加浩大，武装的农民开始用革命手段解决土地问题。人民群众运动使克罗地亚和斯洛文尼亚的资产阶级甚为恐惧，他们本想各自建立自己的国家，现慑于人民群众运动的发展，决定请求塞尔维亚军队和协约国部队来粉碎克罗地亚和斯洛文尼亚的革命运动。在帕德高立查成立的门的内哥罗国民大会也在1918年11月26日宣布同塞尔维亚合并，与此同时废黜不赞成合并的尼古拉斯国王。1918年12月4日，塞尔维亚国王之子、摄政王亚历山大以国王的名义颁布诏书，宣布成立塞尔维亚——克罗地亚——斯洛文尼亚王国（1929年起改称南斯拉夫）。

大塞尔维亚主义者帕西奇政府是怎样成立的？

1918年12月20日，塞尔维亚——克罗地亚——斯洛文尼亚王国成立了以大塞尔维亚主义者帕西奇为首的政府，实行各种民主改革。但是在实行改革的过程中，政府极力维护各民族地区塞尔维亚人的利

益，引起其他各民族人民的不满。以斯切潘·拉迪奇为领袖的克罗地亚农民党认为克罗地亚比塞尔维亚经济发达，文化程度也较高，不愿受塞尔维亚统治，提出克罗地亚独立的要求，但是遭到政府的镇压。1919年8月2日，不得人心的帕西奇政府被迫辞职，接替他的是塞尔维亚民主党人达维多维奇。

1921年6月28日，这一天是圣维德节（1389年在科索沃原野同土耳其会战的纪念日），王国立宪会修改通过了维德宪法。该宪法在形式上赋予全体公民以政治权利和自由，并实行全民初等义务教育制。年满21岁的男子有选举权，30岁以上的男子有被选举权。宪法规定实行中央集权制。宪法宣布塞尔维亚——克罗地亚——斯洛文尼亚王国为君主国，设立一院制议会，议员任期4年。宪法规定国王拥有极大的权力，他统率武装力量，有权任免首相。宪法使全部国家权力都集中在塞尔维亚大资产阶级手中，这就使国内的民族矛盾更加尖锐化。

罗马尼亚具有什么样的社会特征?

第一次世界大战期间，罗马尼亚站在协约国一边对德奥同盟国作战。战后，根据1919年9月的《圣日耳曼和约》，罗马尼亚获得了布科维纳；根据1919年11月的《纳伊和约》，1913年布加勒斯特条约关于南多布罗加并入罗马尼亚的条款得到确认；根据1920年6月的《特里亚农和约》，罗马尼亚又获得德兰西瓦尼亚和东巴纳特。这样，罗马尼亚的面积就从13.7908万平方公里增加到31.6132万平方公里，人口也由770万人增加到1750万人。

从1923年起，罗马尼亚进入相对局部稳定时期，在这个时期内，大型加工工业企业总数比1921年增加了1000家，即达到3871家。有些工业部门不仅恢复而且超过了战前的生产水平，1928年石油的开采量比战前增加一倍，但是，罗马尼亚经济的基础是脆弱的，因为这种经济发展在很大程度上是依靠举借条件苛刻的外债而获得的。例如，罗马尼亚仅仅欠美国一国的外债就达3610万美元，而石油工业几乎全部为外国资本所有。

30年代罗马尼亚政治生活加速法西斯化。法西斯分子组织许多法西斯团体，其中最大的是铁卫团，它公开进行恐怖活动或者暗中杀害工人阶级活动家和进步人士，它的活动得到纳粹德国的支持，例如以柯德列亚鲁为首的铁卫团就得到德国大量的金钱资助。罗马尼亚政府除了极端仇视苏联之外，也极力设法和德国接近。不仅国家自由党走上了亲德的道路，就是国家农民党也放弃了依靠英法的方针转而向德国靠拢，而德国则利用增进贸易关系和扩大投资的办法从经济上控制罗马尼亚。1937年，德国在罗马尼亚的进出口中都占第一位。《慕尼黑协定》签订以后，希特勒德国在东部各国的势力得到恶性膨胀。1939年3月23日，德国迫使罗马尼亚国王卡罗尔签订德罗经济关系条约，该条约规定，整个罗马尼亚的经济必须根据德国的需要加以改造，罗马尼亚沦为德国的农业附庸。

第二次世界大战爆发的根本原因是什么?

第一次世界大战结束后，帝国主

义时代所固有的各种基本矛盾一个也未解决，而又增加了战胜国与战败国的矛盾以及帝国主义战胜国之间的矛盾，随着帝国主义国家间经济、政治和军事发展不平衡的加剧，军事实力发展较快的德、意、日三国要求重新划分世界势力范围，使帝国主义之间的矛盾进一步尖锐起来。经济上，一战后德国不甘心《凡尔赛条约》对其的严惩和限制，由于希特勒的政府干预经济政策，经济再度超过了英法；意大利在一战后经济衰落；日本侵略亚洲国家的同时，美英等国禁止向日本输送石油战略物资，导致日本经济发展受到阻碍。政治上，1929—1933年资本主义世界严重的经济危机引起了政治危机，德国和日本建立了法西斯专政，而英、法、美继续坚持资产阶级民主制度。这是世界大战爆发的根本原因。

二战的两大阵营的主要成员国分别是哪些？

轴心国阵营：德国、日本、意大利。仆从国：斯洛伐克、匈牙利、保加利亚、罗马尼亚、芬兰、克罗地亚、伪满洲国、伪"蒙疆联合自治政府"、维希法国、泰国、自由印度临时政府、汪精卫伪国民政府、冀东防共自治政府。

同盟国阵营：中华民国、苏联、美国、英国、澳大利亚、比利时、加拿大、哥斯达黎加、古巴、多米尼加共和国、萨尔瓦多、希腊、危地马拉、海地、洪都拉斯、卢森堡、荷兰、新西兰、尼加拉瓜、挪威、巴拿马、波兰、南非联邦、南斯拉夫、墨西哥、缅甸、菲律宾、阿比西尼亚（即今埃塞俄比亚）、伊拉克、巴西、玻利维亚、

伊朗、哥伦比亚、利比里亚、法国（1940年6月法国沦亡后称自由法国）、厄瓜多尔、秘鲁、智利、巴拉圭、委内瑞拉、乌拉圭、土耳其、埃及、沙特阿拉伯、叙利亚、黎巴嫩、捷克斯洛伐克。

第二次世界大战爆发的导火索是什么？

第二次世界大战爆发的导火索是德国闪击波兰，英法对德宣战。1939年9月1日德国入侵波兰，此前，8月23日《苏德互不侵犯条约》的签署，使得希特勒得以放手入侵波兰。在这份条约的秘密备忘录中，双方约定沿维斯瓦河、纳列夫河和桑河一线瓜分波兰。除此之外，芬兰、波罗的海沿岸的几个共和国以及罗马尼亚也进入了苏联的势力范围。

德国和波兰政治上的交锋在1939年春天就开始了，那是因为德国要求波兰将分割东普鲁士与德国其余领土的丹齐克走廊拱手相让。为制造借口挑起战端，德国特种部门组织特工乔装波兰军，对西里西亚地区戈列维茨市的电台发动了进攻。英国和法国承诺保证维护波兰的主权完整，并于1939年9月3日对德宣战。

德国和苏联的战争经过是什么？

苏联人民与纳粹德国及其仆从国家进行的战争。又称苏联卫国战争。法西斯德国侵苏蓄谋已久，在占领北欧和西欧大陆后，于1940年底制定了代号为"巴巴罗萨"的对苏作战计划。1941年6月22日凌晨，德国撕毁《苏德互不侵犯条约》，纠集芬兰、匈牙利和罗马尼亚等国，出动550万兵力、近5000架飞机和4000多辆坦

克,分兵三路突然向苏联发起全线进攻,企图在三个月内征服苏联。苏德战争爆发。苏联人民在以斯大林为首的党和政府的领导下奋起反击,开始了卫国战争。在战争初期,苏联处于防御阶段,因对德国的突然袭击准备不足,作战严重失利,损失惨重。至7月中旬,苏军28个师被击溃,70个师人员、武器损失过半。德军进攻凶猛,进展顺利,深入苏联腹地300—600公里,占领了立陶宛、拉脱维亚、乌克兰、白俄罗斯等广大地域。9月,德军在南路占领基辅,在北路包围列宁格勒,在中路进攻莫斯科。苏军在1941年9月—1942年1月的莫斯科会战中展开积极防御,获胜,粉碎德军"闪击战"计划。德军虽仍处于战略优势,但已无力发动全线进攻,遂调集兵力于南线。1942年7月—1943年2月,双方展开斯大林格勒战役。此役苏军歼敌150万,开始转入战略反攻阶段,从根本上扭转了苏德战争和第二次世界大战的战局。此时,苏联战时军事工业已得到迅速恢复和发展,武装力量大大增强。1943年7月希特勒企图制造一个"德国的斯大林格勒"以挽回败局,投入90万兵力,进攻库尔斯克,结果又遭惨败,损兵50余万。此后,苏军完全掌握了战场的主动权,展开全面反攻,解放斯摩棱斯克、顿巴斯、基辅等地,至1943年年底收复被占领土2/3。1944年,苏军连续进行对德军的十次打击,将德军全部逐出国土并进入东南欧作战,与当地人民的武装斗争配合,推翻了各国的法西斯政权,肃清其境内的德国军队。1945年初,苏军全线展开强大攻势,攻占东普鲁士和西里西亚,逼近德国首都柏林。4月16日苏军发起最后冲击,于5月2日攻克柏林。5月8日德国投降,苏德战争结束。

波兰战役的打响意味着什么?

1939年9月1日凌晨,波兰战役爆发,德国军队利用夜幕的掩护,在2000多架飞机的波兰战役支援下,对波兰发动突然袭击,波德战争和中国抗日战争的打响,意味着一场世界性的战争——第二次世界大战的全面爆发。当航空兵和装甲部队结合起来时,全世界第一次领教了"闪击战"的威力。9月3日,英国和法国对德国宣战,虽然英国和法国之前已经保证会确保波兰的安全,但是波兰军队的奋力抵抗并没有得到英法两国任何有效的军事支持,最终波兰的军队还是被装备精良、战术强大并数倍于己的德军击败。9月6日,波兰政府逃离华沙,9月17日,华沙保卫战开始,几乎在同一天,苏联红军收复了波兰于1921年侵占的寇松线以西的西乌克兰与西白俄罗斯。9月27日,德军占领华沙。波兰再一次遭到瓜分,波兰在复国20年后,又一次消失了。

与此同时西线的法德边界却毫无动静,英法等国违背了自己许下的"如果德意志帝国胆敢入侵波兰,英法联军将直捣鲁尔谷地"的诺言,屯重兵却躲在钢筋水泥的工事后面,眼睁睁地看着一个堂·吉诃德式的小国抵抗着强大邻国的侵略,取而代之的只是在外交上的谴责而已。从1939年9月1日战争爆发开始,直到1940年5月10日,德意志帝国才和英法爆发正式冲突,这段和平的时期被德国人叫作"静坐战"(绥靖政策),西方则称为"假战"。

敦刻尔克大撤退的影响是什么？

1940年5月10日，德军决定采用改良过的施里芬计划分为A、B、C三个集团军绕过马奇诺防线侵略了比利时、荷兰和卢森堡和法国。5月13日德军A集团军按曼施坦因意图通过法国防守力量薄弱的阿登地区进入法国，盟军在阿登山地因为德军的奇袭完全无法组织有效的抵抗。德国坦克师强渡马斯河，5月13日攻陷了法国南部战略要地色当，而同时德军B集团军在空降兵配合下入侵荷兰、比利时，来吸引跟牵制位于比利时平原一带的英法盟军主力部队，使A集团军得以更加顺利的从法国北部附近通过英法联军主力部队之侧翼，来构成曼斯坦计划中的大包围。到5月19日德军装甲师已经抵达离英吉利海峡只有50英里处。5月24日，德军装甲部队已经逼近法国的北部港口敦刻尔克，但却在这时接到停止前进的命令，这个命令被证明是致命的失误，被包围的盟军开始执行"发电机计划"，即敦刻尔克大撤退。850艘各种类型、动力引擎、大小的船只舰队大量跨海集中到敦刻尔克，5月27日开始撤走了第一批士兵，到6月4日时已经有超过33万人成功逃脱，其中23万是英国远征军。这次的撤退虽为英国避免了全军覆没的悲剧，但也丧失了大量的物资和武器装备，士气亦一度低落。

德国为什么发动不列颠空战？

占领法国后德国空军就在法国北部集中，准备着登陆英国（海狮计划）。德国决定首先进行空战消灭英国皇家空军，这就是不列颠战役。但事实上很多人认为登陆战根本就不切实际，因为即使德国空军能够将皇家空军赶出南英格兰，剩余的英国空中力量仍有可能在英格兰中北部对德国登陆造成威胁，德国的登陆部队很有可能被英国海空力量切断，然后逐个消灭。

但是德国人似乎没有意识到这点，他们在8月5日发动了"鹰计划"，即对英国的大规模空中打击，从而为陆军登陆扫除障碍。在战役的高峰，8月24日到9月6日德军每天平均出动1000多架飞机，凭借着数量上的优势与已经十分疲劳的皇家空军飞行员作战，虽然英国拥有先进的雷达技术，他们还是损失了四分之一的空军飞行员。

斯大林格勒保卫战标志着什么？

斯大林格勒会战，又称斯大林格勒保卫战，是二战中前苏联卫国战争的主要转折点，是第二次世界大战的转折点，也是人类历史上最为血腥和规模最大的战役之一。战役包括下述部分：1942年5月德军横扫苏联西南地区，逼近斯大林格勒；德国空军对苏联南部城市斯大林格勒的大规模轰炸行动；德军攻入市区；市区巷战；苏联红军反击；最终合围全歼轴心国部队。轴心国一方在这场战役中损失了其在东线战场四分之一的兵力，并从此一蹶不振直至最终溃败。对苏联一方而言，这场战役的胜利标志着收复沦陷领土的开始，最终迎来1945年5月对纳粹德国的最后胜利。

举世瞩目的斯大林格勒战役是第二次世界大战中规模空前的一次会战，这次战役历时160天左右，苏德双方投入战斗的兵力达200万以上，战役以德军的彻底失败而告终。斯大林格勒（现名伏尔加格

勒）位于伏尔加河下游、顿河大弯曲部以东约60公里处，是苏联欧洲部分的东南地区政治、经济和文化中心以及水陆交通枢纽，也是重要的军事工业基地和石油转运站。

斯大林格勒保卫战的战况如何？

1942年7月17日，德军在顿河河曲发动攻势，伟大的斯大林格勒保卫战开始了。德军发起连续性的猛攻，力图突破顿河防线，而苏军进行了顽强的反击。8月23日，德军付出惨重代价后才突破顿河防线，渡过顿河河曲，开始直接攻击斯大林格勒，在这紧急关头，苏联最高统帅部命令该城守军采取一切措施守住阵地，消灭逼近伏尔加河的敌人。

在苏联军民的英勇狙击下，德军的锐气受到严重挫伤，到9月13日，德军才攻入斯大林格勒市，双方开始了更为激烈的城区争夺战。德军为了侵占这座名城，又从高加索调来大量军队、飞机进行强攻和轮番轰炸，然而，英勇的苏联军民，用自己的生命和鲜血保卫着祖国的每一寸土地。在近两个月的斯大林格勒争夺战中，苏军击退德军700多次冲锋，使德军始终无法攻占全城。

战争进行到11月中旬，德军陷入了进退两难的困境。苏军的积极防御战术，再次粉碎了希特勒的侵略计划，并为苏军全面反攻赢得了时间。由于德军伤亡过重，苏军在兵力和武器装备上开始超过德军，在这种形势下，苏联最高统帅部决定组织力量进行反攻。1942年11月19日拂晓，苏军开始大反攻，向德军阵地发起攻击。22日夜间，苏军强渡顿河成功，23日，几支苏军在卡拉奇会师，形成了对斯大林格勒城下德军第六集团军的包围。

为什么说斯大林格勒保卫战是二战的转折点？

1943年1月10日，苏军以50门大炮向包围圈内的敌人猛轰，德军开始全线崩溃。苏军指挥部命令被围德军投降，但遭拒绝，1月22日，苏军再次发动全线进攻，德军第六集团司令鲍卢斯在弹尽粮绝的困境下，请求希特勒投降，未获同意。希特勒为给鲍卢斯打气，于30日下令授予鲍卢斯元帅军衔，给第六集团军的117名军官以各晋升一级等奖励，但是，无论希特勒怎样封官晋爵，也无法挽救德军的败局，2月2日，苏军生俘德军9万人以上，被围的33万德军全部歼灭，震撼世界的斯大林格勒战役至此结束。德军在会战中伤亡约150万人，占其在苏德战场作战总兵力的1/4。苏军在斯大林格勒的胜利，对苏德战场，乃至对整个第二次世界大战进程产生了巨大影响。斯大林格勒战役是苏德战场的根本转折点，也是第二次世界大战的一个具有决定性意义的转折点。

日本为什么要偷袭珍珠港？

偷袭珍珠港是指由日本政府策划的一起偷袭美国军事基地的事件；1941年12月7日清晨，日本海军的航空母舰舰载飞机和微型潜艇突然袭击美国海军太平洋舰队在夏威夷基地珍珠港以及美国陆军和海军在欧胡岛上的飞机场的事件。太平洋战争由此爆发。这次袭击最终将美国卷入第二次世界大战，它是继19世纪中墨西哥战争后第一次另一个国家对美国领土的攻击。

中途岛战役是怎样打响的？

日本在珊瑚海海战之后的仅仅一个月就已经把中途岛拟定为下一个攻击目标。这不仅能报美国空军空袭东京的一箭之仇，还能敞开夏威夷群岛的大门，防止美军从夏威夷方面出动并攻击日本。日本海军想借此机会将美国太平洋舰队残余的军舰引到中途岛一举歼灭，为达到该目的，日本海军几乎倾巢而出，投入大半兵力，舰队规模甚至超越后来史上最大海战莱特湾海战时的联合舰队。是日本海军在二战中最大的战略进攻，然而由于珊瑚海海战的牵制，使联合舰队少派遣两艘航空母舰——即受伤的"祥鹤"、"瑞鹤"号，对作战造成极严重的影响。

诺曼底登陆对二战的胜利起到哪些作用？

诺曼底登陆战役，是20世纪最大的登陆战役，也是战争史上最有影响的登陆战役之一。盟军先后调集了36个师，总兵力达288万人，其中陆军有153万人，相当于20世纪末美国的全部军队。从1944年6月6日至7月初，美国、英国、加拿大的百万军队，17万辆车辆，60万吨各类补给品，成功地渡过了英吉利海峡。到7月24日，战争双方约有24万人被歼灭，其中盟军伤亡12.2万人，德军伤亡和被俘11.4万人。至8月底，盟军一共消灭或重创德军40个师，德军的3名元帅和1名集团军司令先后被撤职或离职，击毙和俘虏德军集团军司令、军长、师长等高级将领20人，缴获和摧毁德军的各种火炮3000多门，摧毁战车1000多辆。德军损失飞机3500架，坦克1.3万辆，各种车辆2万辆，人员40万。诺曼

底登陆成功，美英军队重返欧洲大陆，使第二次世界大战的战略态势发生了根本性变化。

西西里岛战役起到了什么作用？

1943年7月9日深夜，盟军以空降登陆开始了西西里战役。由于希特勒在判断盟军登陆地点时严重错误，德军装甲师的反击被盟军粉碎，意军几乎未加抵抗便仓皇撤退，海岸防线很快被摧毁。8月17日上午，美军部队和英军部队先后进入墨西拿，占领全岛，西西里岛登陆战役宣告结束。西西里岛战役是盟军自第二次世界大战爆发以来在敌领土上实施的一次重要战役，盟军不仅在军事上获取了直接进攻意大利的跳板，而且在政治上强烈震撼了已经动摇的意大利政府，导致墨索里尼垮台和意大利投降，为盟军打开从南部登陆欧洲的大门。

墨索里尼是怎样垮台的？

连年的战争使意大利经济濒于崩溃，国家预算赤字高达870亿里拉，收入只及支出的360%。全国各地食品匮乏，黑市猖獗，民不聊生，军队也处于"崩溃状态"，兵员严重缺乏，士气低落。斯大林格勒惨败后，希特勒以东线局势紧张为由，拒绝给墨索里尼提供新的援助，并强迫墨索里尼继续征兵充当炮灰。

在此情况下，意统治集团决定抛弃墨索里尼以摆脱危机1943年7月24日夜，法西斯最高委员会通过决议，恢复君主立宪，把军队指挥权交还国王，翌日夜晚，国王埃曼努尔三世召见墨索里尼，令他辞职，同时任命巴多格里奥陆军元帅为总

理，组成了一个无党派政府，并向全世界宣布了这个消息，两天之后，墨索里尼被押到蓬察岛，后又被送往马达累纳岛。7月28日巴多格里奥宣布解散法西斯党，结束了持续21年的法西斯统治。为避免希特勒报复，巴表面宣布继续同德国一起作战，暗中却派特使与盟国密谈，表示愿意反戈一击。8月中旬，英国首相丘吉尔和美国总统罗斯福在加拿大魁北克举行会谈，商定意的停战条件，授权盟军司令艾森豪威尔受降。9月3日，意、美双方代表在西西里岛锡腊库扎附近的橄榄林中签订了停战协定，规定意军立即停止军事行动，海、空军撤往盟军指定地点，并立即撤回在国外各战场作战的军队，盟军有权使用意的各个机场和军事基地。

柏林——罗马轴心解体的标志是什么？

墨索里尼垮台后，希特勒担心意投降盟国和盟军在意南部登陆，于是，以减轻意北部防务为借口，派遣隆美尔元帅率8个师的德军越过边境占据阿尔卑斯山各山口，并在意北部建立比萨——里米尼防线，以支援驻守在该防线以南意本土上的另8个师德军。签定停战协议当天凌晨，英军第八军团强渡墨西拿海峡，在亚平宁半岛登陆，向意南部快速推进。9月8日，艾森豪威尔和巴多格里奥分别广播了停战宣言，9日凌晨，盟军在萨勒诺登陆，向意西海岸进军，一举占领那不勒斯。德军在听到上述广播后，立即解除意军武装，逮捕大批意军官，并于9月10日占领罗马，后又接管了南至那不勒斯的意本土。在德军占领罗马前夕，意王室、巴多格里

奥及其政府成员仓皇出逃，然后乘坐潜艇，于9月10日到达布林的西。9月13日，纳粹党卫军营救墨索里尼成功，让他粉墨登场，9月底在意北部成立了法西斯傀儡政权，与巴多格里奥政府相对抗。10月13日，巴多格里奥政府在意人民的强烈要求下，正式退出法西斯同盟，向德国宣战。同时，英、美、苏3国政府也发表宣言，承认意大利为共同作战一方。墨索里尼垮台和巴多格里奥政府无条件投降并对德宣战，标志着柏林——罗马轴心的解体，是反法西斯联盟的一大胜利。

意大利为什么要入侵埃塞俄比亚？

在环地中海地区的争霸战争之中，意大利既不是美国也不是法国的对手。而在欧洲大陆，虽然意大利已经把阿尔巴尼亚实际变成了它的保护国，但是这还远远不能使意大利得到满足，它的野心是控制巴尔干地区和多瑙河流域。因此，意大利曾经在巴尔干国家中积极活动，策动这些国家成立由意大利控制的巴尔干联盟；在多瑙河流域则主要对奥地利和匈牙利施加影响。但是，墨索里尼对这些地区野心虽然大，却难以实现，它遭到了其他帝国主义国家的极大反对。

1935年10月3日，蓄谋已久的意大利军队不宣而战地向埃塞俄比亚发动大规模进攻，意军兵分三路，妄图依仗军事优势一举占领整个埃塞俄比亚。当时的埃塞俄比亚是一个落后的封建国家。埃军武器装备低劣，又分别隶属于各地的封建领主，在战斗中不但不能协调军事行动，甚至为了保存各自的实力而互不支援。然而，英

勇顽强的埃塞俄比亚人民为捍卫国家的独立不怕流血牺牲，给意大利侵略者以沉重打击。当意军渐渐逼近埃塞俄比亚首都时，海尔·塞拉西一世皇帝被迫撤离。1936年5月5日，军事上占有优势的意军占领亚的斯亚贝巴。5月9日，意大利宣布将埃塞俄比亚、意属索马里以及厄立特里亚合并为意属东非。

奥地利是奥匈帝国中说德语的居民在一战之后所组成的国家，由于种族和历史的原因，它与德国有着紧密的联系和特殊关系。但是，1933年希特勒上台后，两国因为宗教等矛盾关系转而变得紧张起来。希特勒在德国大肆镇压天主教的活动，使奥地利国内的天主教徒改变了原来的亲德态度。对于这种变化，墨索里尼不无兴趣，因为希特勒还把德奥合并作为对外政策的目标之一。意大利担心出现一个强大而危险的北部邻居，还害怕德奥合并会导致原属奥地利、后在巴黎和约上意大利争取到的南蒂罗尔发生的连锁反应而要求回归奥地利，再加上德奥合并对墨索里尼在多瑙河流域的野心是一个致命打击。

因此，意大利极力反对德奥合并，为此1933～1934年意大利开始秘密援助奥地利属于基督教社会党的护国团，企图在奥地利建立一个亲意的政府。而1932年5月上台的以陶尔菲斯为首的基督教社会党和农民党联合政府对内实行法西斯主义的统治，这一政府很合意大利的胃口，使得意大利有机会对奥地利施加重要影响。1934年3月7日，意大利、奥地利、匈牙利三国签订一项《罗马议定书》，规定在三国中任何一国受到威胁时，三国将磋商对策，这给意大利干涉奥地利事务提供了依据。

意大利对奥地利的政策引起德国的强烈不满。希特勒通过多种渠道竭力扶持奥地利的纳粹分子，并与奥地利结成关税同盟，在经济上控制奥地利。陶尔菲斯政府也遭到德国攻击，德国飞机在奥地利上空散发传单，钱和武器也通过走私运到奥地利纳粹分子手中。1934年7月25日，奥地利纳粹分子发动政变，在德国的支持下占领总理府，枪杀了陶尔菲斯，企图夺取政权。这一行动引起意大利极度紧张，墨索里尼派遣4个师兵力开赴意奥边界，意德关系陡然恶化。同年9月，墨索里尼将两国关系的紧张公开化，讽刺德国人和德国支持下的奥地利纳粹主义。

奥地利事件导致意德对立，另一方面却使法意接近，安全问题是法国战后对外政策中的中心内容。《洛迦诺公约》签订以后，法国希望通过斯特莱斯曼寻求与德国的和解，但是，希特勒上台后，形势急转直下，法国曾经想从英国得到支持，但是当时法英矛盾不亚于法德矛盾，因此，法国感到它在大国中是孤立的，恰好在此时，意大利与德国矛盾尖锐化，在共同反对德国吞并奥地利这一点上，法意有了共同语言。在法国看来如果能把意大利拉到法国的安全体系中，无疑会增大它与德国抗衡、与英国讨价还价的筹码，因此在这种情况下，法国决定接近意大利。

但是，国联对意大利的制裁也没有再进一步，直到意军占领亚的斯亚贝巴，石油禁运也未实施，其原因除了法国的阻挠外，主要是由于英国也转而对意大利的侵略采取了妥协的态度。英国在国联中造了一些反对意大利的声势，但是一直未采取什么切实可行的措施，其主要的牵制因

素是欧洲的局势愈益严重，吸引了英国的注意力。继1935年3月德国恢复义务兵役制后，1936年3月7日德军开进莱茵非军事区。英国还欲借法国和意大利之力对德国咄咄逼人的进攻抵挡一番。然而，法国的纵容和美国的妥协不仅使意大利加快了吞并埃塞俄比亚的步伐，而且刺激了法西斯国家进一步侵略扩张的野心。

西班牙爆发内战的原因是什么？

1931年以前，西班牙是欧洲一个比较落后的君主制国家，这种落后性在政治上表现为教权势力和军人在国家政治中有着重大影响。1923年德·里维拉将军执政，他解散议会，公开标榜自己是独裁者，也不反对别人把他比作意大利独裁者墨索里尼。1930年接替里维拉担任首相的又是一位军人贝伦格尔将军，西班牙资产阶级对这种状况不满，共和派势力逐步发展起来。1929年开始的世界性经济危机对西班牙也有很大影响，军人政府不能提出行之有效的对付经济危机的办法，从而失去工业家的支持，共和派乘机推翻了君主制，1931年4月14日西班牙宣布成立共和国。

西班牙共和国建立之后，资产阶级掌握了政权，但是政府没有认真进行土地改革和民主改革，旧的国家机构和军事机构原封不动。1933年希特勒纳粹党在德国夺取政权成功，西班牙的右翼势力受到了鼓舞，建立起一系列右翼组织，在西班牙形成一股法西斯势力。这些组织中最突出的一个是"西班牙长枪党"，其成员主要是富农子弟，头目包括圣胡尔霍、佛朗哥、摩拉等右翼军官。里维拉将军的儿子小里维拉也是"长枪党"的成员，他鼓吹在西

班牙"除了拳头和手枪的辩证法，不需要任何别的辩证法"，在西班牙法西斯运动中有着重大影响。为了在议会选举中获胜，西班牙各法西斯组织建立"西班牙自治右翼各党联盟"，即所谓"西达党"。

1934年10月4日，西班牙勒鲁斯政府任命3名西达党人为内阁成员。此事激起左翼人士和人民群众的愤怒，当天全国各地即开始进行总罢工表示抗议，特别在阿斯图里亚地区，共产党、社会党以及无政府工团主义者共同领导反政府斗争，它们甚至成立了省革命委员会，号召人民阻止法西斯主义的发展。

欧洲的反法西斯高潮是怎样形成的？

阿斯图里亚的斗争最后被政府派去的军队镇压了下去，但是这次十月事件大大推动了西班牙反法西斯人民阵线的形成。共产党利用这种形势，积极展开工作。1936年1月15日，西班牙各左翼政党集会，签订了"人民阵线公约"，建立了人民阵线。人民阵线在2月16日的议会选举中获得胜利，勒鲁斯政府被迫辞职，人民阵线中的两大政党——共和党左翼和共和联盟共同上台执政。新政府上台后，西班牙民主力量得到发展，特别是为竞选而制订的人民阵线纲领得到实施。与此同时，西班牙人民阵线和法国的人民阵线运动相呼应，在欧洲形成反法西斯主义的高潮。

西班牙的大资产阶级、大地主和教会反动势力，极端仇视人民群众的革命行动，它们对于民主力量的发展十分恐惧。法西斯分子则认为，通过合法手段已经无法扭转局势，因此便开始策划暴动，准备

以暴力手段推翻人民阵线政府。1934年西班牙法西斯分子曾赴意大利与墨索里尼密商，墨索里尼答应必要时可向他们提供包括武器在内的援助。1936年春，"长枪党"头目圣胡尔霍访问柏林，获得了德国法西斯给予援助的允诺，在德意的支持下，西班牙法西斯势力积极策划军事叛乱。

法西斯分子是怎样入侵西班牙的?

1936年7月17日深夜，法西斯分子利用所掌握的武装在西属摩洛哥、加那利群岛和巴利阿里群岛，发动了反对共和政府的武装叛乱。次日，叛乱蔓延到西班牙本土。叛乱开始后，圣胡尔霍因飞机失事丧生，佛朗哥成为叛军首领。

叛乱发生后，西班牙人民在人民阵线政府的领导下迅速武装起来，给叛军以迎头痛击，平息了马德里、巴塞罗那、巴伦西亚等大城市的叛乱，叛军只能在北方和南方控制几个孤立的据点，但是中间隔着巴达霍斯地区，更为重要的是，叛军大部分兵力驻扎在西属摩洛哥，由于海军的一半仍然忠于政府，他们前赴西班牙本土殊属困难。到7月底，叛乱分子的处境已经岌岌可危，某些头目甚至已经在考虑投降或逃跑。

在叛乱分子面临失败的困境时，德意法西斯公然向西班牙进行武装干涉。从7日底起，德意匆忙派出大批运输机和舰艇，把驻西属摩洛哥的叛军运到西班牙本土，并给叛军运去大批军火。到1936年8月中旬，叛军占领了巴达霍斯地区，使南北叛军占领区连成一片。在三年战争中，德意两国向叛军提供了大批飞机、坦克、大炮和军舰等，两国所耗的军费分别为5亿马克和140亿里拉，德国还派出5万军队，意大利派出15～25万军队，直赴西班牙参战。葡萄牙政府也向德意干涉军提供机场、港口，派出军队，充当了帮凶的角色。

德意联合武装干涉西班牙内战，既反映了它们对西班牙人民阵线政府的敌视，又为它们相互勾结提供了机会。希特勒上台之初，德国不仅在军事上处于不能与英法抗衡的劣势，而且在外交上处境十分孤立，它与意大利的关系因奥地利问题而十分紧张，但是埃塞俄比亚事件发生以后，意大利不仅对英国怀恨在心，与法国的关系也趋于冷淡，意德关系开始和解。1936年3月德国军队开进莱茵非武装区，英法之间的矛盾和懦弱的表现，加上国联束手无策，使墨索里尼怀着站在强者一边的投机心理决心投靠纳粹德国，而西班牙内战则给两国的勾结提供了绝好的机会。

希特勒抓住这一时机，命令谍报局头子卡那里斯与意大利情报工作头子罗阿塔将军共同制订了两国联合干涉西班牙内战的计划，这样，武装干涉西班牙内战成了德意勾结的开始。

欧洲为什么出现了绥靖主义思潮?

1937年6月，德国国防部长兼武装部队总司令勃洛姆堡向三军总司令下达了一个绝密指令，要武装部队对未来可能发生的几种战争做好准备：一是进攻法国，代号为"红色方案"；二是对捷克斯洛伐克进行突然袭击，代号为"绿色方案"；三是吞并奥地利，代号为"奥托方案"。1937年11月5日，德国召开秘密最高军事

会议，希特勒明确布置了纳粹德国对外侵略战争计划中的近期目标，即奥地利和捷克斯洛伐克。德、日、意三国轴心集团形成以后，威胁世界和平的战争危险愈来愈严重。

法西斯国家对外侵略的征兆十分明显，在这种情况下，欧洲却出现了一股绥靖主义思潮。当时，获得既得利益的帝国主义国家，面对更为凶猛的法西斯国家的挑战，企图以牺牲弱小国家利益的方式来满足法西斯国家的贪欲，以便把它们的侵略矛头引向东方，去反对社会主义国家苏联，以此达到缓和与法西斯国家之间的矛盾、维护自己的既得利益和霸权的目的。以这种主张为基础的理论体系即为绥靖主义，在对外政策方针中，以此为主要内容的即为绥靖政策。英国首相尼维尔·张伯伦就是主张和实行这种政策的典型代表。

对德国的强硬派的代表是谁？

英国统治集团内部也存在着以丘吉尔为代表的对德强硬派，他们认为，德国的目标是控制整个欧洲，英德矛盾不可调解；战争正在逼近，必须加强战备；在外交上要联合法国、美国以及其他中小国家，组成以英法为核心的"武装的国际联盟"，与此同时调整与苏联的关系，共同对付法西斯国家的扩张。但是，强硬派受到张伯伦的排挤，他上台伊始就将主张英德"合作"的汉德逊派为驻德大使，不久又以主张绥靖主义的哈利法克斯替代强硬派领袖之一的安东尼·艾登为外交大臣。

法国在一战以后企图建立旨在维护凡尔赛体系的安全体系，与欧洲一些中小国家建立同盟关系，并尝试与苏联加强联系。但是，由于凡尔赛体系本身具有内在缺陷，法国的安全体系政策没有得到英国的有效支持，再加上欧洲中小国家利益各异，法国的努力归于失败。西班牙内战爆发后，法国转而采取消极防御的战略，在外交上亦追随英国的绥靖政策。

德国是怎样吞并奥地利的？

侵略奥地利是希特勒蓄谋已久的战略意图。奥地利有700万人口，主要是日耳曼人，地处战略要冲，若能占领它，可三面包围捷克斯洛伐克，打开进攻东南欧和巴尔干半岛的大门。希特勒早在其《我的奋斗》一书中就说过："日耳曼的奥地利必须回到伟大的日耳曼祖国来。"德国纳粹党在奥地利网罗法西斯分子，成立了奥地利纳粹党。希特勒上台后，他指使奥地利的法西斯分子制造爆炸和暗杀事件，煽动骚乱，阴谋推翻政府，把奥地利并入德国。1934年7月25日希特勒策动奥地利纳粹党发动政变，刺杀了总理陶尔菲斯，企图占领奥地利，但是遭到意大利等国的阻挠，与此同时遭到奥地利人民的反对，政变很快被镇压下去。七月事件以后，希特勒把原副总理巴本派往维也纳任驻奥公使。巴本是天主教徒，又是陶尔菲斯的朋友，希特勒希望以此来安抚奥地利人，平息风波。

在奥地利，继陶尔菲斯担任总理的是君主保皇派舒士尼格。在内政方面，他与陶尔菲斯一样，继续采取独断专行的统治，但是他坚持奥地利的主权。舒士尼格上台后采取果断措施，逮捕了发动七月政变的纳粹分子，并处死了首要分子。

到1938年年初，德国加快战争准备的

步伐，希特勒也加紧实施吞并奥地利的计划，德奥关系骤然紧张起来。1938年2月12日，希特勒在德奥边界附近的伯希特斯加登高山别墅会晤了舒士尼格，会晤前巴本曾向舒士尼格保证，会谈内容只涉及执行1936年"七月协定"的情况，德国不会提出不利于奥地利独立和主权的要求，可是会谈一开始，希特勒就蛮横地大肆攻击奥地利政府对德国的不友好行为，接着又以军事入侵对舒士尼格进行威胁、恐吓。当天下午，德国外交部长里宾特洛甫交给舒士尼格一份书面最后通牒，其主要内容是：要求取消对奥地利纳粹党的禁令；释放被监禁的纳粹分子；任命法西斯分子赛斯·英夸特、格拉斯·霍尔斯特瑙和菲许包克三人分别为内政部长、国防部长和财政部长；要求与德国交换100名军官，使两国军队建立密切的关系；要做好准备，使奥地利纳入德国的经济体系。希特勒强令舒士尼格必须"原封不动地"接受全部要求，否则他就要下令向奥地利进军，在希特勒的威逼下，舒士尼格接受了德国的最后通牒。2月16日，奥地利政府改组，赛斯·英夸特等法西斯分子当上了部长。

为什么说《慕尼黑协定》只是法西斯的一个阴谋？

1938年9月29日，英、法、德、意四国政府首脑张伯伦、达拉第、希特勒、墨索里尼在德国南部的慕尼黑举行会议。墨索里尼把事先拿到的德国方案当作意大利的建议在会上提出，当即得到张伯伦和达拉第的同意，于是这个建议就成了协定的基本内容。9月30日凌晨1点，四国签订了《慕尼黑协定》。协定

共八条，主要内容是：将苏台德区和与奥地利接壤的南部地区割让给德国；捷克斯洛伐克应于10月1日至10日之间，从上述领土撤退完毕；上述地区的军事设施、厂矿企业、运输工具等必须无偿地交给德国；在日耳曼人是否占居民多数尚不能确定的地区，应由英、法、德、意代表组成的国际委员会管理，举行公民投票以确定其归属，并划定最后边界。协定还规定要在三个月内满足匈牙利和波兰的领土要求。这些规定，实际上是希特勒戈德斯堡备忘录的翻版。

作为当事国的捷克斯洛伐克，自始至终被排斥在会议之外，协定签字之后，捷代表才被叫进会议厅。张伯伦和达拉第向他们宣布四国协议的内容，并交给他们一张地图，叫他们遵照执行，还告诉他们："并不要求捷克斯洛伐克政府做答复"，因此"这是无权上诉和不能修改的判决词"。9月30日上午，捷政府开会。决定接受该四国协定。

9月30日，张伯伦又同希特勒单独会谈，张伯伦拿出一份事先拟好的英德宣言草稿，请希特勒过目，宣言中说："我们把昨夜签字的协定和《英德海军协定》看成是我们两国人民再也不想彼此交战的愿望的象征"，两国决心今后用协商的办法来解决有关问题等。希特勒很快就在上面签了字。12月6日，法德也签署了一个类似的宣言。

《慕尼黑协定》是欧洲现代史上一个臭名昭著的协定，是英法纵容侵略者的绥靖政策的顶峰。当张伯伦从慕尼黑返回伦敦时，一下飞机，就挥舞着"英德宣言"高喊："我搞到了这份宣言。"当天

傍晚，张伯伦站在唐宁街10号首相府阳台上对群众说，他"把光荣的和平从德国带回唐宁街来了"，"这是我们时代的和平"。还说"我们这一代人享受和平的新世纪已经到来"。但是，仅从《慕尼黑协定》的以上直接后果就表明，英国牺牲弱小民族利益的绥靖主义行径，并不能填满希特勒的欲壑。

《慕尼黑协定》对欧洲其他国家有哪些影响？

《慕尼黑协定》使捷克斯洛伐克丧失了1/3的领土和2/5的工业。9月30日，波兰在德国的支持下，出兵强占了捷境内波兰族人聚居的切欣地区。10月13日，匈牙利派兵侵入卢西尼亚（外喀尔巴阡乌克兰），与捷军发生武装冲突。11月2日，德意出面仲裁，将卢西尼亚的南部地区，包括乌日哥罗德和科息策在内，划归匈牙利。10月中旬，由英、法、德、意组成的国际委员会决定，不管日耳曼人是否占居民多数，把凡是德国提出要求的地区，不经公民投票，一概交给德国。10月6日，德国策动斯洛伐克宣布成立"自治政府"。1939年3月14日，斯洛伐克发表了由德国外交部一手起草的独立宣言，要求德国派兵保护。

1939年3月15日，希特勒又强迫捷新总统哈查在德国起草的"德捷协定"上签字，协定要求德国"保护"捷克斯洛伐克，当天，德军开进布拉格，占领了捷克全境。3月16日，希特勒宣布在捷克地区成立波希米亚和摩拉维亚"保护国"，由他任命的德国"保护长官"统治。至此，中欧又一个重要国家沦亡了。

欧洲在二战之前的外交形势如何？

1938年年底，德国建议同苏联谈判，签订一个贸易协定。1939年初，苏接受德国的建议，谈判开始进行。由于双方意见分歧，谈判于2月中断。英、法、苏三国谈判开始以后，德国十分担心，希特勒下令恢复与苏联的贸易谈判。1939年8月19日，《苏德贸易协定》签字，规定德国向苏联提供2亿马克贷款，供苏联向德国购买工业设备；苏联向德国提供石油、饲料、棉花、木材等物资。

8月29日，德国21艘潜水艇奉命进入英国北部和西北部的阵地，德国的主力舰也开赴大西洋。德国要在适合机械化部队作战的季节里发动侵波战争，时间已经紧迫。8月20日，希特勒直接给斯大林发出急电，要求苏联允许里宾特洛甫访问，谈判签订互不侵犯条约。8月21日，苏联宣布，由于英法的拖延和无诚意，苏、英、法谈判破裂。同日，斯大林复电希特勒，同意里宾特洛甫于8月23日访问苏联。8月22日，里宾特洛甫携带希特勒亲自签发的全权证书，握有同苏联缔结一经签字就立即生效的互不侵犯条约的大权，飞往莫斯科。8月23日下午，斯大林、莫洛托夫和里宾特洛甫举行了会谈，当晚，在举行第二次会谈后，签订了《苏德互不侵犯条约》。

《苏德互不侵犯条约》是在极端复杂的国际形势下签订的，它标志着西方绥靖政策的破产，粉碎了英法"祸水东引"的企图，对欧洲国际关系的发展产生了深远的影响。正如丘吉尔所说，《苏德互不侵犯条约》的签订，"标志着几年来英法两国外交政策和外交手段的绝顶失败"。

该条约的签订还加剧了法西斯集团之间的矛盾。日本认为苏德条约的签订是德国对《反共产国际协定》的秘密议定书的破坏，暂时中断了与德国签订军事同盟的谈判。《苏德互不侵犯条约》是在苏联争取建立集体安全体系的努力遭到严重挫折的情况下签订的。苏联为了不使自己成为英法绥靖政策的牺牲品，做出这种选择，它使苏联赢得了22个月和平时间以加强战备。

国际反法西斯同盟在何时建立的？

第二次世界大战爆发后，美国一直持中立的态度。1937年，美国曾颁布中立法，对任何交战国实行武器禁运，随着战争的逼近，它调整了自己的策略。1939年1月，美国通过了新的中立法，只要交战国能够付款和自运，它可以出售武器、弹药和作战工具。1941年3月，美国制定租借法案，规定只要总统认为任何国家的安全与美国的安全有关，他就有权把美国的资源交由该国使用。尽管如此，在太平洋战争爆发前，美国只是充当"民主国家的兵工厂"。

1941年12月7日日本袭击珍珠港事件爆发后的第二天，美国、英国、南非、荷兰、卢森堡对日宣战。在几天内，希腊、南斯拉夫和自由法国等流亡政府以及澳大利亚、新西兰等都投入战斗。12月11日，德国和意大利对美国宣战，轴心国的卫星国匈牙利、保加利亚和罗马尼亚也采取同样的行动。在太平洋战争爆发后的6个月内，除阿根廷和智利外，所有拉丁美洲国家或与轴心国断绝关系，或对之宣战，战争很快扩大到整个世界，第二次世界大战

进一步扩大。

德、意、日轴心国的侵略，促进了反法西斯同盟的建立。法西斯侵略国与受法西斯侵略的民主国家这两条阵线已经明朗化，各个战场已经连成一片，法西斯的侵略构成了对世界和平的严重威胁。为了打败共同的敌人，受法西斯国家威胁的国家有必要也有可能建立国际反法西斯同盟，共同抗击法西斯侵略。

早在第二次世界大战爆发前，英法曾与苏联进行了联合对德的尝试，但是由于各自的出发点以及还未直接受到战争威胁，未能达成协议。战争的威胁使英苏走到一起，苏德战争爆发的当天，英国首相丘吉尔发表声明，表示英国将站在苏联一边，第二天，美国总统罗斯福也宣布美国将尽力援助苏联。1941年7月12日，英苏两国在莫斯科签订对德行动中采取联合行动的决定，不单独媾和，但是未确定互助的具体方法和形式。

1941年8月，罗斯福和丘吉尔在大西洋纽芬兰海面一艘军舰上会晤，此后发表《大西洋宪章》，宣称英美两国不承认法西斯国家通过侵略造成的领土变更，呼吁加强世界范围的合作。1941年9月24日，苏联政府发表宣言，支持《大西洋宪章》，随后共有15个国家签署。9月29日，美、英、苏三国代表在莫斯科举行会谈，10月1日三国签订协定，规定在反希特勒法西斯战争中采取联合行动，美英向苏联提供武器和物资，而苏联向美英提供原料。1941年11月2日，美国将租借法案扩展到苏联，并初步给苏联10亿美元的贷款。太平洋战争爆发后，法西斯侵略战争的范围进一步扩大。1942年1月1日，中、

苏、英、美等26个国家在华盛顿公布了《联合国家宣言》，声称各签字国保证用自己的全部军事力量和经济资源来对法西斯作战，签字国互相合作，不与敌人单独媾和。《联合国家宣言》标志反法西斯统一战线的形成。

哪次战役是二战最重要的战役？

苏德战场是第二次世界大战中最重要的战场之一。德国军队兵败莫斯科城下以后，依然在苏德战场上暂时保持着优势兵力。1942年4月5日，希特勒签发第41号作战指令，部署对斯大林格勒的进攻。斯大林格勒地处战略要地，该城原名察里津，拥有60万人口，位于顿河河曲以东，紧靠伏尔加河，是苏联南部的重要工业中心和交通枢纽。德军如果占领斯大林格勒，既可切断苏联中部同南方的联系，占领高加索石油区、顿河和库班的肥沃原野，又可迂回东北，包抄莫斯科，进取西伯利亚。希特勒甚至妄想在消灭苏军主力后移师西线，对付英美，夺取中近东和印度，沟通德日在军事上的直接联系，以争取轴心国集团的完全胜利。因此，希特勒在六七百公里长的苏德战场南线部署了150万左右的兵力。1942年7月17日，德军第六集团军进抵顿河大河湾，直接威胁斯大林格勒，举世瞩目的斯大林格勒大会战开始了。

1942年8月23日，德军经过强攻和激战渡过顿河，开始向斯大林格勒直接发起进攻。当天，德机对伏尔加河地区进行猛烈轰炸，此后德军每天出动上千架飞机，昼夜不停地轮番轰炸，总共投下了100万颗炸弹，企图把斯大林格勒这座城市从地图上抹掉。但是，这一切都不能摧毁斯大林格勒保卫者的坚强意志和决心。8月26日，德军突破斯大林格勒西北防线，当晚侵入伏尔加河西岸，德军司令部命令进攻部队务必于8月28日突入斯大林格勒市中心，但是，尽管德军攻势猛烈，却被守卫斯大林格勒的英雄部队所击退。9月14日，德军再度向市区发动猛攻，一支先头部队冲进城区西北部工业区，并占领了斯大林格勒第一火车站，在这危急关头，斯大林立即把近卫第十三师调过伏尔加河。这支英勇善战的队伍一过河，就采取反突击，同侵略者展开殊死搏斗。

第一火车站争夺战持续一周之久，车站曾13次易手。从9月中旬起，全市的街道和广场都变成了激烈的战场，守卫斯大林格勒的第六十二集团军有时一天要击退敌人十几次进攻。双方为争夺每一个街区、每一条街道、每一幢房屋都要展开残酷的战斗，9月底，战斗的重心转移到北部工厂区。11月11日，德军集结重兵发动最后一次凌厉攻势，苏军在十分困难的条件下继续坚持战斗，这时德军已经占领斯大林格勒市区的大部分地区，但是在苏军的不断打击下，已经被拖得精疲力竭，被迫转入防御。

斯大林格勒军民的英勇战斗，再次粉碎了希特勒的侵略计划，从而为苏军全面反攻赢得了时间。1942年11月19日至20日，集结在斯大林格勒西北面和南面的苏联红军，相继以迅雷不及掩耳之势，发起反攻，迅速突破德军防线，11月23日，南北两面的苏军会师于卡拉奇，把以鲍罗斯为首的德国第六集团军共约30万人，包围在斯大林格勒城下。希特勒被迅速而强大的苏军大反攻打得晕头转向，急令鲍罗斯死守阵地，与此同时答应派援军去解围，空运作战物资，但是这一切为时已晚。1943年1月10日，苏军5000门大炮与此同时向德军阵地猛轰，开始了围歼德军的战役。经过20多天的激烈战斗，被围德军全部歼灭，其中生俘9万余人，鲍罗斯以下的24名将官被生擒，2月2日，斯大林格勒战役胜利结束。

震撼世界的斯大林格勒大会战，历时200天，以苏军的辉煌胜利和德军的惨败而告终。这一伟大战役的胜利，不但是苏德战争转折的开始，而且是这次世界反法西斯战争中的关键性战役。

第二战场是怎样开辟出来的?

德黑兰会议之后不久，艾森豪威尔将军被任命为盟军最高统帅，负责代号为"霸王"的在法国北部登陆战役的准备和指挥工作，盟军参加这一战役的总兵力约288万人，以便掌握制空权、制海权，运输军队和军火物资。

1944年6月6日凌晨，盟军开始实施"霸王"作战计划，盟军将士分乘舰艇，乘风破浪，横渡英吉利海峡，驶向法国北部诺曼底海岸，为扫清登陆障碍，盟军在登陆前，出动飞机向德军阵地进行了猛烈轰炸，希特勒大肆鼓吹的"大西洋壁垒"顷刻瓦解。早晨6点30分，第一批登陆部队在海空军的掩护下登上诺曼底海滩。

最先冲上去的是美国第一步兵师，当天盟军出动的飞机达11万多架次，而德国空军仅出动50架次，当天日落前，盟军登陆部队开辟了从16公里至9公里纵深不等的五个不相连接的滩头阵地，6月7~12

日，盟军一面巩固登陆滩头，一面投入新的登陆部队，并继续向德军防御纵深发动进攻。由于遭到德军的猛烈抵抗，直到6月12日这五个滩头阵地才连成一片。这时，在塞纳湾沿岸英美军队已经达32万多人，各种供应士兵的物资1034万多吨，修建了两个人工港，并从英国经过英吉利海峡海底铺设了输油管。

6月13日，盟军开始扩大在诺曼底滩头的成果。经过数度激战之后，美军于27日全部占领瑟堡，肃清了康坦丁半岛的德军残部，瑟堡港的占领和收复，大大改善了对诺曼底登陆部队的供应，虽然如此，德军统帅部仍旧认为盟军的主攻方向是在加来地区，所以始终把大部分兵力放在那里，这就有利于盟军在诺曼底地区的军事行动。到7月25日，在法国登陆的盟军总数已经达145万，胜利地完成了开辟欧洲第二战场的任务。8月15日，另一支由50万兵力组成的盟军又在法国南部实施代号为"铁砧"的登陆战役。从此，希特勒德国陷入了苏联和英美盟军东西夹击的铁钳之中，反法西斯战争进入了最后决战阶段。

诺曼底登陆后，盟军乘胜推进，收复法国北部地区，面对盟军的强大攻势，希特勒策划反扑以挽救败局，1944年12月16日拂晓，德军20个师在阿登地区发动攻势，防守该地区的美军猝不及防，遭受巨大损失后仓皇退却。进攻的头三天，德军的坦克师迅速推进，成功地在美军防线上打开一个大缺口，前进达30~40公里，盟军为了阻止德军的推进，急忙从其他阵地抽调兵力加强正面防守，并出动大批飞机对德军及其交通线进行猛烈轰炸，使德军

不得不放慢推进速度，圣诞节前后，战局开始稳定。但是到1945年年初，德军又对阿尔萨斯的美军实施强有力的打击，在三天内向前推进了30公里，应丘吉尔的请求，1月12日苏军以150个师的兵力，在波罗的海到喀尔巴阡山的漫长战线上提前发动了规模空前的攻势，以风卷残云之势，于3月初抵达奥得河和尼斯河，西线的盟军也于1月16日击退了德国的反攻，至1月28日把德军赶回德国边境。

雅尔塔会议召开的实际意义是什么？

1944年年底和1945年年初，反法西斯战争胜利在望。为了加速反法西斯战争胜利的早日到来，讨论并安排战后和平的有关问题，苏、美、英三国首脑斯大林、罗斯福、丘吉尔于1945年2月4～12日在苏联克里米亚半岛的雅尔塔举行了战时第二次会议，即雅尔塔会议。会议详细讨论了战后如何处置德国的问题，通过了关于彻底击败德国、消灭德国军国主义和法西斯主义、惩办战犯及战后德国民主化的决议。决议规定，为了彻底消灭德国军国主义和纳粹主义，战后必须解除德军的全部武装，解散德国的总参谋部，拆毁德国一切军事设施，惩治一切战争罪犯。关于德国的赔偿问题，在会上没有达成协议，决定在莫斯科成立一个由苏、美、英三国组成的赔偿委员会，就赔偿的具体问题进一步进行讨论。会议决定，德国投降后将由盟国军队分区占领，在柏林设立一个由盟国最高司令部的代表组成的管制委员会。

雅尔塔会议还讨论了联合国组织问题，接受了1944年8～10月间美、英、苏和美、英、中分别举行的敦巴顿橡树园会议草拟的联合国组织方案。敦巴顿会议未解决的两个问题，即联合国安全理事会中大国（常任理事国）拥有否决权的原则和乌克兰、白俄罗斯列为创始会员国的问题，均得到了确认。雅尔塔会议所达成的一些协议对战争和战后的安排有着很大的影响。

欧洲战争结束的标志是什么？

战争进行到1945年4月中下旬，德国法西斯已经处在最终灭亡的前夕。这时在西线，美、英、法、加军队已经渡过莱茵河，在东线，苏联红军进抵奥得河——尼斯河一线，作好进攻柏林的最后准备。参加柏林战役的苏军部队共有250万人，由白俄罗斯第一方面军和乌克兰第一方面军担任主攻。希特勒垂死挣扎，集结了百万余众，在奥得河与柏林之间，构筑了3道现代化防线。4月16日拂晓，苏军发起了强大攻势，很快突破了德军的奥得河——尼斯河防线。20日，苏军远程大炮向柏林射出了第一排炮弹。22日，白俄罗斯第一方面军和乌克兰第一方面军在柏林东西两面会师。25日，苏军完成了对柏林的包围，开始了最后的攻坚战。同日，苏军与英美联军会师于易北河西岸的托尔高地区。

柏林攻坚战是在4月26日开始的。在苏军的猛攻猛炸下，柏林成了一座战火熊熊的孤城，在柏林城内负隅顽抗的希特勒既无后备，又无援军。希特勒寄予最大希望的第十二集团军在从西线撤出向柏林增援途中被苏军击溃，残部西逃向英美军队投降。这时，在柏林城内，日日夜夜地进行了激烈的巷战，英勇的苏军战士从地面、空中和地下到处追击德国军队。苏军为攻克柏林在该城四周部署了25万门大炮，向柏林倾泻了25万吨炮弹，摧毁了德军的战斗据点。

德军拼命顽抗，曾几次突破包围圈，但是都被苏军堵截合围。在优势炮火配合下，苏军采用突击群作战方法，不断缩小包围圈，到4月28日，德军据守的仅剩下穿过柏林市中心的一条窄长地带了，4月29日和30日，苏军逼近德国国会大厦和勃兰登堡门，4月29日，希特勒获悉墨索里尼被意大利游击队处决、暴尸米兰的消息，兔死狐悲，面对无可挽回的败局，于4月30日下午3时半在总理府地下室开枪自杀身亡，5月1日黎明，苏军战士将胜利的红旗插上了国会大厦的圆顶，5月2日，苏军完全占领柏林，柏林战役以苏军的辉煌胜利而告结束。此役，苏军一共消灭德军70个步兵师、23个坦克师和摩托化师，共俘虏德军48万人。

5月8日24时，在柏林正式举行了德国无条件投降仪式。参加仪式的苏方代表是朱可夫元帅和维辛斯基，仪式由朱可夫主持，盟军最高统帅部的代表是英国空军上将泰德、美国战略空军司令斯巴兹将军和法军总司令德·塔西尼，代表德国在投降书上签字的是陆军元帅凯特尔、海军上将弗雷德堡和空军上将什图姆普弗，德国投降书从1945年5月9日零时开始生效，欧洲战争至此结束。

波茨坦会议的重要意义是什么？

德国投降后，日本的战败亦为期不远，世界反法西斯战争行将结束。在这种形势下，同盟各国需要进一步采取具体步骤确定战后合作方针，美国更迫切希望苏联早日参加对日作战以减少美军的伤亡。1945年7月17日～8月2日，苏、美、英三国首脑斯大林、杜鲁门、丘吉尔在柏林近郊波茨坦，举行了战争期间的第三次首脑会议，即波茨坦会议。

在波茨坦会议上，由于各国利益的分歧，美、英、苏在如何分享战争的胜利成果，如何维护战后世界和平等问题上明争暗斗，国际反法西斯统一战线呈现出瓦解的趋势，但是由于战争尚未结束，苏联武装力量强大，美国迫切希望苏联对日作战，所以在一些重要问题上，还是达成了一些协议，在处置德国的问题上，苏、美、英放弃了一度设想的分割德国的方案，会议确定了对德管制的政治原则和经济原则。

三国重申："德国军国主义及纳粹主义将予根除。"会议就德国赔偿问题展开了激烈争论，苏联坚持原来在雅尔塔会议上的提案，即赔偿总额应为200亿美元，其中一半应交予苏联，英国反对确定具体赔偿数额，美国表示支持。最后商定："苏联所提之赔偿要求，将以迁移德境苏占区物资及适当的在国外的德国资产满足之。""美国、联合王国以及有权获得赔偿之其他国家之赔偿要求，将自西方区域以及适当的在国外的德国资产予以满足。"关于德国东部边界问题，规定奥得河和尼斯河以东的领土，以及东普鲁士的一部分领土和但泽归波兰，东普鲁士北部和哥尼斯堡划给苏联。会议还决定，设立中、苏、美、英、法五国外长会议，旨在草拟对战败国的和约，首先是对意、芬、

罗、匈、保的和约草案。

会议还讨论了对日作战问题。苏联代表再次重申保证履行对日作战的义务。1945年7月26日，发表了美国起草、英国同意，邀请中国参加的《美中英三国促令日本投降之波茨坦公告》。该公告确认了1943年12月1日的开罗宣言，促令日本无条件投降，"除此一途，日本即将迅速完全毁灭"。波茨坦会议对消灭法西斯、禁止军国主义复活、维护战后世界和平起了一定的作用。根据雅尔塔会议的决定，1945年4月25日，在美国旧金山召开了联合国制定会议。6月26日，参加会议的51国代表签署了联合国宪章。同年10月24日，联合国宣告正式成立，其总部设在美国纽约。联合国宪章规定其宗旨是："维持国际和平与安全"，"发展国际间的尊重人民平等权利及自决原则为根据的友好关系"，"促成国际合作"等。联合国的建立是国际反法西斯同盟国团结战斗的胜利成果，体现了各国人民要求和平共处与国际合作的共同愿望。

东欧人民民主政权是怎样建立的?

1941年4月，德意军队入侵南斯拉夫，南斯拉夫国王彼得二世及其政府流亡国外，南国土遭到德意法西斯及仆从国的瓜分。在民族危亡的关头，南斯拉夫共产党成立了以铁托为首的游击队总司令部，领导人民进行武装抵抗。到1943年下半年，游击队先后粉碎了敌人五次大规模进攻，并发展到30余万人。1943年11月29日召开的反法西斯人民解放委员会第二次会议上，建立了南斯拉夫全国解放委员会，作为临时政府，铁托任主席。全国解放委

员会决定将依据各民族一律平等和自主的原则，建立联邦国家。1944年10月，南人民军配合苏军解放了首都贝尔格莱德，1945年3月6日，在贝尔格莱德成立了以铁托为首的临时政府，同年11月举行了立宪会议选举，11月29日，南斯拉夫联邦人民共和国成立，铁托任政府主席。

阿尔巴尼亚人民共和国是什么时间成立的?

1939年4月，意大利占领阿尔巴尼亚。阿傀儡政府急忙宣布与意大利"联合"。1941年11月，阿尔巴尼亚共产党宣告成立，并着手组织和领导人民开展武装斗争。1942年9月，在贝萨召开有各阶层代表参加的民族解放会议，建立了反法西斯民族解放统一战线。1943年9月意大利投降，德国军队旋即占领阿尔巴尼亚。在阿共的领导下，全国人民开始了民族解放斗争的新阶段。5月24日，在佩尔梅特城举行了反法西斯民族解放代表大会，成立民族解放委员会，作为临时政府，10月22日，民族解放委员会改名为阿尔巴尼亚民主政府，阿共总书记恩维尔·霍查任总理，1946年1月11日在地拉那召开制宪会议，宣布阿尔巴尼亚人民共和国成立，霍查任部长会议主席。

罗马尼亚和保加利亚是怎样成立共和国的?

罗马尼亚在二战中加入了德、意、日法西斯同盟，约有50万德军驻扎在罗境内。罗马尼亚共产党在1942年年底成立群众性组织"爱国者同盟"，1943年夏又把这个组织扩大为"反法西斯爱国阵线"。

1944年4月苏军追击德军进入罗境。8月23日，罗共领导的爱国卫队和罗军中的爱国部队在布加勒斯特举行起义，推翻了安东尼斯库为首的法西斯政府，成立了以原国王副官塞纳特斯库将军为首的新政府，8月31日罗马尼亚全国解放。1945年3月6日，在广大群众的压力下，国王米哈伊被迫同意改组政府，组成了以农民阵线领袖格罗查为首的民主新政府，这是罗马尼亚历史上第一个工农民主政府。1947年12月30日，国王米哈伊签署了退位书，晚上，议会通过一项法律，宣布罗马尼亚为人民共和国。

1941年3月，保加利亚加入德、意、日三国公约，成为德国的附庸国。1941年苏德战争爆发后，保加利亚工人党联合全国各民主党派组成祖国阵线，开展游击战争。1944年9月，苏军进入保加利亚境内，祖国阵线号召全民发动武装起义，9月9日，解放了首都索非亚，推翻了傀儡政权，成立了祖国阵线政府。1945年11月，举行国民议会选举，工人党的瓦西尔·科拉罗夫当选国民议会主席，1946年9月15日，保加利亚宣布废除君主政体，正式成立人民共和国。同年10月，组成了新的祖国阵线政府，共产党领导人季米特洛夫当选第一任部长会议主席。

东欧其他国家独立的状况如何？

二战期间，匈牙利霍尔蒂独裁政府同德、意法西斯相勾结，侵略捷克斯洛伐克和南斯拉夫，并参加了对苏作战。由于匈军在苏德战场遭到惨败，霍尔蒂政府发生动摇，试图与英美单独媾和。1944年3月，德军占领匈牙利全境。同年9月，苏军攻入匈牙利领土。12月，匈共联合小农党、社会民主党、民族农民党等党派组成了匈牙利民族独立阵线，此后又成立了临时国民大会和临时政府，并对德宣战。苏军于1945年2月解放了布达佩斯，4月肃清了全境德军。1946年2月1日，国民议会通过取消帝制的决议，宣布匈牙利为共和国。

1939年9月，德国法西斯灭亡波兰。苏联以保护在波兰的西乌克兰人和西白俄罗斯人为由进驻波东部地区，波政府流亡国外，在伦敦组织了流亡政府，并在国内开展抵抗运动。1942年1月，由前波兰共产党为核心成立了波兰工人党，在全国组建人民近卫军，开展游击战争。1943年底，波兰工人党联合一切民主力量组成"全国人民代表会议"，作为全国最高立法机关，工人党领袖贝鲁特当选主席。1944年7月，苏波联军进入波兰境内。7月22日，在卢布林成立了波兰民族解放委员会，发表《七月宣言》，宣布不承认伦敦流亡政府，1945年1月17日，苏军解放华沙，5月波兰全境解放。6月28日，以临时政府为基础，在华沙成立了波兰全国统一的临时政府，在21名内阁成员中，16名是原卢布林临时政府成员，伦敦流亡政府成员占3名。1947年2月，波兰制宪会议宣布波兰人民共和国成立，工人党领袖贝鲁特当选为总统。

捷克斯洛伐克于1939年3月被德国吞并，以贝奈斯为首的资产阶级政府在伦敦组成流亡政府。在捷共领导下，成立了秘密的民族革命委员会，领导捷人民开展武装斗争，1945年5月5日，布拉格人民发动起义，5月9日苏军开进布拉格。两天之

后，捷全境解放。1946年5月26日，举行全国大选，捷共成为第一大党，制宪会议一致选举贝奈斯为总统，捷共领导人哥特瓦尔德任总理，捷克斯洛伐克人民共和国正式成立。

战后西欧各国是怎样进行恢复与发展的？

战后发达资本主义国家具有与现代科学技术基础相适应的国民经济结构，生产国际化程度不断提高，劳动生产率也很高，人均国民收入位居世界前列。在战后几十年里，发展虽有起伏，但总的看来，无论在速度、规模还是质量上都大大超过历史上曾有过的最好记录。

战后20余年的经济增长速度比战前高出一倍以上，有的国家发展速度还要快得多，联邦德国在50年代的工业生产年平均增长率也曾达9.5%，这是在没有爆发世界战争的形势下，这些国家竞相发展经济的结果，也反映了资本主义经济发展不平衡规律的作用。进入70年代，战后各国的经济高速增长结束了，代之而来的是经济的"滞胀"，各国都陷入经济增长处于停滞状态、通货膨胀严重的困境之中。

这些国家为医治"滞胀"顽症，在战后实行几十年凯恩斯主义的基础上，采纳了供应学派和货币主义学派的政策主张，进行了产业结构的调整，并使之高级化。通过调整，把战后初期完成的经济集约化推向一个更高的阶段。80年代中期以后，高科技的突破性新成果被广泛应用于生产发展，对生产力的发展产生了巨大的推动作用。

冷战结束后，世界的主战场转向经济领域。为了增强综合国力，提高国际竞争能力和在世界经济中的地位，各类国家都在进行调整、探索和完善符合本国国情的市场经济体制，发达资本主义国家更是如此。欧盟的诞生使欧洲的商品、劳务、人员、资本可以自由流通，促使欧洲的经济增长速度快速提高。

第八章 拉丁美洲的古代史——美洲文明的初始

拉丁美洲名字有什么秘密？

"拉丁美洲"一词是南美历史发展的产物，可以毫不夸张地说，"拉丁美洲"这一名称的提出和确定，伴随着欧洲强国对美洲的殖民时期的文明发展全过程。

"拉丁美洲"一词出现在19世纪中叶，同"美洲"一词一样，其提出和确定亦有其特定的历史背景，是历史时代的产物，也经历了无概念无名称、有概念无名称和有概念有名称这三个阶段。"拉丁美洲"这一概念和名称的孕育始自18世纪末、19世纪初拉丁美洲地区殖民地独立运动时期，当时通用的名称有"新大陆"、"美洲"和"南美洲"。这"新大陆"和"美洲"并不是指整个西半球，而只指西半球的一部分——今拉丁美洲地区。这"南美洲"包括中美洲和墨西哥，即美国以南的地区。也就是说，在地理和地理——政治意义上，已明确出现了两个美洲："北美洲"和"南美洲"，然而"拉丁美洲"这一概念和名称却还没有萌生，19世纪30年代，"拉丁美洲"这一概念才出现，这一概念首先出现在法国学者的一些著作之中，后来，一些活动在欧洲（主要在法国巴黎和西班牙马德里）的原西属美洲的学者接受了这一概念，以区别西半球存在着的不相同的文明，从语言文化、种族文化上区分出两个"美洲"，最后在60年代初正式确定了"拉丁美洲"这一名称。

谁是美洲初始的主人？

印第安人是美洲最初的主人。当哥伦布第一次到达美洲的时候，印第安人在南北美洲的总人数，估计有1400万～4000万人。

印第安人的分布非常广泛，种族也非常复杂。当哥伦布来到美洲的时候，印第安部落的数目，简直多得无法数清，各个部落和各个种族之间，都有各自的语言、方言和肤色，语言和方言多到1700种，所以拉丁美洲还有"语言博物馆"之称。肤色则由全黑一直到浅黄，深浅很不一致。他们的分布情况大致如下：在极北部是爱斯基摩人和阿留申人，爱斯基摩人主要住在由阿拉斯加至格陵兰的北美洲北极海岸；在阿拉斯加内陆地区及加拿大，则有阿塔巴斯干人和阿尔贡根人；在美国境内主要有易洛魁人、苏人（一名达科他人）、梭雄人、马斯科基人（一名克里克部落）、庞泥人以及摩其村落人等；在墨西哥有阿兹特克人、托尔特克人和查波特克人。在下墨西哥和中美洲有玛雅人；在加勒比海区域有加勒比人；在委内瑞拉、哥伦比亚及周围各地有奇布查人；在秘鲁、厄瓜多尔和玻利维亚等安第斯高原一带有印加人；在亚马逊尼亚有阿拉瓦人；在亚马逊河口有图比人；在巴拉圭、阿根廷和下巴西有瓜拉尼人；在智利有阿拉乌干人。

印第安人有那些生活特征？

1492年哥伦布发现"美洲"前，印第安人为了适应各地不同的自然环境，已经形成了阶级社会以前的各类社会经济组织、生活方式和文化形式。他们组成了为数众多的各种部落集团，彼此间的联系不多。他们的生活方式多种多样，由采集、渔猎、游牧到农业，几乎全都具备。如居于极北部的爱斯基摩人和阿留申人，以猎取海象、海豹为生；居于北美西部沿海一带的特令基特人、海德人及其周围部落，主要依靠渔业为生；加利福尼亚的印第安人靠采集野生果实为生；达科他人靠猎取野牛为生。在北美洲，只有西南部和东南部一带地区的印第安人，才知道从事农业。在拉丁美洲区域，特别是墨西哥、中美洲和秘鲁等地的印第安人则不但从事农业，而且出现了城市、商业和各种较复杂的社会生活方式，形成整个美洲印第安人经济文化发展的高峰。

印第安人的部落有什么特点？

各种印第安人在社会经济发展方面，尽管各不相同，但是全都属于一个总的模型，即部落公社制的模型。这种部落公社多半采取母系氏族的形式，但也有一些部落已处于由母系氏族向父系氏族过渡的阶段，有一些已达到父系氏族阶段，甚至有一些已组成部落联盟。一个部落的成员，通常聚居在一个村落，他们多半是被血缘联系在一起的亲属，人口的数量从500～3000人。有些部落，包括几个村落在内，人口总数达1万，或者还要多一些。至于像阿兹特克、玛雅和印加这样大的部落联盟，其人数当远远超过此数。

印第安人的这种部落公社里设有议事会。土地为部落所公有，由议事会掌管，其他公共事务也由议事会决定。议事会把土地分配给各氏族，再由氏族分配给各家庭使用。耕种方式很原始，一般是用火烧去树木和杂草，然后用木制或石器工具去耕种，耕种时按照年龄和性别分工，进行集体劳动，老年人和村长是这种生产的组织者和监督者，劳动产品平均分配，不过对于一些年老体弱和在劳动中出力较多的人，在进行分配时往往予以照顾。

印第安人最高权力者是谁？

这种部落公社里的各个成员所享受的权利是一样的。首领和酋长是部落全体成员意志的执行者，由氏族全体男女成员在议事会中选出。首领和酋长的地位并不比普通氏族成员高，只是职务不同罢了，民主是这种部落组织的基本原则，平等、互助、友爱和团结的气氛渗透到所有部落成员之间，妇女受到很大尊敬，它的全体成员都是自由人，都有相互保卫自由的义务；在个人权利方面平等，不论酋长或军事首领都不能要求任何优越权；他们是由血族关系结合起来的同胞。自由、平等、博爱，虽然从来没有表述为公式，但却是氏族的根本原则，而氏族又是整个社会制度的单位，是有组织的印第安人社会的基础。印第安人具有那种受到普遍承认的强烈的独立感和自尊心。

什么是玛雅人？

玛雅人发展的历史，按其特征可以分为两个时期，第一个时期为南部玛雅，第二个时期为北部玛雅。南部玛雅人住在今天的危地马拉、赤阿帕斯和洪都拉斯一带。远在公元前2500～公元1000年前，这儿已有了很高的文化（前古典时期的奥尔梅克文化）。

玛雅人在农业发展上有哪些贡献？

公元前1000年左右，发展了农业；公元前后更出现了城市。他们培植了玉米、番茄、南瓜、豆子、甘薯、辣椒、可可、香兰草和烟草等重要农作物，其中以玉米的培植最为重要，玉米产量高，营养价值高，成为玛雅人（也是阿兹特克人和印加人）的主要粮食。此外，玛雅人还懂得饲养火鸡、狗和蜜蜂。他们的手工业和商业也非常发达，懂得用陶土制成器皿，用燧石和黑曜石制成各种工具和武器，用棉花织成布匹。他们知道用金、银、铜和锡等元素制成合金，再把这些合金制成各种器皿和装饰品。每个村落和城市都辟有广场，作为相互交易之所，并有客栈，可供带货商人住宿，交易在一定日期进行。市场上的商品主要有棉布、蜜、蜡、燧石武器、盐、鱼以及奴隶，还可以买到其他各种日用品和食品。至公元后的八个世纪中，各个不同的玛雅部族一共建立了一百多个城市，其中大的城市如帕伦克、科帕等还同其他远地的印第安族通商，甚至同南美洲的哥伦比亚地区也可能建有直接或间接的商务联系。商品的交换一般是将可可豆作为媒介，定为通用的货币。

玛雅人的建筑风格是什么？

玛雅人擅长建筑和艺术。他们用石料建立许多非常富丽堂皇的庙宇、陵墓和雄伟的纪念碑。至今，在玛雅族古城的遗址上，还保存了卓越的建筑古迹，他们在庙宇上为我们留下了各种颜色的图画和美丽生动的雕刻。在博南帕克遗留下来的壁画（公元8世纪），画出了古代战争的场面，画中的人物形象千姿百态，栩栩如生，成为世界壁画艺术的著名宝藏之一。玛雅的城市中，每隔相当时限（一般是20年），就要建立一些石柱（纪念碑），在这些石柱上刻有题词，记载着各种重要的事情，根据这些题词，可以相当准确地断定各城市的兴起和毁灭的时期。据已有的发现和统计，立柱的时间先后共达1200多年，最早一块著名的石柱，建于公元328年，最后一次立柱是在1516年，立于图卢姆。玛雅人的道路和围墙建筑也相当出色；各个城市之间都有道路连接，各个公共建筑物差不多都有坚固的围墙。在图卢姆至今还留有一面长达716米、宽6米和高3～5米的古墙。

什么是阿兹特克人？

阿兹特克人是一个比较年轻的印第安部族，属于纳瓦部落集团的一支。据说他们最初住在"海岛"上，地点可能是墨西哥西部，他们在很长的一个时期内，作为雇佣兵向不同的酋长出卖劳役，他们把传说的家乡称为"阿斯特兰"，阿兹特克的名字即由此而来。

大约在11世纪中期，阿兹特克人开始逐渐向墨西哥盆地迁移。据说，他们的部族神维济洛波奇特利指示他的祭司们说，如果在一个地方见到一只老鹰立在一颗仙人掌上啄食一条蛇（这就是今天墨西哥的国徽），该处就是他们永久的居留地。14世纪初，这个部落在酋长特诺的率领下，

到达特斯科科湖畔。1325年，他们在特斯科科湖中两个小岛上开始建立一个城市，这就是后来阿兹特克的著名首都——特诺奇蒂特兰城。

阿兹特克人是怎样向外扩张的？

阿兹特克人在特斯科科湖畔定居以后，继续不断向外扩张，此后百余年中，他们用武力先后征服了托尔特克、阿托米等部族，至1437年，建立了北美洲当时最为强大的部落联盟，其"国王"蒙特苏马一世（1440～1469年）被称为蒙特苏马大帝。它幅员非常辽阔，东西两方分别伸展到墨西哥湾和太平洋，总人口达600余万。被征服的各个部族必须向阿兹特克的"国王"纳贡，贡物中包括金、首饰、皮毛、各种奇异鸟类、棉织品、可可以及蜂蜜等贵重物品。恩格斯曾经指出：阿兹特克人所领导的联盟的社会制度乃是"三个部落的联盟，它征服了其他几个部落并使之朝贡；它由联盟议事会和联盟军事酋长来管理"。

阿兹特克人的文化有哪些特征？

阿兹特克人的文化主要是从托尔特克人和玛雅人那儿学习和吸收过来的，与玛雅文化有许多相似之处，但也有自己的某些特点。他们的文字，大体说来，同玛雅属于同一类型，不过，文字还只发展到绘画文字的阶段，但已含有象形文字的成分。在历法知识方面，他们知道一年为365天，每逢闰年补加一天。在医学方面，他们知道利用各种药草，如用洋地黄治心脏病，用奎宁治疟疾，并能用一种叫"亚乌特利"的植物做麻药以及土法麻

醉，比欧洲医生在采用这些药物上要早好几百年，欧洲医生所用的许多药物还是从印第安人那里学来的。他们同样是伟大的建筑家和优秀的手工业者，其所建堡垒、桥梁和庙宇，都非常壮丽。他们的金字塔比古代埃及的金字塔还要雄伟。阿尔班峰地区的废墟，伸延约24平方千米。托尔特克的月亮金字塔和太阳金字塔遥遥相望，太阳金字塔的塔基有3437平方米，高有42米。今天登上宏伟的太阳金字塔俯瞰四周，还可以看到层层叠叠的被称为"金字城"的古老庙宇和宫殿。

什么是印加人？

印加族和阿兹特克一样，他们也是一支相当年轻的部族。他们最开始的时候住在库斯科盆地，从13世纪起，开始向外扩张。关于印加族的起源，印加人曾流传这样一个故事：太阳神在的的喀喀湖中的岛上，创造了一个男人及其妻子，使他们成为王与王后，然后把他们送到安第斯肥沃的谷地库斯科，王与王后用他们父亲（太阳）的名义，走遍了谷地，把人民召集在一起，共同建筑库斯科城。从此以后，印加族就以库斯科为中心，逐渐向外扩张。

15世纪中叶起，他们先后在国王帕查库蒂（1438年起执政）及其儿子托帕印加（1471年执政）领导下，征服土地愈来愈广，至1450年，他们所占领的土地，已超过今天秘鲁共和国的面积。1525年，印加帝国已发展到它的极盛时期，统治的面积出哥伦比亚到智利中部（其中包括秘鲁、玻利维亚和厄瓜多尔），南北长达4828千米，东西由太平洋沿岸深入亚马逊丛林，成为一个包括可能达1000万人口的美洲空

前的大国。由于他们在战争中的成功，有时被称为新世界的罗马人。

印加人的土地制度有哪些特点？

印加人的土地制度，同其他印第安部族一样，基本上属于部落公有制，但有其本身的若干特点。基层单位是公社，称为艾卢，同一艾卢的成员或者共同居住于一个村落内，或者散居在许多邻近的小村落里，后者较为普遍。在滨海一带城市式的大村庄里，往往还设有专门的艾卢区，艾卢内的成员都属于同一血统的亲属，受同一氏族神的保护。土地被分成三部分，一份属太阳（僧侣），一份属国王，一份属人民（即公社地），所有这三份土地，都由艾卢的成员负责耕种，耕作的程序：最先耕太阳和国王的土地，然后耕村社成员的份地（包括老人、病人以及鳏寡孤独的土地），最后才耕归村社所有的土地。耕作时村社成员由长老率领，彼此互相帮助。在商业方面，总的说来，交换和贸易还不太发达，没有金属货币，没有统一的度量衡，不少地方还实行物物交易，不过，在沿海和山区居民之间的交换则颇为兴隆，每当收获季节，在规定时期内，这两个地区的居民在一定的地点会合，进行集市贸易。从山区运来的货品主要是肉、毛皮、金、银以及金属制品；从沿海地区运来的货品，则主要是谷物、蔬菜、果品、棉花等。

拉丁美洲文明发展分为几个阶段？

历史学家，通常将拉丁美洲将15世纪末、16世纪初定为拉丁美洲古文明的终点，将起点定位于首批追猎者进入拉丁美洲的远古时期，这段时间大致可以分为5个历史发展阶段。

第一阶段为"石器时期"，从首批追猎者2.1万年前进入墨西哥的远古时期开始到约公元前6000年。这一时期，人类分成小群体，在拉丁美洲四处迁徙，过着狩猎、采集的生活，使用着简单的磨削石器工具。当然，这些群体的生活并不是一成不变的，它们的活动范围逐渐固定下来，在地理环境、自然条件的影响下，各地狩猎、采集的对象和手段趋于特殊化，例如，活动在河、湖、海边的人群逐渐专靠捕鱼为生。而植物生长随季节变化，动物的活动规律亦呈季节性，这就导致了两大变革：其一，出现了定居的村落；其二，开始培植野生植物、驯养动物，以供食用。

第二阶段为"古代时期"，约从公元前6000年～前2000年。人类定居生活的发展是这一时期的明显特征。最早的定居村落首先出现在河、湖、海边（诸如山谷和河谷地带、加勒比海和太平洋沿岸）。原因是这些地方有着丰富的食物资源，且能供长年食用，利于定居，定居的人群不断培养野生植物和驯养动物，墨西哥高原地区开始栽种玉米、南瓜、菜豆等作物，南美地区则开始种植木薯、马铃薯等作物。这些固定的食物来源又导致了永久定居的生活。其结果是人口不断增加，村落由小变大，为拉丁美洲的文明发展奠定了基础。

第三阶段为"前古典时期"，约从公元前2000年到公元250年。通常又将这一时期分为三个时期：早期（约前2000～前1000年）、中期（约前1000～前400年）和晚期（约前400～公元250年）。总的说来，拉丁美洲发达的文明肇始于这前古典

时期的早期。当时具有代表性的文明是墨西哥湾沿海低地的奥尔梅克文明和南美安第斯高原上的查文文明。这些早期的文明在前古典时期中期有了很大发展，开始出现了初期的社会等级（权贵和非权贵集团）、复杂的宗教和经济制度。在前古典时期晚期出现了文字。

第四阶段为"古典时期"，约从公元250～1000年。通常也将这一时期分为三个时期：早期（250～600年）、晚期（约600～800年）和末期（约800～1000年）。这一时期，文明之花在墨西哥、中美洲和南美洲普遍开放，出现了比较复杂的政治组织——国家。各国人口众多，市镇形成，专业工匠诞生，出现了社会分工，同时出现了比较复杂的社会等级——阶级和维护政治权威的专政工具。最早的国家出现在墨西哥和中美洲高原和低地地区。而最著名的国家则是玛雅诸城邦。玛雅地区具有相对比较发达的文化。

第五阶段为"后古典时期"，约从公元900至1500年。这一时期又分为两个时期：早期（约900～1200年，与"古典时期"的末期有100年的重叠）和晚期（约1200～1500年）。其特征是人口的不断增加、市镇的不断发展、战争的频繁和国家的扩张。墨西哥和中美洲有强盛的托尔特克帝国和后来的阿兹特克帝国；南美洲安第斯山中部地区有奇穆帝国和印加帝国。

环加勒比地区人口居住特征是什么？

环加勒比地区包括安第斯山北部地区、中美洲（不包括今危地马拉、洪都拉斯、伯利兹和萨尔瓦多数国）、委内瑞拉

部分地区、大安的列斯群岛和玻利维亚东部地区。这一地区处于三大文明、两大帝国交界之处，文化、社会发展深受其影响，形成了许多大大小小的酋长国。

各酋长国都是由许多个村落组成。酋长国形成的条件为：有各种各样的农作物，保证食物的供应；丰富的食品有剩余，使一部分人可以从生产活动中分离出来，从事行政、军事、宗教和手工技艺活动；有长期固定的耕地和村落；人口增多，出现了没有血缘关系的人们杂居的大型村落；国家机构的设立、神庙的存在、战争的需要和社会阶级的形成，使一些村落的联系得以加强。

安第斯山南部地区的贸易情况是什么样的？

安第斯山南部地区包括现在的智利和阿根廷西北部。智利北部为沙漠地带和山区，沙漠地带干旱少雨，阿塔卡马族人就生活在片片绿洲之中；阿根廷西北部山区生活着迪亚基塔族人。智利南部为山谷地带，阿劳坎人繁衍生息其间。阿塔卡马族人在沙漠绿洲上开渠筑坝，从事农耕，种植玉米、菜豆、南瓜、葫芦、辣椒等作物，饲养羊驼，他们同沿海居民和安第斯山中部的人有贸易往来，他们生产陶器制品、纺织品、木材制品、皮革制品，打制石器、骨器、铜器、金器和银器，还用藤条编制筐、篮。

受自然环境影响，阿塔卡马族人居住分散，村落比较小，通常按血缘关系集中居住，由族中年长者担任首领，为了抵御外族入侵，村落外均筑有保护墙。宗教气息不浓，没有神庙，也没有崇拜的偶像；

但人死后的葬礼非常隆重，体现了一种祖
先崇拜。

热带丛林地区的村社按照什么分化的？

热带丛林地区的物质文明发展程度较
低。人们不会冶金术，不懂雕塑、修桥和
铺路，人们的"发明创造"只是为了适应
热带丛林生活的需要。纺织使用竖机，以
棉花为原料，主要生产布带和吊床，还有
用树皮制布的，使用的容器一般用陶土烧
制，或用葫芦做成。热带丛林地区生长着
一种橡胶树，当地人将树汁制成橡胶，他
们很可能是制胶的首创人，他们用橡胶制
造指环、人像、皮管和皮球，热带丛林地
区有多种乐器，各有各的用场。

热带丛林地区社会以血亲族群村社为
基础。村社的大小不一，视各地人口密度
而定。亚马逊流域西北部，河网密布，交
通不便，往往一大通间房舍（茅草盖顶）
就是一个村落。热带雨林地区主要是父系
社会，一个村社就是一个父系族群，有着
共同的祖先，所有的男性成员属于一个秘
密组织，参加祭祀祖先。村社规模不大，
不需要什么民事监控；因此，也就没有什
么政治组织和制度了。头人通常也是巫
师，他的主要任务是治病，也主持村中的
祭祀活动，人们认为他有超自然的能力，
所以对他十分崇敬而畏惧。

什么是前阿兹特克文明？

公元前2000年左右，前阿兹特克文
化在长期孕育的基础上，发展进入前古
典时期。

这一历史时期的文明主体是奥尔梅克
文明、特奥蒂瓦坎文明和托尔特克文明。
这三大文明先后发祥在墨西哥湾沿岸地区
和墨西哥谷地，但其发展带来的影响并不
仅仅局限于本地区，而是遍及整个中部美
洲地区，具有普遍性和历史延续性。

奥尔梅克文明有哪些特征？

奥尔梅克文明发祥的中心地带位于今
墨西哥的维拉克鲁斯州和塔巴斯科州，西
起帕帕洛阿潘河，东至托纳拉河，面积约
1.8万平方千米。

奥尔梅克文明的主体为三个文化点：
圣洛伦索文化、拉文塔文化和特雷斯萨波
特斯文化。它们的发展、繁荣期有先有
后，相互衔接：圣洛伦索文化最早，约在
公元前1200～前900年；其次是拉文塔文
化，约在公元前900～前600年；特雷斯萨
波特斯文化最晚，约在公元前500～前100
年。奥尔梅克人的艺术成就主要表现在石
雕上，代表作为巨型人头石雕像，总共出
土了16尊头像，均为独块巨石雕成，最大
者头长3米，重约25吨。奥尔梅克文明的
影响遍及整个墨西哥和中美洲部分地区，
为这些地区文明的进一步发展奠定了基
础。在奥尔梅克文明基础上发展起来的、
具有代表性的文明，一是特奥蒂瓦坎文
明，一是玛雅文明。

特奥蒂瓦坎文明有哪些特征？

特奥蒂瓦坎文明发祥于特奥蒂瓦坎谷
地（该谷地与墨西哥谷地毗邻），兴起于
公元前200年，发展的中心和基地是一座
大型城市（特奥蒂瓦坎城）。该文明鼎盛
时期（350年左右），特奥蒂瓦坎城面积
达20平方千米，人口约20万。

特奥蒂瓦坎城是在一个大村落的基础上发展起来的，这一村落占地约6平方千米，构成了特奥蒂瓦坎城的西北部。

特奥蒂瓦坎文明的发展分为几个历史阶段？

根据文化特征，特奥蒂瓦坎文明的发展分为四个阶段。

特奥蒂瓦坎第一阶段（前200年～公元初年），城市初具规模，居民至少4万～5万人，大部分居住在城的西北部。城市以南北向的"亡者之路"（长2000米，宽40米）为轴心建成。文化成就以金字塔和庙宇建筑为代表。

特奥蒂瓦坎第二阶段（公元初年～350年），城市规模扩大，达到了20平方千米的范围。文化成就以建筑、雕刻、制陶为特色。

特奥蒂瓦坎第三阶段（350～650年），城市人口达20万，文化发展至鼎盛，建筑、壁画成就辉煌。

特奥蒂瓦坎第四阶段（650～750年），走向衰落，最后遭兵燹，人散城亡。

什么是托尔特克文明？

托尔特克文明兴起于公元950年，离特奥蒂瓦坎城衰落的时间正好是200年。在这期间，特奥蒂瓦坎文明的发展并未中断，而是在其他地方兴盛起来，并与当地文化结合，具有新的特征。

托尔特克文明兴起于图拉，图拉位于今墨西哥城西北64千米处。城池建在山上，山下为特奥特拉尔潘谷地，图拉河流经其间。图拉城虽在山上，但河流、森林、野兽和石材为其发展创造了条件，充

分利用这一条件者是托尔特克人，他们吸收了特奥蒂瓦坎文化和后特奥蒂瓦坎文化成果，创建并发展了自己的文明。

托尔特克人的建筑、石雕和绘画艺术具有新的特征。这新特征集中体现在一座金字塔上。此塔共有五个层阶，顶部平台建有羽蛇神庙。

玛雅文明主要包括什么？

玛雅文明孕育、兴起、发展于今墨西哥的尤卡坦半岛、恰帕斯和塔帕斯科两州的大部分地区、今伯利兹、今危地马拉大部分地区、洪都拉斯西部地区和萨尔瓦多。玛雅文明的早期中心出现在中部低地和南部低地，最著名的中心是蒂卡尔和科潘。这些中心衰落以后，北部低地（尤卡坦地区）兴起了奇钦伊察、乌斯马尔和马雅潘三大中心，玛雅文明在低地的发展最具代表性。

玛雅文明有哪些历史？

玛雅文明植根于远古石器时代。玛雅的祖先游猎南北，漂流东西。公元前2000年左右，他们开始渐次在海边、高原谷地和平原低地定居，从今墨西哥地区引种玉米和其他作物，从事农耕活动，农业和定点群居孕育着玛雅文明。公元前1000～前400年间，玛雅文明诞生，开始了其发展的历史进程，玛雅文明的历史发展可分为三个阶段：早期阶段（约前1000～250年）、中期阶段（250～1200年）和晚期阶段（1200～1500年）。

玛雅文明早期阶段的发展同时兴起于太平洋沿岸、高原地带和中部低地。社会开始发生分化，出现了阶级和阶级剥削及

压迫，平等日渐消失。生产不断发展，物资日益丰富，出现了远距离贸易，内部联系密切，与外界接触加强，发展中有了自己的特色，太平洋沿岸和高原地带具有特色的文化反映在大型石碑上，石碑上雕刻有历朝历代的统治者形象、在位时间和一些象形文字说明的历史事件。中部低地具有特色的文化反映在大型石料建筑物（如金字塔和城市的卫城）、大型石铺广场和堤道上，文明发展的中心在纳克贝和埃尔米拉多尔。

印加文明形成时期的背景是什么？

早期的特征是文化发展的同一性；晚期的特征是文化发展的差异性。

安第斯山中部地区的先人们进入农耕时期后，开始了农业生产的发展和手工制作技艺的改进。公元前1000年左右，安第斯山中部地区进入了文明的形成时期。文明发展的中心是沿岸北部地区和高原北部地区，又以高原北部地区的查文德万塔尔遗址为代表。考古学家和历史学家根据其建筑和出土文物的风格，称之为"查文文化"，查文文化的风格散见于沿岸区和山区各地，显示了这一时期文化发展的同一性。这同一性表现在以下几个方面：

开沟修渠，出现了农业灌溉工程。村落扩大，出现了大型的建筑；祭祀中心形成，崇拜豹神；陶器按模型制作，经窑烧而成，造型多样，其上雕有人头或兽头、人像、动物和植物，还有房舍和几何图案，人们的生活质量大大提高，一些家庭日常用具的发明大大提高了人们的生活质量，石臼、石杵用以捣碎加工食物；石碗、石盒、陶壶、柳条筐篮用以盛物；骨锥、骨针用以缝制衣裳。

美洲列国复兴时期的文明有哪些特点？

在各地方文化发展的基础上，公元前200～450年间，生产分工扩大，手工业大发展；社会阶级形成，武士—祭司阶级成了社会上层统治阶级；国家形态趋于成熟，出现了一批地方性的国家。文化成就最高、影响最大的国家是帕拉卡斯、高原南部地区的普卡拉、沿岸南部地区的纳斯卡、高原中部地区的雷夸伊、沿岸北部地区的莫奇卡以及沿岸中部地区的利马。它们的文化特征既有相异点、又有雷同处，受到通过战争和人员流动的影响，开始出现了文化融合的现象。

农业生产大发展，大部分可耕种、可灌溉的土地都得到了利用；畜牧业也有了发展，大批放牧骆马和羊驼，骆马和羊驼不仅产毛和肉，还用作运输。

房屋建筑宏伟，各国均兴建了大型庙宇和宫殿，神庙用泥柱支撑，柱间用长方形土坯填实，有的庙宇不用土墩，直接建在小山上。战争已经不再是个人行为，而是国家行为；战争不再仅仅是为了个人荣誉，或掠夺财物，或捉拿俘虏献祭神灵，而是开始用以扩展疆土了。武士已是全副武装，手持盾牌，戴盔披甲，使用长矛、掷矛、砍刀、金属头槌，作战时吹螺号助战，催动军犬攻敌。

军事首领和高级祭司是同一个人，他也是一国之君，他又是神人合一的人物，代表神治理天下，形成了一些政教合一的国家。莫奇卡的国家形态比较完善，其疆土包括兰巴耶克、奇卡马、莫切、维

鲁、查奥、瓦迈雅尼亚、圣纳那和内佩尼亚等8个河谷地带，总面积达6585平方千米。手工制品更臻精美，这精美不是表现在技术特色上，而是表现在艺术风格和工艺精细上。沿岸北部地区的陶器仍为模制，但装饰图案的底色已用白色，图案色彩单调；而纳斯卡的陶器装饰图案用的底色有白，还有红，图案色彩相当丰富，有11种颜色，图案多为动物、植物和人像。沿岸北部地区的图案比较复杂，有人像、飞鸟、走兽、游鱼，更有祭祀仪式、战争场面、人类的日常生活（包括性生活）、农事活动等，揭示了当时社会、宗教、经济、政治生活的各个方面。

纳斯卡的纺织品精美绝伦，编织业也相当发达。而最具特色的是使用的颜色。基本颜色有11种，已发现的色彩多达190余种。纺织品不仅供应本地所需，还远销山区。服装成了列国各社会阶层和职业的不同标志。金属制品比以前更加普及，不仅有金、银、铜质制品，还有各种合金制品，主要是首饰和祭祀用品；莫奇卡已用铜制成，矛尖、斧头、掘地棒的尖头，骨雕、贝雕和石雕的工艺水平也大大提高了，主题类似于陶器。

美洲战国时期的文明是怎样形成的？

战国时期分为前后两个阶段：前一阶段为蒂亚瓦纳科帝国时期，蒂亚瓦纳科文化占统治地位；后一阶段为列国复兴时期，地方文化得到发展。

列国兴盛时期，主要是国内的发展。土地耕种面积扩大，生产增加；人口增多；手工制造业发达，工匠人数增多；社会、政治、宗教结构确立。列国兴盛时期末期，由于地理、生态条件的限制，土地耕种面积难以再扩展，生产停滞，国内生产已不足所需，比较弱小的国家出兵到邻国抢掠；比较强大的国家则出兵征服邻国，强迫当地人纳税进贡，扩大本国文化和宗教影响。蒂亚瓦纳科国是向外扩张最积极的国家；公元1000年左右，它的文化影响遍及几乎整个安第斯山中部地区。

蒂亚瓦纳科文化兴起于高原南部地区，兴盛于公元3～8世纪。蒂亚瓦纳科的石刻风格传播最广，石刻除人形石柱外，还有门的饰带和榫在建筑物上的石人头和石兽头。蒂亚瓦纳科文化的特征和艺术风格见于今玻利维亚东部的科恰班巴、今秘鲁南部的阿雷基帕、今智利北部的卡拉马、今秘鲁高原的北部地区、中部地区和沿岸地区，这表明了文化的同一性。

蒂亚瓦纳科帝国崩溃后，最强盛的国家是奇穆国。它在短时间里就整修好灌溉系统，生产得以迅速恢复。它继承了早期莫奇卡文化传统，最大的成就是发明了青铜。用90%的铜和10%的锡制成合金，即成青铜。完全掌握了金属冶炼、锻造技术，还发展了镶嵌工艺，不仅能制作各种首饰（有的首饰上嵌有宝石），还研制出了金盘、银盘、铜盘、青铜盘等（有的盘上有浮雕），人们用青铜打制成掘地棒的尖头、小刀和针，并打制成短剑、匕首、锤、护胸，供武士使用。纺织品和陶器开始了规模化、标准化的生产，沿用早先的鸟、兽、鱼和几何图形，没有许多新意。这一特色也反映在石雕和壁画上。奇穆人是多神论者，主要崇拜太阳神、月亮神、海神和风神。

第九章 中世纪的拉丁美洲历史——美洲的发现和殖民

哥伦布发是怎样发现新大陆的？

哥伦布（1451～1506年）并不是美洲的第一个发现者，在这以前，印第安人早已遍布南北美洲，成为整个南北美洲的主人。

1492年8月3日拂晓，哥伦布带着西班牙王室致中国皇帝的国书和两个阿拉伯语翻译，率领"圣玛丽亚"（载重约100吨）、"冰达"（50吨）和"尼娜"（40吨）三条小帆船和船员87名，驶出巴罗斯港，正式开始了"发现"美洲的第一次伟大的航行。由于哥伦布的巨大决心和毅力，经过水手们两个多月的努力，他们在10月12日半夜两点钟发现了陆地。当时舰队的所有人员都兴奋异常，欢声雷动，哥伦布命令从船上放下几只小艇，自己身着海军上将礼服，带领两位船长、一位公证人和王室的监官一起登岸，他们全体跪在地上感谢上帝的"恩赐"，并含着喜悦的热泪伏抱大地，为着他们能够终于踏上这片土地而感到无限幸运，哥伦布在岸上升起西班牙国旗，并以西班牙国王的名义，宣布这个岛屿为西班牙的领土。这个第一次被"发现"的地方就是今天加勒比海中巴哈马群岛中的华特林岛。哥伦布把这个岛定名乃"圣萨尔瓦多"，即基督教所谓"救世主"之意，哥伦布当时误认为这个地方便是印度的一部分。10月12日这个日子，后来就被定为拉丁美洲的"诞生"纪念日。

拉丁美洲是怎样被征服的？

哥伦布等人并不是作为和平使者来到美洲的，而是作为殖民主义者和征服者的急先锋来美洲寻找和掠夺财富的，在他们背后，有着欧洲封建势力和资本家的积极支持。

欧洲统治者急欲向外扩张侵略，西班牙王室想从殖民地获得新的收入来源；好战的小贵族和破产武士想在新的土地上建立起自己的小王国；"宣扬基督福音"的天主教僧侣则要替"上帝"觅取新的活动场所；大商人则要为自己找到更多的贸易市场。此外，还有企图逃避法网的罪犯，肯为低微薪金卖命的雇佣兵，以及那些放荡成性、不堪救药的流氓等，也想把美洲当成他们新的冒险乐园。所有这些统治阶级人物和封建社会的亡命之徒，对于掠夺金银、强占土地、奴役人民的机会，是决不会轻易放过的。虽然印第安人开始以非常友好和慷慨的态度接待他们，甚至把他们当作"神"和"超人"，但他们为了获得财富，却喧宾夺主，恩将仇报，凭借锐利的武器和阴险狡猾的手段，对印第安人实行疯狂的掠夺和屠杀。至1574年，西班

牙殖民者已占领美洲大陆近1/3的土地，建立了200多个城镇和移民区，来到美洲的人数达到15万。

西印度群岛是怎样被征服的？

西班牙殖民者对拉丁美洲的征服，首先是从西印度群岛开始的。西班牙殖民者在征服过程中，用尽一切无情的恐怖手段，来镇压印第安人的抵抗，仅仅在几年之间，西印度群岛上的印第安人，不是被殖民者直接杀害，就是死于殖民者所带来的天花、麻疹等传染病，或死于殖民者奴役下的繁重劳役，也有因无法生活而被迫自杀的。巴哈马群岛在12年内，差不多一个印第安人也没有留下。古巴的30万印第安人，至1548年差不多濒于绝迹；海地岛的约25万印第安人只剩下500人，这种惨绝人寰的现象，真是有史以来所罕见的，总之，西印度群岛最早被西班牙殖民者所发现，也最早被征服。其土著居民的遭遇也最为悲惨，因为他们不愿做奴隶，而岛小人少，容易被征服，由于无处可逃，所以不到一个世纪，他们便被灭绝了，以后，这里就成了欧洲白人和非洲黑人的居住地。

墨西哥是什么时间被侵占的？

墨西哥的被征服发生在1518～1521年。在此以前，西班牙人曾经得到了一些有关玛雅人和阿兹特克人的传闻，并从古巴或埃斯帕尼奥拉出发，对墨西哥和中美洲海岸做过一些探险活动。1512年，一条从巴拿马地区达里安驶回埃斯帕尼奥拉的船只，在尤卡坦海岸遇险，18人上岸，2人保全了性命，其中一人为阿吉拉尔神

甫，他在以后科尔特斯征服墨西哥的活动中曾起过一定的作用。1517年，西班牙殖民军官科尔多瓦，在古巴督军贝拉斯克斯的支持下，航行到尤卡坦半岛，从当地玛雅人手中得到相当数量的各种金制器皿，接着，贝拉斯克斯又派他的表兄弟格里哈尔巴作进一步的探险，格里哈尔巴到达尤卡坦和墨西哥海岸，并沿帕鲁科河进入内地，获得了有关阿兹特克宫廷如何富裕的消息，所有这些，都大大刺激了贝拉斯克斯的贪欲，科尔特斯就是在这种情况下，被这位古巴督军遴选出来去寻找这类传闻中的大陆"帝国"的。

秘鲁是怎样沦为殖民地的？

继墨西哥被征服之后，西班牙殖民者掠夺西半球的另一大步骤，便是对南美洲大陆印加"帝国"的征服，这件事发生于1531～1533年，离墨西哥的被征服仅仅10年。

征服印加"帝国"的主要人物为皮萨罗，皮萨罗原是西班牙的一个流氓，一字不识，曾当过牧猪人，1509年，他随奥赫达的远征队，前往巴拿马地峡的达里安，身边一无所有，1513年，他随巴尔沃亚参加了横越巴拿马地峡的探险，由于在多次战争中立了功，他在巴拿马得到一个种植园，作为对巴拿马督军佩德拉里亚斯效忠的奖赏。

1533年11月，皮萨罗便派出军队占领了印加人的国都库斯科，库斯科非常壮丽，当时的人口，估计有20万～25万之多，皮萨罗在宫殿、地窖、地下洞穴和陵墓中找到了印加艺术的精品——金银饰物的新宝藏。1535年，秘鲁全境差不多都被

征服，由于库斯科地处内地，同巴拿马海上交通不便，再加以皮萨罗为显示其"武功伟绩"，他便在利马河畔的一个绿洲，建立了一座新的城市，取名利马，一切按西班牙的传统形式建筑，他为了纪念主显节，便称利马为"诸王之城"。从此，这个西班牙流氓，摇身一变成为印加"帝国"土地上的实际统治者，在这一征服过程中，皮萨罗不但掠夺了印第安人所有的财富，而且任意毁坏了一切有价值的文件与档案，摧毁了印加人雄伟壮丽的庙宇、陵墓和古迹，他使这个古老而富裕的"帝国"，变成了一片荒凉，这是人类历史上最大的浩劫之一。

巴西是怎样沦为殖民地的？

1385年，葡萄牙国王若奥一世驱逐了摩尔人，完成了国家的统一。15世纪初，被称为大航海家的亨利王子（1394～1460年）创办了一所航海学校，聘请意大利和葡萄牙的著名科学家，包括宇宙学家、地理学家、数学家和航海家等作为教师，以训练驾驶员和航海员。他先后派遣许多人向西、向非洲南海岸航行，发现了佛得角、亚速海以及塞内加尔海岸等。此后，迪亚士（约1450～1500年）于1487～1488年发现了好望角；达·迦马（约1460～1524年）于1498年终于到达了印度。

葡萄牙国王又于1501、1503、1516年，先后派遣远征队勘察这块新发现的领土。不过，这个时期，在巴西留居的主要是一些葡萄牙的流放罪犯、犹太人和因船只沉没而活下来的以及由各种原因被遗弃的水手等，这些人大多以印第安妇女为

妻，靠贩运巴西木过活，也有一些人从事农业，其中又以犹太人所起作用较为重要，因为在发现和征服初期，葡萄牙人一般都不愿意去巴西，而犹太人因在国内受压迫，所以去的较多。葡萄牙国王曾把采伐巴西木的专利权授给一个犹太贵族多年，但在最初的30年间，葡萄牙人在巴西的进展速度很慢。这主要是由于当时葡萄牙本身很小，只有150万人口，没有足够力量从事更多的征服活动。同时，葡萄牙已经拥有了一个富裕的东方，而巴西又没有发现像阿兹特克和印加那样多金的"大帝国"，很难引起葡萄牙人足够的注意。

拉丁美洲人民是如何反抗外来入侵的？

拉丁美洲的奴隶劳动，在当时的客观条件下几乎是无法避免的。16世纪初，西班牙和葡萄牙还处于封建制度阶段，国家小，人口少，而其所征服的地区又是如此之大，仅巴西一地，就比葡萄牙大93倍。在这样一个地广人稀而又富饶的新世界，矿场，种植园等，处处都亟待开拓，而西班牙、葡萄牙又无法从其本国调来劳动力，所以贪婪成性的殖民统治者必然要寻找对象供其驱使，印第安人和黑人奴隶劳动便因之而起。

但是，哪里有压迫，哪里就有反抗，压迫愈重，反抗愈烈。殖民主义者的暴行，激起了拉丁美洲人民长期的激烈反抗，西班牙和葡萄牙殖民者的"火"与"剑"，无论在征服时期或殖民统治时期，都不能使被压迫的人民屈服。拉丁美洲人民为了保卫自己的土地和维护自己的生存权利，在整个殖民统治时期的300年

间，曾向殖民统治者掀起过无数次的暴动和起义，他们挣脱西班牙殖民统治的经过，是历史上最伟大的英雄诗篇之一。

印第安人是怎样和侵略者做斗争的？

首先被作为掠夺和奴役对象的是印第安人，因而首先起来与殖民统治者作斗争的也是他们。当欧洲殖民者开始出现时，印第安人曾一度陷入惊愕状态，但很快便拿起武器进行战斗，显示出"宁肯战死也不愿意做奴隶"的英雄气概。印第安人的抵抗，遍布整个南北美洲，殖民者每征服一寸土地，都得付出极其惨重的代价。在被征服的地区，印第安人的反抗也没有完全停止。一有机会，他们又重新拿起武器，进行反抗，有少数地区，甚至从来就没有被征服过。在古巴、墨西哥、秘鲁、智利、巴西、委内瑞拉、玻利维亚、哥伦比亚以及拉普拉塔等地区的印第安人，更是不断发动巨大规模的起义。

西印度群岛是西班牙殖民者第一个征服地区，该地区系海上岛屿，印第安人数量不太多，力量不大，双方对比非常悬殊，但印第安人为了保卫家乡和求得生存，与敌人进行了极其壮烈的战斗，其中最突出的例子就是阿多欧的斗争。阿多欧是瓜哈巴小岛上的一个酋长，他的警惕性很高，当听到武装到牙齿的西班牙强盗登陆的消息后，他马上进行迎敌准备，经过一番激烈战斗失败以后，他带领全部落成员撤退到古巴，以自己的亲身经历，向古巴人民控诉了殖民者的血腥暴行，并动员、推动和组织他们参加战斗。

他利用古巴的多山地区，采用游击战术，把印第安人分成小股，神出鬼没，不断袭击敌人，使殖民者疲于奔命，被迫龟缩到一个堡垒中达三个月之久。最后由于叛徒的出卖，阿多欧才在奥连特山中的秘密藏身处被殖民者捉住。继西印度群岛之后，其他各地的印第安人也战斗得很顽强，仅墨西哥在殖民统治时期的大规模起义，有史实可查的即达十余次之多。在智利，由于阿拉乌干人的反抗特别顽强，西班牙殖民者不得不于1611年与他们签订条约，承认其独立。在巴拉圭，起义者曾利用宗教的口号，团结成千上万的人民，发动了神圣的解放战争。

秘鲁地区的起义更为普遍，当地由于印第安人较稠密，文化水平较高，由于皮萨罗的暴行激起了他们不可磨灭的仇恨，所以，他们对古印加"帝国"的怀念格外强烈，对白种殖民者的斗争，特别坚定而持久，如16世纪30年代到70年代曼科与图帕克·阿马鲁领导的起义，1742年胡安·桑托斯领导的起义，参加者有时多达数万人，致使西班牙殖民者费了九牛二虎之力，才勉强把起义镇压下去。但在殖民统治时期内，印第安人反抗殖民统治者最重要的起义，还是1780～1781年的图帕克·阿马鲁大起义。

黑人为了解放都做了哪些反抗？

黑人是作为补充劳动力，被欧洲殖民主义奴隶贩子用极端残酷的手段从非洲掠夺和贩运来美洲的。早在1502年，第一批由非洲运来的黑奴，在圣多明各岛登陆，黑奴是与科尔特斯和皮萨罗同时进入墨西哥和秘鲁的。巴尔沃亚横渡巴拿马地峡时，就有30名黑奴和他在一起。在16世纪，利马的居民中有1/3是黑奴，布宜诺斯艾利斯的居民中也有1/4是黑奴。随着殖民地种植园经济的发展和对劳动力需要的增长，由非洲运来的黑奴也日益增多。差不多每年都有整批整船的黑奴运来，当时非洲西海岸冈比亚河地区萨德拉一列基和尼日尔河口三角洲一带叫做奴隶市场，美洲殖民地的哈瓦那和蒙得维的亚则成了有名的"黑港口"。

1775年，牙买加的总人口为21万，而黑奴却有19.2万。奴隶贸易成为当时利润最大的行业。黑奴被称为"黑色象牙"。英国最大的商业城市之一利物浦就是在奴隶贸易的基础上趋于繁荣的，利物浦港口的奴隶船，在1630年只有15艘，到1692年就增至132艘，1774年，从利物浦开出的300只船，运的全是黑奴。在18世纪，英国殖民主义者是最大的奴隶贩子，其余如西班牙人，葡萄牙人、荷兰人和法国人等，都曾热衷于这个肮脏罪恶的行业，奴隶贸易一本万利，是资本主义原始积累的重要手段。

黑奴在殖民统治时期所受到的残暴待遇，比印第安人还要悲惨。印第安人至少在形式上是"自由"的，黑人则名义上也是奴隶，黑人不但一无所有，而且本身亦为奴隶主所有，他们只被当作一种会说话的工具，任凭奴隶主处置，鞭打和侮辱是他们的家常便饭，杀死奴隶不负法律上的任何责任，奴隶们每天工作往往达到18至19小时，由于过度劳累和饮食的粗劣，西印度种植场中的黑奴寿命，据说平均只有7年。

在这种暗无天日的情况下，黑奴实在无法忍受，他们来自非洲的不同地方，各

有各的风俗和语言，到美洲后又住得比较分散，因此，他们比印第安人更难于发动大规模起义。但是，被奴役的共同命运终于使他们逐渐团结起来了，如委内瑞拉，还在16世纪中叶，就发生了以米盖尔为首的黑奴起义，起义者拥有自己的国王、主教和军队，而且拥有自己的国土，并建立了自己的首都。在18世纪的牙买加，黑人成百成千地逃亡山谷，组织游击队，同白人统治者进行不妥协的斗争。

在古巴、海地、墨西哥、中美洲以及其他黑人较多的地区，都曾发生过无数次起义。起义的奴隶有时焚毁种植场，杀死监督人和种植园主，给了殖民者沉重的打击。他们如果无法组织起义，则采取消极的反抗办法，或者实行怠工，或者拒绝生小孩，或者自杀，或者相继逃亡，有些人甚至逃到印第安人的山地，与印第安人携手并肩反抗殖民统治者。不过，黑奴的每次起义也与印第安人一样，终于被白人统治者镇压下去了。

土生白人是怎样反抗殖民统治者的？

除印第安人和黑人而外，土生白人也常起来反抗西班牙和葡萄牙殖民统治者。土生白人的处境与印第安人和黑人不同，他们中的一部分人是属于剥削阶级或剥削阶级的代理人，但是，在许多方面，他们也受到宗主国和当地统治者的歧视和排斥，他们不满意宗主国对殖民地的垄断和限制政策，不满意宗主国的白人统治者把持殖民地各机构中的一切重要职位，这种不满情绪的发展，使他们逐渐走上分立主义和独立运动的道路。

在殖民统治的三百年中，土生白人起来反抗宗主国统治的武装斗争，层出不穷。根据殖民地编年史的记载，早在1566年，墨西哥土生白人就举行了美洲殖民地最初一次的分立主义运动。1580年，在圣大非（拉普拉塔），又发生了土生白人的第一次武装暴动。

1733年，亚松森的克列奥人起来驱逐西班牙的官吏，成立自己的"自治公社"。1781年，新格拉纳达索科罗城的起义中，克列奥人还与印第安人、黑人及梅斯蒂索人共同携起手来，组成几支联合武装部队。他们为了反对政府的横征暴敛和王家对烟叶的专利权，于1781年3月，向该市的公共建筑发动进攻，并迫使市政议会停征该项赋税，他们选举贝尔维奥为领袖，主张独立，打算建立共和国。他们打败了王家军队，部队很快就增加到两万人，并向波哥大进发，这次运动时间不长，最后还是被镇压下去。此外，在1780～1782年间，在智利和古巴也发生了克列奥人分立主义的积极活动。委内瑞拉人米兰达将军在独立前夕的一些活动，对克列奥人的分立主义运动，更起了有力的促进作用。

葡萄牙殖民者是怎样奴役巴西的人民的?

在整个殖民统治时期，奴隶制度是巴西种植园的根基。种植园经济和采矿业的发展，完全依靠奴隶的血汗，为了夺取和剥削奴隶，葡萄牙统治者和西班牙殖民者一样，曾对印第安人和黑人犯下了滔天的罪行。

葡萄牙殖民者除了在征服过程中大量屠杀印第安人和夺取他们的土地以外，从16世纪30年代开始，又把印第安人作为奴隶使用。由于这种政策和措施带来了灾难性的后果，1720年葡萄牙政府被迫宣布，不准再把印第安人当作可买卖的奴隶，除非他们是"食人生番"，或者是在反对政府的武装暴动中的被捕者，但巴西种植园主并不遵守这个法令，继续夺取更多的印第安奴隶。种植园主和"保罗人"常纠集一帮亡命之徒，组成专门性的"奴隶猎取队"，深入巴西西部和南部的腹地和边缘地区，采取欺骗和围剿并用的办法，搜捕那些藏在热带丛林深处的印第安人。根据16世纪耶稣会神甫阿赤他亲限所见，这些奴隶搜捕者们，往往潜行250到300里格以外，用武力和花言巧语把印第安人带到沿海地区，然后彼此瓜分这些印第安人；有些取其夫，有些取其妻，有些取其子，再以高价在拍卖场中售出，不少印第安人的家庭，被这种野蛮的瓜分行为弄得妻离子散，惨不忍睹。第一个这样的远征队，是1505年维斯普奇组织的，他带领了30个移民进入弗里奥角附近的腹地。有些"奴隶猎取队"多达数千人，其中有教士和妇女等；他们携带军旗及其他一切，每次出征常达二三年到五年之久。

黑奴在巴西，如同在美洲其他地区一样，遭到葡萄牙殖民统治者和巴西种植园主极端残酷的虐待。当时巴西种植园主流行这样一个口头语：对待奴隶只有施行三个"一"字，即"一条棍子"，"一块面包"和"一片棉布"。面包用以维持奴隶的最低生活需要，棉布用以遮羞，棍子用以驱使他们生产，种植园主和他的监工可以任意鞭打黑奴。一个女奴隶如果拒绝陪伴种植园主或白人监工睡觉，差不多就等于叛变。奴隶每天要从日出工作到日落，农忙时夜间也不得休息，为了防止黑奴逃跑，寝室门窗也要上锁，黑奴无法忍受种种虐待，逃亡不成就吞石灰自杀。

除印第安人、黑人和白人外，在巴西民族的形成过程中，还产生了各种混血种人。无论是征服时期和殖民统治时期，葡萄牙殖民者和由葡萄牙来巴西的移民，男性占绝大多数。这样，就大量发生白人男子与印第安妇女及黑人妇女相结合和通婚的事，这种婚姻开始为王室和教会所反对；后来，由于这种现象太普遍，王室与教会也就予以认可和批准了。在印第安人和黑人之间，也同样有相互通婚的现象。混血种人一般都属于工匠、小土地所有者和小资产者阶层，他们在巴西的人口中占有相当的比例，在殖民地起着重要作用。需要指出的是，与同时期内英属北美13个殖民地的情况相比，印第安人、黑人和混血种人在巴西所受的歧视较小，他们的子女也能进学校，并被一视同仁。巴西的教会在培养担任教职的僧侣方面，对肤色也不加以区别，其他各行各业，混血种人、印第安人和黑人所受的限制也较小，总之，各种族相互融合和同化，已成为巴西殖民统治时期的一个鲜明特色。

巴西在殖民统治时期都做了哪些反抗？

印第安人和黑人不断爆发激烈的反抗。早在16世纪中叶，印第安人就曾举行起义。1572年，在众所周知的巴西"七年战争"中，起义的印第安人曾经占据300个村庄，最后有数千人英勇牺牲。1686年，巴西的东北地区爆发了以酋长卡宁德为首拥有15000多人的起义，他们把葡萄牙的军队打得惨败，并迫使葡萄牙统治者于1692年签订条约，保证不再奴役他们。以后，印第安人又在1713年及1750～1756年间分别举行了起义。

黑奴也与印第安人一样，一开始就同葡萄牙统治者进行着不屈不挠的斗争。许多黑奴成批地逃出种植园，在深山丛林和荒野里建立了称为"魁罗波"（即逃奴堡）的自由社会，黑奴的这种行动，受到同命运的印第安人的协助和支持。在黑奴一连串的反抗中，最重要的一次要算1630～1697年间在伯南布哥州所发生的帕尔马雷斯（系棕榈之意）的起义。伯南布哥地区种植园的黑奴，还在荷兰统治时期，就有不少逃往伯南布哥的内地。

1633年，几千个黑奴建立了居留地，继续吸引其他奴隶的到来。1650年，他们按照非洲社会的组织形式，成立了一个有名的联邦，称为帕尔马雷斯共和国。他们选举了自己的领袖，制订了司法制度，分配了土地，种植香蕉、玉米、甘蔗、木薯和豆类等作物，并与邻近地区建立了贸易联系，他们还选择马卡科作为这个共和国的首都，马卡科拥有两千多所建筑物。

至1660年，已有好几万人住在这个国家，过着独立和自由的生活，这个国家的面积差不多与葡萄牙本土一般大，它的领袖甘加·赞巴是一个勇敢而富有才干的人，为了加强防卫，抗击侵略者，他训练了一支10000人的军队，并在马卡科修建坚固的防御工事。他曾率领他的军队不断地反抗荷兰和葡萄牙人的进攻，并曾与"奴隶猎取队"进行了苦斗。葡萄牙统治

者费了九牛二虎之力，最后于1695年，才把这个共和国的起义镇压下去，黑奴们在战斗中表现得非常英勇，当马卡科陷落时，他们纷纷从堡垒上跳下悬岩，宁死也不愿重新被套上奴隶的枷锁，甘加·赞巴本人也是在这场殊死的战斗中牺牲的。

除印第安人和黑人奴隶以外，巴西的土生白人，由于不满宗主国的歧视，也不断举行过起义。最早的一次是1660~1666年间在里约热内卢和累西腓发生的斗争。这两个城市的居民，由于不堪虐待和压迫，发动起义，并夺取了政权，但最后还是被镇压下去。1682年，马拉尼昂地区的土生白人，由于反对里斯本一家贸易公司对当地的贸易垄断权，也举行了暴动。1684年，他们在贝克曼的领导下，成立了由贵族、僧侣和商人所联合组成的洪他，并逮捕了地方当局的代表。后来，这次暴动虽遭到镇压，贝克曼也被处决，但贸易垄断权终于被迫取消了，以后，伯南布哥地区的土生白人又于1710~1711年举行了一次大起义。

拉美独立运动的背景是什么？

拉丁美洲独立运动不是一次偶然事件，它早已在酝酿中，孕育这次运动的重要因素，是人民大众遭受不可忍受的殖民统治，是资本主义制度要求诞生的不可抗拒的力量。在这次革命以前，印第安人、黑奴、混血种人和土生白人分立主义者已发动无数次的起义和反抗，这些起义和反抗虽遭到失败，但却使拉丁美洲人得到了锻炼，在这些起义中不断地取得经验和教训，也使他们深深地了解到：西方殖民主义者决不甘心自动放弃既得利益退出殖民地，除了武装暴动赶走殖民者，别无出路。世界独立运动的潮流也有巨大影响，因此，这次运动乃是当时历史发展过程中一种不可避免的趋势。

拉美独立运动有哪些历史前提？

殖民地生产力的发展要求改变旧的生产关系：尽管宗主国百般专横压制，尽管土地所有制与天主教会反对一切工业化的倾向，尽管雇农制与奴隶制的存在妨碍了整个经济的进展；但到18世纪后半叶，某些地区的某些工农业，还是冲破重重障碍和束缚而取得了初步发展。

愈来愈广泛的走私贸易破坏了西班牙的垄断贸易，大大减少了西班牙政府的税收，同时，拉丁美洲的商品经济逐渐发展，西班牙国内经济、政治日益衰落，在这种情况下，西班牙王室被迫逐步放宽对殖民地经济贸易的控制。1750年，放弃了传统的"商船队制"；1765年，卡洛斯三世下令，取消加的斯商人对美洲殖民地的贸易独占权，允许西班牙商人通过9个港口直接同殖民地进行贸易；1778年，西班牙政府又被迫进一步开放了13个西班牙港口和24个殖民地港口。此外，从70年代起，又准许殖民地各个总督辖区直接进行相互贸易，过去所规定的必须由西班牙航队运输全部货物的垄断权被打破了，关税也大大减低了。这些措施的采取，说明西班牙王室对殖民地经济和贸易的垄断制度，日益松弛。

宗主国贸易垄断政策的初步放松，客观上有助于拉丁美洲经济的进一步开展。在墨西哥，1730~1740年间，进入韦腊克鲁斯港口的船只不到200艘；至

1785～1795年，已增加到1000艘以上。在巴西，从1795年葡萄牙政府取消对铁矿开采和加工的禁令以后，米纳斯吉拉斯州等地区马上就出现了铁工厂。在1800年以前几年，西属美洲殖民地的矿产总值，每年平均达到3900万比索。在1748～1753年间，西属殖民地的农产品出口总值每年平均为500万皮亚斯特，1802年则增为2700万皮亚斯特，即在半个世纪内，增长5倍以上，根据卡尔沃的估计，西属殖民地与宗主国之间的贸易总额，由1753年的1.79亿法郎增加到1800年的6.385亿法郎。

但是，西班牙贸易垄断政策的初步放松，并不意味着听任拉丁美洲殖民地经济自主发展．而不再加以任何限制。在上述一些指令颁布以后，西班牙贸易专营政策的基础并没有动摇；殖民地仍然被禁止同任何外国往来：殖民地与宗主国之间的大部分贸易利润仍为宗主国少数商人所攫取。从工农业发展中初步成长起来的新兴商人，资本家和提供出口原料的大农场主仍然受到压抑，在这种情况下，殖民地各阶层对宗主国日益不满，走上了分立主义和武装暴动的道路。推翻宗主国的殖民统治，打破旧的生产关系，解放殖民地的生产力，愈来愈成为殖民地社会的主要课题。

殖民者的统治力量发生了什么样的变化？

从地理大发现起至17世纪以前，西班牙与葡萄牙是最强大的殖民帝国，但自17世纪以后，西班牙和葡萄牙的地位逐渐为英、荷、法等国所代替。这主要是由于下列因素造成的：一、英、荷、法的兴起，比西、葡落后一步，但是，英、荷、法在进行殖民主义扩张时，本国资本主义的工业也不断向上发展，而西、葡则始终固守其封建专制制度，国内经济不但没有发展，而且逐渐下降。二、西、葡从殖民地掠夺的大量金银，只在初期对本国工商业有某些刺激作用，绝大部分金银都消耗在欧洲等地的战争中，或者消耗在王室和大贵族的骄奢淫逸的生活中。三、西、葡两国所需要的工业用品要从英、荷、法等国输入，运往殖民地的商品，也大多从英、荷、法等国采买，结果，每年由殖民地运回的大量金银，一转手又流往英、荷、法等国，所以有人称西班牙只是"黄金的漏斗"。根据1608年"印度等地事务委员会"的材料，当时由美洲殖民地运回的金银，有2/3又流往外国。至18世纪初，西班牙本身所需要的商品有5/6来自外国；西属美洲殖民地的商品，则有9/10来自外国。这种情况，更促进了英、荷、法经济的发展和西、葡经济的衰落。

在拉丁美洲独立战争前夕，西班牙和葡萄牙几乎仍然停留在纯粹农业国的阶段，资本主义十分微弱，国内贸易只限于地方市场。1790年，西班牙的商船和军舰已不及英国的1/10，不及荷兰的1/8，其经济的落后可以想见；再加以封建王朝的专制统治笼罩着整个国土，政治腐败不堪，文化完全为天主教所窒息，占人口绝大多数的农民几乎全是文盲，军队士气沮丧，战斗力非常薄弱。这个在16世纪曾是煊赫一时、号称"一世之雄"的殖民帝国，到18世纪却成为欧洲的病夫，已降落到欧洲二等甚至三等国的地位。

1796年英法战争之际，西班牙被迫

与法国签订同盟条约，卷入了对英国的战争。由于英国海军的封锁，西班牙商业愈益衰落。在1805年10月21日特拉法加的战役中，西班牙的舰队与法国的舰队一道，被英国海军全部歼灭。1807年西班牙和葡萄牙被迫参加拿破仑的"大陆封锁体系"后，由于受到英国对海岸的控制和封锁，它们与殖民地间的交通运输完全中断，很明显，西班牙和葡萄牙本身力量及其对殖民地控制的削弱，为拉丁美洲人民挣脱殖民羁绊提供了有利条件。

海地独立运动有什么特点？

拉丁美洲地区武装暴动首先在海地爆发并不是偶然的。这个位于圣多明各岛西部的美丽而富饶的地区，自1697年《立兹维克条约》后，就正式变成了法国的殖民地。法国殖民统治者在这儿大力发展蔗糖、咖啡、靛蓝、棉花、烟草等种植园经济，为了解决劳动力的不足，从非洲运来了大量黑奴。至1779年，在全海地54.5万五千居民中，白种人仅占4万，混血种人和自由黑人占25000，而黑奴却有48万。整个海地经济命脉，完全掌握在一小撮法国殖民者手中，他们控制着海地政治、经济、军队和教会中的一切重要职位，残酷压榨黑奴，他们对混血种人和自由黑人也给予种种歧视和压迫，在1789年法国革命以前，殖民统治者规定，不准混血种人和自由黑人穿得与白人一样，不准他们带宝石、乘马车，不准在军队与公共机关供职，甚至不准去巴黎旅行。

海地距美国很近，美国独立战争曾直接给海地人民以很大的鼓舞，但是，最大影响还是来自1789年的法国革命。1789年

7月14日，巴黎人民攻占了巴士底狱，第一次举起了欧洲大陆上武装暴动的火炬。8月27日，制宪会议提出人权平等的原则，海地的黑白混血种人和自由黑人，根据这一原则，向法国提出了全部公民权的要求。为了实现这一目的，1790年，在曾留学巴黎、受过激进派雅各宾党人和"黑人之友"社影响的混血种人领袖奥赫的领导下，爆发了第一次混血种人和自由黑人的武装起义，不幸这次起义很快被法国殖民统治者镇压下去，奥赫本人也被处以死刑，但这不过是暴风雨来临的一个前奏，更大规模的独立运动风暴接踵而至。

1791年的夏天，海地再次发生武装暴动，这时，混血种人和自由黑人识破法国统治者的各种欺骗，与黑奴一道，聚集力量，于8月22日在海地北部地区掀起了声势浩大的暴动，满怀愤怒的黑奴，以万马奔腾横扫千军之势，向一直骑在他们头上的压迫者，猛烈攻击。他们焚烧种植园以及种植园主的豪华宅第与别墅，捕杀那些恶贯满盈、被他们恨入骨髓的殖民统治者。据当时目击者布里安·爱德华的估计，仅仅在起义头两个月内，就有2000个白种殖民者被杀死，180个甘蔗种植园和900个咖啡与靛蓝种植园被破坏，不少种植园主逃往圣多明各岛东部的西班牙统治区或西印度其他岛屿。暴动力量发展很快，绝大部分的海地领土，短期内就被起义奴隶控制了，这次伟大起义的领袖是举世闻名的黑人英雄杜桑·卢维杜尔（1746～1803年）。他在战场上坚持同士兵们同甘共苦，同士兵吃一样的饭，露宿也在一起，他曾在战斗中负伤二十多次，深得战士们的爱戴和尊敬，在他领导下，

起义的队伍所向披靡，先后战胜了装备优良的法国、西班牙和英国殖民者的军队。1801年1月，他攻下了西班牙殖民者长期盘踞的圣多明各城，控制了全部圣多明各岛，建立了人民政权。接着他又召开议会，制定宪法，改革农业和工商业，宣布解放所有的黑奴。拉丁美洲人民第一次凭借自己的力量，摧毁了殖民主义奴隶制的枷锁。

海地独立运动都产生了什么样的影响？

杜桑·卢维杜尔领导的奴隶起义，震动了整个欧洲的统治者，拿破仑在法国掌握政权以后，便决心镇压这次起义，恢复在海地的统治，企图在美洲重建法兰西殖民帝国。1802年1月，拿破仑派遣黎克勒率领54艘战舰和3万左右士兵，抵达海地，向杜桑·卢维杜尔的起义军大举进攻。他于1802年5月邀请杜桑出席和谈会议，并答应保证杜桑的生命安全，他在给杜桑的信中说："你将不会发现有比我更诚实的一个朋友。"但在杜桑到达会议地点以后，黎克勒便撕破假面具，背信弃义地逮捕了杜桑，加上镣铐，于1802年7月，押往法国。

这位名赫一时的伟大黑人领袖和杰出战士，由于当时缺乏警惕性，就这样陷入殖民主义者的圈套，丧失了自由，并在1803年死于阿尔卑斯山一个荒凉的法国监狱中。

杜桑所遭受的不幸虽然给海地独立运动带来了重大的损失，但是已经觉醒和武装起来的海地人民，并没有因为自己领袖的牺牲而气馁。他们继续在杜桑的战友克

里斯托夫和戴沙林两位将军领导下，顽强地毫不妥协地进行战斗，法国侵略军因此死伤达35000人之多。1802年11月，黎克勒本人也死于黄热病，1803年10月，法国侵略军终于无法支持而被迫投降。11月29日，海地人民通过了《独立宣言》。1804年1月1日，拉丁美洲的第一个民族独立的国家正式宣布诞生，并采用印第安人的传统地方名称——"海地"作为国名，它揭开了整个拉丁美洲独立运动的序幕。

西班牙美洲殖民地的独立运动是如何兴起的？

海地独立运动之火，很快就波及整个拉丁美洲大陆，到1810年，大部分西班牙美洲殖民地的人民，已纷纷举起了武装暴动的旗帜。

宗主国的国内形势有利于殖民地的解放运动。1808年，拿破仑的军队越过比利牛斯山，侵入西班牙，3月23日，法军攻下马德里，5月10日，拿破仑逼迫波旁王朝的斐迪南七世退位，由拿破仑的哥哥约瑟夫继任西班牙国王。为了反对拿破仑的入侵及法军在马德里的屠杀行为，西班牙人民立即在各地掀起了大规模的民族解放运动。

1810年，西班牙本土大部分地区被拿破仑的军队占领，殖民地人民获悉这一消息以后，武装暴动的烈火便普遍燃烧起来了，在许多大城市，如加拉加斯、基多、波哥大和布宜诺斯艾利斯等，西班牙统治权力都为土生白人领导的起义推翻，政权转归暴动者所掌握的"洪他"。不久，在其他地区如墨西哥、智利等，暴动也同样赢得了胜利。

南美洲北部地区都出现了哪些独立运动？

西属美洲殖民地的武装暴动，最先爆发于委内瑞拉。

远在美国独立战争结束之际，米兰达将军即着手施行解放委内瑞拉的计划。米兰达出生于加拉加斯一个有钱人的家庭。

1808年法军占领马德里的消息传到委内瑞拉以后，加拉加斯的土生白人爱国者，写了一封请愿书给督军，要求把市政厅改为洪他，吸收当地的居民代表参加，这一请求不但没有被接受，反而遭到镇压。

1810年春，法国军队占领了整个西班牙，加拉加斯的爱国者认为西班牙已没有政府，再次决定发动起义。4月18日，爱国者涌到市政厅，要求立即召开会议。19日，会议召开了，在群众的压力下，正式成立了洪他，这意味着，政权已从西班牙殖民当局转到土生白人，即当地的商人，地主和知识分子手中了。

洪他成立以后，立即行动起来。它驱逐了西班牙的督军和其他为人民所憎恨的官吏，改组了司法机关。它宣布：禁止向印第安人征收贡物，停止对各种日用必需品和出口货物征税，实行对外贸易自由，废除贩卖奴隶，它又派代表分赴全国各地，号召人民"为建立西班牙美洲联盟作出贡献"。

为了使新生的政权得到外国的承认和援助，为了向外国购买武器，洪他还向荷兰，美国、牙买加和英圈等派遣了自己的专员和代表，派往英国的是玻利瓦尔（1783～1830年）。玻利瓦尔予1783年生于加拉加斯，是委内瑞拉一个富有地主的儿子，年轻时大部分时间住在乡村的庄园里，后来，由于导师罗德里格斯的影响，接受了启蒙教育，成为当时流行的"独立"、"自由"、"平等"思想的拥护者。1810年的暴动，他是积极的参加者和组织者，这一次他被派往英国，他在伦敦各方面展开了积极的活动，但除购买武器以外，没有得到其他任何效果。这时，米兰达正在英国，玻利瓦尔邀米兰达一道返回祖国，他热情洋溢地对米兰达说："你为什么不与我们一道回到委内瑞拉去呢？现在已经是返回祖国的时候了。

1810年12月，玻利瓦尔与米兰达一道回到了委内瑞拉，委内瑞拉的人民热烈欢迎米兰达的归来，加拉加斯的洪他，选举米兰达为独立运动军的统帅，并授予中将军衔。1811年3月2日，加拉加斯召开了第一次国会。7月5日，国会在"爱国社"的敦促下，通过了独立宣言，这是西属拉丁美洲第一个独立宣言。7月7日，正式成立了委内瑞拉共和国，并升起了红、黄、蓝三色的新国旗，红色表示爱国志士洒下的鲜血，蓝色表示他们事业的崇高目标，黄色表示南美洲的土地。同年12月21日，国会又通过了宪法。宪法规定，把这个新国家称之为哥伦比亚，以纪念新大陆的"发现者"哥伦布。

西班牙殖民者并没有按照协定办事，协定的墨迹未干，他们就自食诺言，疯狂地残害爱国者，没收爱国者的财产，连米兰达自己也被西班牙统治者关进监狱，第二年押往波多黎各，再押往西班牙。1816年7月14日，死于西班牙加的斯的狱中。

此后，玻利瓦尔继续进行战斗，摧毁了盘踞在委内瑞拉境内的西班牙残余势力。1821年6月24日，他在卡拉博博大败西班牙人。7月29日，他的部队重新开进了祖国的首都加拉加斯城。九个月以后，即1822年5月，他的部将苏克雷将军又在皮钦查一役获得大胜，占领了厄瓜多尔的首府基多城。7月，玻利瓦尔本人也来到了基多，于是，新格拉纳达、委内瑞拉和厄瓜多尔，便联合一起，成立了统一的"大哥伦比亚"共和国。玻利瓦尔则成为大共和国的最高领袖，从此，南美洲北部沿海和沿安第斯山一带地区，全部获得了解放。

南美洲南部地区出现了哪些独立运动？

独立战争的第二个中心是拉普拉塔地区，包括阿根廷、巴拉圭、乌拉圭和玻利维亚等地。1806～1807年，阿根廷人民曾先后两次击退英国军队的入侵，增强了对民族独立胜利的信心。1809年8月，土生白人领袖莫雷诺曾写给总督一份著名的《地主谏书》，要求宗主国取消贸易专营制度，给予阿根廷人民与外国自由贸易的权利，这可说是土生白人分立主义者走向反抗行动的先声。1810年5月22日，布宜诺斯艾利斯人民发动示威游行，接着召集殖民地市政议会，要求总督辞职。5月25日，在莫雷诺与贝尔格兰诺领导下的独立军，赶走西班牙在拉普拉塔的总督，建立临时独立"洪他"，直接控制了阿根廷的整个局势。

圣马丁不但具有丰富的军事指挥经验与大胆果断的战斗意志，而且有着远大的政治抱负和战略眼光。他认识到，要使拉丁美洲人民的独立事业得到可靠的保证，

仅仅在一两个局部地区得到胜利是不够的，而必须首先摧毁西班牙在南美洲最顽固的堡垒——秘鲁，并把西班牙统治者从美洲全部赶出去。他又认为要解放秘鲁，不能取道上秘鲁，因为上秘鲁交通很不方便，当地大部分居民迷信程度较深，不容易发动起来；而必须选择另一条较为顺利的道路。在经过多方考虑以后，他制订了一个由阿根廷西部越过安第斯山，先解放智利，然后再由海上进攻秘鲁的战略计划。

圣马丁的军队到达秘鲁海岸以后，受到了沿海一带居民的热烈欢迎，许多印第安人自动地加入独立运动军队。独立军愈向利马前进，秘鲁人民斗争也就愈好开展。1821年7月，西班牙驻利马的总督被迫逃往东部山区。7月28日，利马人民成立"洪他"，宣布秘鲁独立，并授予圣马丁以共和国"保护者"的称号。

利马虽告解放，但秘鲁的独立事业并未完成，盘踞在东部的西班牙军队仍在伺机蠢动，柯克兰又不听指挥，自行把许多船只和水手撤回智利，断绝了圣马丁与智利之间的联系，这时，玻利瓦尔的军队已经解放厄瓜多尔，圣马丁设法与玻利瓦尔取得联系。1822年7月25日，圣马丁到达瓜亚基尔，于是，南美大陆的两位独立运动领袖终于在这一天相会了，关于这次会见，圣马丁曾向玻利瓦尔说："美洲将不会忘记我们俩人相互拥抱的这一天。"

会谈是在极端秘密的状况下举行的，没有任何其他人参加，也没有留下任何记录。会谈进行了两次，讨论了在秘鲁应该建立的政府形式、秘鲁与北方之间的疆界以及军事指挥关系等问题。由于双方存在着较大的分歧意见，并没有达成协议，但

也未公开争吵，会晤的最后一个晚上，两人出席了为欢迎他们而举行的宴会，玻利瓦尔首先祝酒，提议"为南美洲两位最伟大的人物——圣马丁将军和本人干杯"，圣马丁则很谦虚，他的回答是："为迅速结束战争，为本大陆各共和国的成立，为哥伦比亚解放者的健康，干杯！"7月27日晚，圣马丁悄然离开了瓜亚基尔，回到利马。

9月22日，利马召集了国会，圣马丁在国会上发表演说，声称他已完成了作为军事指挥者的任务，决定辞去秘鲁政府首脑的职位，他随即离开利马，回到了智利和阿根廷。1823年，他又离开了阿根廷前往法国。1850年，在法国逝世，对于圣马丁同玻利瓦尔在瓜亚基尔的会晤情况及其引退的真正原因，至今还没有确切查明。

圣马丁引退以后，全部解放秘鲁的责任，便由玻利瓦尔来承担。1823年9月，玻利瓦尔率领6000名委内瑞拉和哥伦比亚的军队，到达秘鲁境内的卡亚俄，他与秘鲁境内的4000名阿根廷和智利的军队联合在一起，于1824年6月在胡宁一役，同19000名西班牙军展开了白刃战。独立运动军奋勇向前，大获全胜，西班牙军撤退至库斯科，损失达1/3。

同年12月9日，苏克雷将军又在阿亚库乔的决战中，继续大败西班牙军，俘虏了秘鲁总督、4个元帅、10个将军和2000名士兵。阿亚库乔一役，标志着西班牙在南美洲的殖民军已完全瓦解。当玻利瓦尔获悉这一胜利消息时，他竟高兴得从椅子上一跃而起，穿着斗篷跳起舞来，此后，苏克雷又率领军队去上秘鲁。

1825年1月25日，上秘鲁宣告独立，为了纪念解放者，改名为玻利维亚。1826年1月23日，西班牙驻在卡亚俄港口堡垒中的残军，向玻利瓦尔投降。从此，秘鲁全境获得解放，西班牙在南美大陆的势力全部被摧毁，300年的殖民统治宣告寿终正寝。

独立战的第三个中心是哪里？

独立战争的第三个中心是墨西哥。墨西哥是西班牙在美洲殖民地最早的发号施令中心，这里殖民者的力量较强，其统治地位也较巩固。暴动者在城市发难较困难，暴动的中心在小城市和乡村。但另一方面，墨西哥的社会矛盾也最尖锐，长期被奴役的印第安人和梅斯提索人，对西班牙统治者怀有无比的仇恨，因此，墨西哥独立运动，比其他西班牙所属美洲地区更富于群众性。起义者的领导人大都为贫苦农民和下级教士，他们不但要求获得民族独立，而且一开始就提出了解放奴隶、废除贡税以及把土地归还印第安人等符合人民大众利益的进步纲领。

拿破仑入侵西班牙的消息传来以后，墨西哥与加拉加斯、布宜诺斯艾利斯等地区的情况一样，在土生白人中间，产生了要求自治或独立的运动。但是，由于西班牙人在墨西哥的控制极严，他们动用殖民军队，采取先发制人的手段，把一些有名望的自由派土生白人投入监狱，以确保墨西哥总督府及其他重要殖民政府机构忠于西班牙，墨西哥城非但没有能成为独立运动的发祥地，反而变为维护西班牙殖民权力的堡垒，这是土生白人没有组成一个领导全国暴动的"洪他"，而只能是分散地在各个地区进行一些活动的主要原因。活动比较突出的是克雷塔罗城，这个城市的爱国者成立了"文学和社交会"，经常讨论一些有关独立思想的问题。1808年，这个组织的中心人物之一、一位土生白人地主和民团上尉阿连德把伊达尔戈介绍入会，更加强了这个组织的活动力量。伊达尔戈于1753年生于墨西哥的巴利阿多里德城的一个中上阶层的土生白人家庭。年轻时即熟习印第安语，曾在墨西哥大学读书，得过神学学位，非常爱好法国文学，深受法国18世纪启蒙主义者的影响。大学毕业以后，他回到故乡，担任圣尼古拉斯学院的哲学和神学教授。1803年起，他担任多洛雷斯地区的神甫职务，从此，他一方面在当地土生白人和梅斯提索人中间，积极鼓吹和传播法国革命有关"独立"、"自由"和"人权"的思想，使多洛雷斯一时有"小法国"之称。另一方面，他又对印第安人采取同情的态度，帮助印第安人种植为法律所禁止的橄榄、桑树和葡萄，制造新的陶器和皮革，建立炼铁厂和车间，并教会他们养蜂等，以改善生活。这一切都大大提高了他在当地的威望，并获得印第安人、梅斯提索人和其他人民大众的信任，为以后发动武装暴动提供了条件。

墨西哥暴动波及中美洲各省。殖民统治时期，西班牙王室曾在危地马拉城设置都督府，在墨西哥总督控制下直接统治危地马拉，萨尔瓦多、洪都拉斯、尼加拉瓜和哥斯达黎加五个省。1811年至1814年间，中美洲不少地区的人民纷纷起义，但都被镇压下去了。1821年9月15日，中美洲各省在危地马拉召开"洪他"，宣布脱离西班牙独立。由于西班牙在中美洲的驻军很少，这次暴动进行得比较顺利。1822

年1月25日，中美洲合并于墨西哥。1823年7月，又脱离墨西哥另组"中美洲共和国联邦"。1824年11月22日颁布宪法。1825年根据宪法召集议会，选举自由党人阿尔塞为联邦第一届总统，危地马拉城定为联邦首府。

为什么巴西能够获得独立？

18世纪末，由于种植园经济和工商业的日益发展，巴西人民要求摆脱葡萄牙羁绊和争取民族独立的呼声，也日益高涨。美国独立和法国暴动，对巴西人民也起了很大的影响和鼓舞作用。巴西的学生、作家和其他知识分子组成了文学小组和科学会社等新团体，扩大了社会上要求自由和独立的影响。1789年，米纳斯吉拉斯省成立了一个由希尔瓦·洽维厄（即"拔牙者"）所领导的秘密组织。它企图推翻葡萄牙的殖民统治，消灭垄断和奴隶制度，建立一个准许言论思想自由和发展民族工业的资本主义共和国。这个秘密组织的成员，大多数是青年知识分子，他们曾经制定暴动纲领，设计国旗，并派人到里约热内卢和圣保罗等大城市鼓动武装暴动，后来由于叛徒的告密，组织遭到破坏，"拔牙者"也于1789年4月被捕，1792年4月21日在里约热内卢就义。"拔牙者"在法庭上表现了宁死不屈的大无畏气概，他的名字成了鼓舞巴西人民继续进行独立斗争的一面旗帜。

1822年9月7日，巴西与葡萄牙进一步决裂。当时，佩德罗同一群军官在旅行途中的圣保罗附近的一条小溪伊皮兰加之畔，接到他妻子从里约热内卢寄来的一封信，信中说："苹果已经熟了；目前正是

收获的时候，否则它就要腐烂了"。与此同时，他又接到葡萄牙议会再度要他回国的消息，于是他抽出宝剑，从制服上摘下葡萄牙的徽章，正式宣布："葡萄牙议会想把巴西置于被奴役的地位；我们必须立即宣告独立，不独立，毋宁死！我们现在跟葡萄牙分离了。"这便是有名的"伊皮兰加的呼声"，这一天，也便是巴西获得独立的正式日期。1822年12月1日，佩德罗在里约热内卢举行加冕典礼，称为巴西皇帝佩德罗一世，并降下葡萄牙国旗，升起了由绿、金黄和蓝三色的新国旗，在仪式进行时，佩德罗戴上写有"不独立，毋宁死！"的袖章，他还要求所有支持政府的人都佩带这样的袖章。这个消息很快就传到全国各地，于是到处都出现了这样的口号，或者刷在墙上，或者绣在旗帜上，或者印在人们所带的袖章上。1825年，葡萄牙正式承认巴西独立。

独立运动都取得了哪些成就？

拉丁美洲独立运动中，在绝大多数国家，土生白人地主起着重要的作用。资本阶层和商人虽然参加，但由于本身力量较弱，始终没有成为独立运动过程中的决定性力量。

印第安农民，黑人奴隶和各种混血种人，是构成暴动队伍的基本群众，对独立运动作出了巨大贡献，他们在独立战争后虽然挣脱了西、葡和法国殖民主义的奴役，却没有获得应有的权利，更没有从剥削中解放出来，但是，他们在独立运动过程中相互支援，增强了自己的团结。他们还检阅了自己的力量，锻炼了自己的意志，提高了自己的信心和觉悟，取得了丰富的经验和教训，这为以后开展更广泛更深刻的独立运动准备了条件。

拉丁美洲独立运动有什么特点？

（1）拉丁美洲的这次独立运动，在发动暴动之前，拉丁美洲各地区内部，在政治、经济和社会各方面所具备的条件并不成熟，只是由于拿破仑入侵西班牙和葡萄牙，宗主国失去了对殖民地的控制和镇压力量，大大减少了殖民地人民独立运动的阻力，从而能较早地和较容易地取得成功，因此，这次暴动，从其内部条件来说，在一定程度上是带有早产的性质。

（2）这次运动，其所涉及的地理范围，除南美洲以外，还包括北美洲的墨西哥、中美洲和加勒比海地区，在这样一个广阔地区，在同一时期（1790～1826年）爆发了武装暴动，并获得成功，建立10多个独立国家，这在整个人类历史上是从来没有过的，其他各地的武装暴动，所涉及的范围，一般只限于一个国家或一个民族之内（国内的少数民族不计在内）。当然，其所以造成这种现象，各地区各国间都存有各自的客观因素，这儿就不加以阐述了。

（3）由于拉丁美洲居民的种族成分多种多样，他们的斗争非常错综复杂，有种族压迫，也有阶层矛盾，斗争具有双重性，二者交织在一起，这种双重斗争互相交织的现象，在别的地区和别的国家也有，但没有像拉丁美洲表现得这样突出，这样普遍。在海地，暴动队伍中，绝大部分或者几乎全部都是黑人和黑白混血种人。在墨西哥，暴动队伍中的绝大部分是印第安和梅斯蒂索的农民、矿工和牧民，独立运动的领导者也大多是下层人士；在南美洲，独立运动的领导者几乎全部都属于土生白人地主和知识分子，而暴动群众却主要是印第安人、黑人、混血种人以及贫穷的白人。

（4）拉丁美洲独立运动还有一个特点，就是独立运动是由外来移民及其后裔领导的。亚洲的反殖民斗争是由当地居民发动的，这是因为当欧洲殖民者侵略亚洲时，亚洲地区的人口本来已很稠密，所以欧洲殖民者不能移民到那里，而只能驻扎少数剥削者进行统治。在非洲，由于各种因素，除个别地区外，欧洲殖民者到那里的移民也不多。在澳洲，欧洲的移民虽多，但那里并未发生或经历过大规模反对殖民统治的武装斗争。

拉美民族文化形成过程中分为几个阶段？

在拉美民族文化形成过程中，移植过来的欧洲文化、土生土长的印第安文化和非洲黑奴移来的非洲文化经历着碰撞、冲突、调和、融合，因此，拉美各民族的新文化是混合型或杂交型的文化。

这一时期大体可分为三个阶段：第一阶段（18世纪末～1830年）为从新古典主义向前浪漫主义过渡时期；第二阶段（1830～1870年）为后浪漫主义时期；第三阶段（1870年～20世纪初）为实证主义时期。

欧洲启蒙思想在拉美是怎样传播与实践的？

欧洲启蒙思想最早传入拉美是在17世纪末。到18世纪末19世纪初，启蒙思想在拉美广泛传播。在启蒙思想和欧洲、北美独立运动的影响下，西班牙和葡萄牙美洲殖民地在社会、经济、政治、思想、文化等各方面都发生了深刻变革，终于爆发了席卷整个拉美地区的独立战争。在拉美大部分地区获得独立以后，启蒙思想在1860年以前，仍在拉美占主导地位。

欧洲启蒙思想对拉美有哪些影响？

早在18世纪后半期，西班牙、葡萄牙、法国等国美洲殖民地的一些知识分子在欧洲启蒙思想影响下，努力吸收新思想，积极投身启蒙运动，他们首先向长期垄断殖民地哲学思想的亚里士多德学说开火，否定它的权威。

18世纪末，西班牙美洲殖民地的启蒙思想家以欧洲启蒙思想"天赋人权"、"理性至上"、"人民主权"、"社会契约"、"社会平等"等理论为武器，开始了对宗主国的批判和对殖民制度的否定，并提出了"独立自主"、"政治自由"、"民主"等主张。

西班牙美洲殖民地独立运动先驱之一、秘鲁人胡安·巴勃罗·比斯卡多一古斯曼于1791年发表《致西班牙美洲人的信》。在信中，他指责"西班牙把我们同世界隔离开来"，"剥夺了我们个人的自由，还褫夺了我们财产的所有权"。他提出："毋庸置疑，保护人身和财产的自然权利，特别是人身和财产的自由和安全，乃为整个人类社会之基石，尊重并有效地保护每个人的权利，是代表整个社会的政府应尽的义务。"他宣告："自然、理性和正义已经确定要把我们从这种暴虐的统治下解放出来。"他号召美洲殖民地人民

"洒尽热血，维护我们的权利和我们的共同利益"。

新格拉纳达（今哥伦比亚）地区的著名启蒙思想家纳里尼奥1794年翻译出版了法国大革命时期颁布的《人权宣言》。他在西班牙文译本的前言中指责殖民当局实行"愚民政策，散布极其有害的思想，禁止言论自由"；要求它"承认主权在民"，"颁布根本大法"、"实行舆论自由"。

拉美独立运动的先驱、委内瑞拉人弗朗西斯科·德·米兰达（1750～1816年）不仅收集、阅读了大量欧洲启蒙学者的著作，而且曾亲自参加美国独立战争（1780～1783年）、参加法国革命军（1792～1793年），任北方军中将，立有战功。1797年，他在巴黎组织南美代表委员会，作为西班牙美洲殖民地的代表同英国谈判援助美洲独立事宜。1798年，他又在伦敦创建"美洲大同盟"，积极同拉美各地武装暴动者联络。1806年他从美国组织远征队在委内瑞拉登陆，8月2日，他发表了《告哥伦比亚大陆（即西班牙美洲）人民书》，向殖民地人民控诉殖民统治的暴行及其所造成的恶果，号召1700万殖民地的人民起来，像"北美洲的300万兄弟"那样推翻殖民统治，走上独立大道。南美独立运动领袖、委内瑞拉民族英雄玻利瓦尔自幼就受其启蒙老师西蒙·罗德里格斯启蒙思想教育的影响，后曾一度访法，深受法国大革命影响。1808年在罗马萨克罗山顶立下打碎西班牙殖民枷锁的誓言。1815年9月6日，玻利瓦尔在委内瑞拉第二共和国失败后在牙买加避难时写了一封长信，即《牙买加来信》，信中详细阐述了拉美独立战争的起因、目标、形势和前景，同时还表明了他主张建立一个统一的美洲国家、实现美洲团结的伟大理想。在这篇历史文献中，玻利瓦尔深刻地揭露了西班牙殖民者的残酷统治和压迫。

美国独立战争具有什么影响力？

1775年开始的美国独立战争，在精神上给予拉丁美洲人民很大的鼓舞。拉美独立运动的很多领导人，如米兰达、玻利瓦尔、圣马丁、伊达尔戈、奥希金斯（1778～1842年）等，都从美国独立运动中得到深刻启迪，吸取了有益的经验与教训。富兰克林、杰斐逊、潘恩等人的民主共和的资本主义革命思想和主张，美国1776年《独立宣言》，1777年草拟的、1781年施行的《邦联条例》和1787年制定的宪法对拉美产生了重大影响。

早在1777年，大陆会议（1774～1775年）宣言的西班牙文译本已在拉美流传。潘恩、杰斐逊、华盛顿等的演说和著作也被译成西班牙文在拉美广为流传。民主共和、功利主义和实证主义思想在拉美得到广泛传播。

民主共和思想是怎样产生的？

许多拉丁美洲人亲身参加了美国独立战争，其中包括拉美独立运动先驱米兰达，米兰达于1780年随西班牙赴北美的远征军到美国，参加美国独立战争。1781年在夺得佛罗里达彭萨科拉城后晋升为中校。1782年4月，米兰达在巴哈马群岛粉碎英军的入侵。第二年，他在美国会见了美国独立战争领袖华盛顿，并结交了汉密尔顿、斯蒂芬·塞尔、鲁弗斯·金等知名人士，同约翰·亚当斯的女婿、总统副官威廉·史密斯建立了真挚的友谊。1784年米兰达在美国形成了"整个西班牙美洲大陆的自由和独立"的构思。

南美独立运动领袖玻利瓦尔始终尊敬华盛顿，称赞美国的独立和进步，把美国描绘为"自由的国土和公民道德之家"。当时美国和西班牙美洲殖民地的贸易不仅是商品的交换，也是进步书籍和思想传播的渠道。美国商人把译成西班牙文的美国《独立宣言》和宪法带到西班牙美洲，将民主共和思想传入这一地区。1810年西班牙美洲人民开始进行争取独立的斗争后，不断从美国建立共和国的经验中寻求启迪。委内瑞拉、墨西哥等国在独立后制定的宪法几乎完全以美国宪法为蓝本，许多拉美新独立国家的领导人都深受北美邻邦民主共和思想的影响。

值得一提的是法国美洲殖民地海地与美国独立战争的相互影响。1775年美国爆发独立战争；第二年，美国派遣锡拉斯·狄安和富兰克林出使法国，以争取法国支援。法国于1778年2月同美国签订同盟条约，派遣舰队开往西印度群岛，并在海地招募550名黑白混血种人和黑人组成志愿军，开往美国南部的萨凡纳，支援美国独立战争。海地志愿军由于遭到英国猛烈攻击，伤亡惨重，被迫撤回，但是，这些海地人经受了战争的考验，受到了美国独立、民主、共和思想的熏陶，为后来的海地独立运动培育了一批骨干。美国独立战争的胜利，也给海地及西班牙、葡萄牙美洲殖民地民族解放运动以巨大鼓舞和推动力。

与此同时，美国人民也以实际行动声援拉美人民的独立运动。早在1806年米兰达率领远征队远征委内瑞拉的行动中，就有200多名美国士兵参加。在墨西哥独立战争中，有不少美国人同墨西哥人并肩战斗。在智利独立运动中，美国商人马特奥·霍维尔帮助智利爱国者从美国购买第一部印刷机并请来排字工人，使宣传独立思想的智利第一份报纸——《黎明报》在1812年间世。智利独立后，圣马丁和奥希金斯在组织远征秘鲁的海军时，派代表去美国购买巡洋舰和炮舰。一些美国人还参加了远征秘鲁的行动，美国友好人士经常向拉美独立运动提供资助、武器和各种物资，美国武装民船配合拉美人民在海上拦截、破坏西班牙船只，分散和削弱了西班牙殖民势力。

宪章制度为什么要进行移植？

拉美大多数国家在独立战争期间及独立后所颁布的宪法都是按照美国、法国及1812年西班牙加的斯宪法的模式，特别是美、法宪法的模式制定的。拉美国家最早的一些宪法，如1811年委内瑞拉宪法，1811年智利宪法，1811年的新格拉纳达宪法等都是以美国和法国宪法为模式，建立在人民主权的基础上，规定法律是"普遍意志"的表现即多数人表决通过的意见，通过代议制政府来加以贯彻。

据统计，拉美各国取得独立后的150年中，共计制定并颁布了180~190部宪法，其中大部分是在1850年以前颁布的。仅委内瑞拉一国，就颁布了22部宪法。

从拉美各国的宪法来看，绝大多数国家都采用中央集权制。只有少数国家，如巴西（自1889年起）、墨西哥（1824~1836年，1857年至现在）、阿根

西方历史千问

廷（自1853年至今）、委内瑞拉（自1864年至今）、哥伦比亚（1863～1886年）采用或采用过联邦制。几乎所有的原西班牙、葡萄牙美洲殖民地在独立后都采用总统制政体。总统既是国家元首又是政府首脑，总统权力高度集中，总统不是由议会选举，而是定期由选民普选产生；内阁各部部长由总统任命。宪法虽然规定要进行普选，但由于大部分宪法规定选民必须识字、拥有一定财产，因此，实际上将众多的文盲、穷人和印第安人排除在外。

拉美国家的宪法还先后废除了奴隶制（括号内为废除奴隶制的年份）：大哥伦比亚共和国（1819年）、哥伦比亚（1851年）、厄瓜多尔（1853年）、委内瑞拉（1854年）、中美洲联邦（1823年）、智利（1823年）、玻利维亚11826年）、墨西哥（1829年）、乌拉圭（1843年）、阿根廷（1853年）、秘鲁（1854年）、巴西（1888年）。

"考迪罗"是什么现象？

"考迪罗"制是拉美大多数国家在19世纪20年代独立以后至20世纪前期盛行的一种以暴力夺取政权、维持统治的独裁制度。"考迪罗"（又译考迪略）一词在西班牙语为"首领"之意，指拉美各国取得全国或某一地区政权的军事独裁者以及依靠军队支持的独裁统治者。

考迪罗最早产生于拉美独立战争时期。在19世纪初拉美各地争取独立的暴动中，先后涌现出一批军事领袖。他们曾为推翻殖民统治、争取独立做出过不同程度的贡献。独立后，这些军事领袖和各地强有力的地主集团的首领，便成为拉美新独

立国家或某一地区的独裁统治者，这就是拉美的第一代考迪罗。第一代考迪罗比较典型的代表有：墨西哥的伊图尔维德·圣安纳（1794～1876年）；阿根廷的罗萨斯（1793～1877年）；智利的迪戈·波塔莱斯（1793～1837年）；巴拉圭的弗朗西亚（1766～1840年）等。

拉美各国在独立后都程度不同地遭受考迪罗主义的危害。考迪罗制度是造成拉美政治经济长期落后的主要因素之一。在考迪罗统治下的拉美各国，苛政横行，内战不断，政变频繁，严重阻碍民主制度的建立和发展。从墨西哥独立（1821年）到19世纪末，墨西哥共有72届政府，只有12届是合法产生的。考迪罗统治的时间长短不一，短则几小时，长则几十年，在有些考迪罗较长的独裁统治时期，政局相对安定，对肃清地方分离主义、促进国家统一和民族经济发展客观上起到了一定的推动作用，但这种稳定往往是不巩固的，独裁者的死亡，往往酿成国家长期动荡。

通常认为拉美的考迪罗主义一直在拉美盛行至20世纪前期，有的认为到1910年墨西哥独立战争爆发，有的认为到1930年，有的认为到20世纪中叶。但是，也有人认为，当代拉美国家的一些独裁者，也可算做考迪罗。

拉美的政治和信仰的特征是什么？

在西班牙美洲殖民地独立战争中，教会统治集团的大部分人都支持西班牙王室，反对殖民地独立。在西班牙美洲，主教一律由西班牙国王任命并从属和服从国王。绝大多数主教都由"半岛人"即出生在西班牙的西班牙人担任，他们完全支持

西班牙的利益。也有少数主教明显同情爱国者，如新西班牙（今墨西哥）米却肯的安东尼奥·德·圣米格尔和基多（在今厄瓜多尔）的何塞·德奎罗·凯塞多等。

而多数下层教士，特别是世俗教士，他们多为克里奥尔人，他们的态度总的说来更倾向于支持西班牙美洲自治，并最终支持独立。此外，广大的教区神父同教会上层统治集团之间存在尖锐的矛盾，对"半岛人"垄断教会高级职位普遍不满。少数神父在西班牙美洲的独立战争中，发挥了重大作用，如新西班牙的伊达尔戈、莫雷洛斯；基多有3名神父在1809年发表独立宣言；在波哥大，有3名神父参加1810年洪达（执政委员会），9名神父参加1811年国会，在拉普拉塔（今阿根廷）有16名神父在独立宣言上签名。

在西班牙美洲殖民地独立战争的大部分时间里，罗马教皇坚持与西班牙王室结盟、反对西班牙美洲独立。

独立战争后，在拉美各国，天主教会的势力受到很大削弱。新的共和国一般都承认天主教为国教，但同时又接受容忍异教原则（西班牙美洲各国独立后与英国签订的条约中往往保证信教自由）。各国先后废除了宗教裁判所，外国商人和手工业者，以及外国传教士将新教带到西班牙语美洲。受启蒙思想和功利主义影响的拉美各国领导人，开始提出国家与宗教分离即政教分离的主张，力图大大缩小教会对世俗权力的影响，他们认为教会的这种权力和影响是独立后实现经济、社会和政治现代化的主要障碍。

在19世纪中叶，政教分离成为整个西班牙语美洲国家的一个中心政治问题，特别是在墨西哥、新格拉纳达、厄瓜多尔、秘鲁和智利。

1854年，墨西哥格雷罗州长胡安·阿尔瓦雷斯（1790～1867年）领导墨西哥人民举行起义，于第二年推翻圣安纳独裁政权，阿尔瓦雷斯任临时总统，任命胡亚雷斯为司法、宗教和公共教育部长。1856年初，议会批准由胡亚雷斯起草的《胡亚雷斯法》。该法规定，废除教会和军队的特设法庭，取消教士和军官不受普通法院审判的特权，剥夺教士的选举权。同年6月，颁布了禁止教会和世俗团体拥有不动产的《莱尔多法》。1857年颁布的新宪法再次规定，禁止教会拥有不动产，宗教界人士不得当选为总统和国会议员。1858～1861年，总统胡亚雷斯领导墨西哥人民进行"改革战争"。1859年，胡亚雷斯政府制定《改革法》，宣布无偿没收教堂建筑物以外的教会的全部土地财产，把收归国有的教会土地，分成小块出售给农民，废除什一税和教会其他捐税，废除教会和军队的特别法庭，解散男修道院；还宣布宗教信仰完全自由，重申政教分离，国家掌握教育和其他民政事务，政府对宗教事务进行干预等等。

哥伦比亚1863年的宪法宣布废除一切宗教法令，并宣布政教分离，秘鲁在1851年废除教会特权。

巴西的情况和西班牙语美洲国家不同，由于巴西独立运动的相对和平性质和在相当时间里保持君主政体，使巴西教会的权力未受损害。此外，巴西教会的财富、权力和影响一直比较适度。巴西直到1889年11月15日才推翻君主制度，1890年1月7日颁布政教分离法，1891年制定宪

法，建立巴西合众国。

"文明与野蛮"是怎样进行斗争的？

拉丁美洲大部分地区在1825年以前都已获得独立。拉美新独立国家都先后制定了宪法，成立共和国。宪法规定行政首脑的职责即行政首脑和立法、司法部门分享权力；有限地废除对贸易的种种限制；规定发展公共教育以及宣布在法律面前人人平等，等等。

但是，新国家的独立在许多方面是有名无实的。掌权的上层人物仍然在精神上与原宗主国相连，在文化上依赖于法国，而在经济上屈从于英国。

在欧洲启蒙运动等进步思想影响下，在拉美各国涌现出一批敢于发表意见，主张在拉美推行欧洲式"文明"的自由派学者和政界人士，其中最具有代表性的是阿根廷的"1837年一代人"。他们主张进行自由贸易，实行"竞争取胜"，引进欧洲先进技术，推行欧洲式教育。阿根廷"1837年一代人"的思想影响远远超越阿根廷国界，成为当时拉美的主流思想。他们反对阿根廷的独裁者、考迪罗罗萨斯的统治（1835～1852年）。他们将他们与罗萨斯之间的冲突看做是"文明与野蛮"之争。

1837年一代人的代表人物是阿根廷著名作家、教育家、总统（1868～1874年）萨米恩托（1811～1888年）。他于1845年

在智利发表了他的成名作、长篇文学传记《法昆多》，又名《文明与野蛮》。萨米恩托通过对军事寡头胡安·法昆多·基罗加生平的剖析，探讨产生考迪罗和独裁者的历史根源，揭露并抨击罗萨斯的残暴统治。法昆多在大草原和小酒店的环境中长大，由于他的凶猛和残忍，外号称作"草原之虎"。少年时代，他殴打要他守纪律的老师；青年时代，他当过雇工，当过兵，开过小差，他一把火烧毁他父母正在熟睡的房子；他当过贼，蹲过监狱，他杀死了曾将他释放的官员；他在打牌时，把一个朋友的脑袋打破；他一斧子劈开了号啕大哭的儿子；他通过背信弃义，逐步高升，成为几个省的指挥官和统治者，而最后法昆多被罗萨斯派人杀死。

在19世纪大部分时间中，拉美多数国家占统治地位的上层人物所追求的"文明"和"进步"，其实质是承认个人主义、竞争以及不加限制地追求利润的这种自由和民主。后来，"文明"、"进步"这些词汇，则被"现代化"一词所取代，有时候也相互交替使用。拉美各国上层人物所追求的"文明"、"进步"，就是尽可能地按照欧洲和北美的发展模式来重建国家，发展资本主义，扩大农作物的种植，加快矿产品的开采，增加出口，从中获取大笔利润，为此，他们允许欧洲移民大量涌入拉美国家。

第十章 拉丁美洲的近代史——美洲文明的前进

新古典主义文学的主要特征是什么？

古典主义源于17世纪的西欧，特别是法国，因它在文艺理论和创作实践上以古希腊、罗马文学为典范而得名。

古典主义传入拉美后，经过拉美作家的加工和改造，具有新的特点，被称为"美洲新古典主义"，其特点是主张文学应该成为战斗和宣传的工具，重视古代印第安文化的价值，歌颂美洲秀丽的山川风光；在诗歌技巧上，继承西班牙文艺复兴的传统，使用七音节和十一音节交替的自由诗体"席尔瓦"；在散文、戏剧方面，在内容和技巧上，也有所创新，朝民族化方向迈出了第一步。

新古典主义在拉美的产生和发展是同该地区独立运动同步进行的，主要流行于19世纪上半叶，到19世纪中期便接近尾声。拉美新古典主义文学中有小说、散文、诗歌，其中诗歌占重要地位。

拉美小说有哪些成就？

19世纪初，墨西哥独立运动高涨。1810年伊达尔戈发出著名的"多洛雷斯呼声"，吹响了独立战争的号角。具有独立思想的作家和政论家何塞·华金·费尔南德斯·德·利萨尔迪（1776～1827年）写下了大量通讯、诗歌、散文和小说，抨击教会和贵族阶层，宣传独立运动，他的代表作《癞皮鹦鹉》是拉丁美洲西班牙语国家第一部长篇小说。

利萨尔迪生于墨西哥城，受法国大革命和启蒙思想影响，他于1812年创办《墨西哥思想》杂志，积极宣传启蒙思想，主张独立，鼓吹武装暴动，因此，曾两次被殖民当局监禁。出狱后，以小说、戏剧、诗歌为武器，继续宣传独立、自由思想。墨西哥独立后，曾任《官方公报》主编。

1816年他发表长篇小说《癞皮鹦鹉》，小说以第一人称描写一个绰号叫"癞皮鹦鹉"的流浪汉佩里基略·萨尼恩托坎坷的一生：他经历过一千零一次危险，上过学，当过流浪汉、佣人，做过小偷、流氓，最后对自己颠沛流离的一生感到悔恨，临死前成为诚实和正直的人。小说的主题是惩恶扬善，小说通过主人公的见闻和遭遇，揭露了殖民地时期墨西哥社会的黑暗，表达了人民群众要求变革的愿望。作品风格流畅，语言通俗易懂，描写真实细腻，情节曲折生动，通过作品中所描写的形形色色的人物和场景，展现了殖民社会末期墨西哥广阔的生活画卷。

利萨尔迪在这部小说中运用的是流浪汉小说体结构，这种结构15世纪在西班牙、16世纪在法国曾流行过，但在19世纪初已过时。而利萨尔迪当时运用这一曾在宗主国流行过的文学体裁和结构，并不令人奇怪，虽然这种结构比较简单和松散，

但却易于表现当时墨西哥社会生活的各个侧面，他在小说中对官员的专横、教会的欺诈和对贩卖黑奴进行了无情的鞭挞和揭露。

拉美出现了哪些优秀的诗歌作家？

何塞·华金·奥尔梅多（1780～1847年），生于瓜亚基尔城（该城现属厄瓜多尔，独立战争前属秘鲁总督区。他1805年在利马圣马科斯大学获法学博士学位后，先后任该校及基多圣托马斯大学教授。1811年作为瓜亚基尔省代表出席西班牙加的斯议会，在议会上慷慨陈词，强烈谴责"米达"徭役制，为印第安人辩护。1814年主张除非费尔南多七世承认《加的斯宪法》，否则不承认其为国王。费尔南多七世复位后，奥尔梅多逃离西班牙。

1816年返回瓜亚基尔，从事古典诗歌研究。1820年10月瓜亚基尔爆发独立战争，11月当选为洪达（执政委员会）主席。1822年玻利瓦尔统帅大军抵达瓜亚基尔，解散了执政委员会。1823年奥尔梅多到秘鲁当选为利马制宪议会议员。1824年8月6日，玻利瓦尔亲率大军在胡宁大败西班牙殖民军队。同年12月，玻利瓦尔的部下又率爱国军在阿亚库乔大败西班牙殖民军。1825年1月，奥尔梅多写出了《胡宁大捷：献给玻利瓦尔的颂歌》，热情讴歌拉美独立运动领袖玻利瓦尔及独立战争的胜利。1825～1828年出任秘鲁驻英国和法国全权公使。1830年当选为厄瓜多尔第一任副总统，因反对弗洛雷斯总统独裁，拒不就任，1835年任制宪议会主席。

安德烈斯·贝略（1781～1865年），委内瑞拉爱国者、西班牙语美洲新古典主义诗人的杰出代表，文学巨匠，被称为"美洲的导师"。

另一位独立运动的讴歌者是古巴诗人何塞·马利亚·埃雷迪亚（1803～1839年），他是一位具有新古典主义和浪漫主义两种文学流派特征的、承上启下的抒情诗人。

埃雷迪亚生于古巴圣地亚哥，其父是一位法官。他天资聪慧，3岁开始读书，8岁开始翻译拉丁文和法文作品。1812年随父到委内瑞拉，进入加拉加斯大学学习拉丁文，1817年回到古巴，进入哈瓦那大学学习法律，后又到墨西哥大学攻读法律，1823年获律师资格。同年回古巴，在马坦萨斯当律师，同时为许多杂志撰稿，他参加秘密的武装暴动活动，反对西班牙殖民统治，为古巴的解放事业积极热情工作，后被迫流亡到美国。他在美国以教授西班牙语为生，在波士顿、纽约居住了两年。1825年定居在墨西哥，除1836年曾短期回古巴探望母亲外，他在墨西哥生活了13年多。他创办了《虹》、《杂集》等刊物，写了不少诗歌、散文、戏剧和小说，后来他加入了墨西哥国籍，担任议员和最高法院法官等要职，1839年因患肺结核病在墨西哥去世，年仅36岁。

虽然埃雷迪亚是拉美独立运动的歌手，但由于古巴直至1902年才获得独立，埃雷迪亚并没能亲眼看到祖国的独立，他短暂的一生是在流亡中度过的，因此，他的爱国感情常常带有一种忧郁感伤的情调。

浪漫主义文学在拉美有什么特点？

拉丁美洲的浪漫主义文学运动在19世纪初就已开始，如古巴诗人埃雷迪亚的诗歌就具有浪漫主义的特色。但是，作为一种文学运动，浪漫主义在拉丁美洲的流行，主要在1830～1890年。

拉丁美洲的浪漫主义起源于欧洲的浪漫主义，但它具有自身的特点。拉美浪漫主义作家在宣传个人自由的同时，坚决反对独立后在拉美出现的军政头领（考迪罗）的独裁统治，主张实现种族平等，歌颂拉美本身的自然风光，重视发掘古代印第安人的文化遗产。

拉丁美洲的浪漫主义运动大体可分为两个时期：1830～1860年为社会浪漫主义时期，这一时期的拉美作家努力宣扬自由、平等、博爱的思想，积极投身社会变革。1860～1890年为感伤浪漫主义时期。这一时期的拉美作家比较脱离现实社会，力求以纯真的情感来打动读者，讲究写作技巧与形式的完美。

浪漫主义文学在阿根廷、乌拉圭、墨西哥、古巴、智利、巴西等国都得到了发展，产生了一批有影响的浪漫主义作家。

阿根廷在19世纪30年代～50年代初掀起了反对罗萨斯独裁统治的斗争。这是拉丁美洲历史上第一次规模巨大、影响深远的民主主义运动。罗萨斯是拉丁美洲历史上最残暴的独裁者之一，"考迪罗"的典型，在其任内，实行独裁统治，残酷镇压反对派，成千上万具有自由主义思想的知识分子被流放国外。阿根廷人民反对罗萨斯独裁统治的民主运动，对阿根廷的民族文学产生了重大影响。

现代主义文学对拉美文学有什么影响？

拉丁美洲的现代主义文学运动开始于19世纪末，结束于20世纪初，持续30多年，在拉丁美洲文学史上占有重要地位。一般将1882年何塞·马蒂（1853～1895年）发表《伊斯马埃利约》诗集作为拉美现代主义文学运动的起点。1888年尼加拉瓜诗人鲁文·达里奥（1867～1916年）发表诗文集《蓝》，标志着这一运动的形成，而1916年鲁文·达里奥的逝世，则象征现代主义在拉美走向没落。

拉美现代主义文学运动的产生基于两种思想倾向：第一，在独立战争后，由于民族资本阶层的软弱性，拉美各国的政权仍操纵在大庄园主和帝国主义的手中，一部分知识分子因看不到出路，感到前途渺茫，悲观消沉，颓唐沮丧，逃避现实。第二，由于民族主义的影响，知识分子们在文学上急于摆脱西班牙殖民主义的传统束缚，创造自己的民族风格。

拉美诗歌发展分为几个阶段？

拉美现代主义文学运动主要表现在诗歌方面。它的特点一般可以概括为：逃避现实、脱离群众，主张"为艺术而艺术"的唯美主义；追求形式美和节奏的音乐性；追求虚幻的意境，表现感伤的情调；以优美的形象作比喻，运用典雅的语言；描写雅致的珍品和异国的风光。

拉美现代主义诗歌的发展分为3个时期：前期、鲁文·达里奥时期和后期。

前期（1882～1888年）的主要诗人有：古巴的何塞·马蒂、胡利安·德尔·卡萨尔（1863～1893年），墨西哥的萨尔瓦多·迪亚斯·米龙（1853～1928年）、古铁雷斯·纳赫拉（1859～1895年），哥伦比亚的何塞·阿森西翁·西

尔瓦（1865～1896年）和秘鲁的曼努埃尔·贡萨莱斯·普拉达（1848～1918年）。他们大多为国家的苦难而忧伤，为命运的乖蹇而哀叹，作品伤感情绪浓重。现代主义诗人常常描写遥远的异国，如印度、日本、中国，喜欢用天鹅、孔雀、百合花、宝石来象征"纯粹的美"，以幻想的景物追求逃避现实的效果。

鲁文·达里奥时期（1888～1905年），是指从这位尼加拉瓜诗人发表《蓝》的1888年开始直到他的第三部诗集《生命与希望之歌》于1905年的发表标志着现代主义诗歌的成熟阶段。

后期（1905～1916年），不少诗人以美洲大陆为题材，着重个人抒情，渲染生与死的神秘，否定天鹅、仙女和盛宴作为美的象征。后期现代主义也称作"新世界主义"，主要诗人有：阿根廷的莱奥波尔多·卢贡内斯（1874～1938年），墨西哥的阿马多·内尔沃（1870～1919年）、恩里克·贡萨莱斯·马丁内斯（1865～1938年），哥伦比亚的吉列尔莫·巴伦西亚（1873～1943年），玻利维亚的里卡多·海梅斯·弗雷雷（1868～1933年），乌拉圭的胡利奥·埃雷拉·雷西格（1875～1910年），秘鲁的何塞·桑托斯·乔卡诺（1875～1934年）等。

战前拉美的经济状况如何？

在大战以前，大部分拉丁美洲国家在经济上主要依附于欧洲各资本主义国家。大战爆发以后，欧洲各国忙于战争，对拉丁美洲的经济钳制被迫放松了，它们甚至还从拉丁美洲国家抽出一部分资本，提走一部分贷款以及变卖一部分产业。

仅在战争的第一年，英国的投资就降至37亿美元，法国的投资降至12亿美元，减少了4亿美元，德国的投资则丧失殆尽，同时，参战各国对原料和粮食的需求大为增加，这为拉丁美洲各国（特别是阿根廷、巴西、智利，墨西哥，其次是乌拉圭和古巴）较快地发展民族工业创造了有利的条件，使拉丁美洲各国的工农业生产一度得到了发展的机会，因而也就一度出现过繁荣局面。

在巴西，农林业产品如大米、茶叶和橡胶等，工业方面如采煤业、制鞋业，制帽业和纺织业等，都有较迅速的增长，仅圣保罗一个城市的制帽业工厂，便发展到19个。战前全靠进口的工业品如纺织品、帽、鞋等，都已达到自给自足的程度。整个战争期间，巴西所创立的新企业，共达5900多家。在阿根廷，牛油、肉类和羊毛的输出量，已超过美国和澳大利亚，占世界第一位；小麦的输出量，每年已增至5010万公担，占世界第三位，达到了阿根廷历史上最高水平；工业方面如纺织、冶金、造船、电机、水银、石油、木材和采煤等，也都有相当大的发展；至1920年，阿根廷的对外贸易，已近20亿美元。此外，古巴的制糖业、智利的硝石业和其他一些国家的纺织、食品、木材、石油和制药等工业，都曾有较显著的进展。

第一次世界大战结束以后，由于欧洲市场对进口原料需要的下降，拉丁美洲各国的工农业生产开始萎缩，一度遭到危机，但这次危机所经历的时间不长。特别自1924年资本主义世界进入相对稳定时期以后，在整个世界贸易额不断增长的情况下，拉丁美洲的工农业生产量又不断上升。不过，战争和战后时期的经济发展，并没有改变拉丁美洲各国的经济性质。这时期得到增长的，绝大部分属于轻工业、食品工业和其他原料加工工业，重工业很少发展。农业方面的增长，同样限于一两种特殊经济作物，没有改变单一产品制经济的状态。

拉美的工人阶级政党是怎样诞生的？

第一次世界大战以后，拉丁美洲人民斗争最显著的特点之一，就是各国工人政党的诞生。这是由于下列诸因素产生的：

（1）大战以后，帝国主义与封建主义的奴役进一步加深，人民生活迅速恶化，各国人民与统治者的矛盾尖锐化，阶级斗争日益复杂和激烈。

（2）大战以后，产业工人数量激增。如阿根廷在1907年产业工人只有12万，到1920年已增加到35万人。这就为工人阶级先锋队伍的建立提供了前提。

（3）大战爆发以后，世界各国社会民主党的右翼领袖，一般都拥护或追随本国大地主和大资本家参加侵略战争，背叛和出卖工人阶级和人民群众的利益。而工人运动中的革命派和社会民主党的左翼，则与列宁一致，采取反对侵略战争的立场。在两方的斗争过程中，革命派进一步认清了社会民主党右翼机会主义者的反动面目，日益感到无法与右翼叛徒在一个政党内存在下去，成立新的真正工人阶级的先锋政党，越来越不可避免。拉丁美洲许多国家内也有与此相类似的情况，这对拉丁美洲各国共产党的成立，起了重大作用。

（4）1917年俄国十月革命对拉丁美

洲各国的民族斗争，产生了十分有利的影响。十月革命胜利的消息传来时，拉丁美洲人民无不欢欣鼓舞，许多大城市里都曾举行庆祝大会和游行，声援十月革命胜利的贺电，有如雪片似地从拉丁美洲各地汇集到年轻的苏维埃共和国首都——莫斯科。

在上述因素的影响下，尤其是在十月革命的光辉照耀下，拉丁美洲各国工人运动中的革命派和各个社会民主党的左翼，大大提高了觉悟，他们要革命，又认识到任何一国的人民群众的革命，必须以列宁所领导的俄国革命为榜样，先建立起工人阶级的先锋组织和战斗组织，通过这个组织的领导和不断斗争，才有获得胜利的可能。于是他们摆脱社会民主主义和无政府工团主义的影响，坚决与攻击十月革命的社会沙文主义和改良主义断绝关系，从社会民主党中分裂出来，在各国先后成立了共产党或工人党，并且几乎全部加入了第三国际。

拉丁美洲各国共产党和工人党的建立，对于拉丁美洲人民的革命运动，有着很大的影响。它使拉丁美洲的人民革命运动的面貌为之一新，从此以后，拉丁美洲民族民主革命的领导责任，就由资产阶级和小资产者身上逐渐地朝着无产阶级及其政党的肩上过渡了。

20年代的人民群众都进行了哪些斗争？

20年代拉丁美洲各国共产党的建立，是与当时风起云涌的群众运动分不开的。各国共产党是从群众运动的斗争高潮中诞生的，它诞生后，又反过来推动和领导群

众运动继续前进，把群众革命运动推向一个更大的高潮。

这些巨大的群众革命运动，主要是通过罢工、游行示威和武装起义等方式表现出来的。阿根廷在1918~1921年的短短三年间，工人就发动了860次大罢工，参加罢工的共达700多万人次。1919年更达到了罢工的高潮，阿根廷历史上有名的"流血的星期"（或"悲惨的星期"），就发生在这一年。1919年1月7日至15日，阿根廷首都布宜诺斯艾利斯的街上，布满了街垒和各种障碍物，罢工工人占领兵工厂，并与正规军直接战斗。好几天内，市内的交通中断，商业停顿，工厂闭歇，整个城市差不多都被工人控制。伊里戈延反动政府派出大批军警，采用极端残酷的方式，才把这次总罢工镇压下去。罢工虽然失败，但阿根廷的劳动人民始终不忘记这个"流血的星期"的教训。在墨西哥、巴西以及拉丁美洲大多数国家，也发生了与阿根廷相类似的情况。墨西哥的纺织工人、采矿工人和铁路工人，在大战结束后二三年内，曾举行多次罢工。

拉丁美洲人民的反美斗争如火如荼地开展。1924年，在危地马拉的美国"联合果品公司"的种植园里，成千上万的雇工举行罢工；在哥伦比亚，属于英、美资本的石油企业的工人进行了反对非人生活待遇的斗争。同时，许多拉丁美洲国家的人民，为了抗议美国的经济渗透，还展开了一个大规模的抵制美国货的运动。一个具有广泛代表性的"全美洲反帝国主义同盟"，在墨西哥工人阶层先进人士的发起下也于1924年建立了，总部设在墨西哥城。1922~1928年间，阿根廷人民掀起了

为保卫石油和其他天然资源免受"美孚油公司"和"伯利恒钢铁公司"侵害的广泛运动，并于1925年建立了"反帝国主义同盟"。为了更有效地打击美国侵略者，工人阶层的先锋战士认为拉丁美洲人民群众必须团结起来。1927年12月，出席庆祝十月革命十周年纪念大会的阿根廷、智利、乌拉圭、哥伦比亚、古巴、厄瓜多尔、巴西和墨西哥等国的工人代表团，在莫斯科召开会议，会议认为美帝国主义在拉丁美洲的扩张是企图把拉丁美洲国家变成美国的殖民地，号召拉丁美洲国家的工人组织在反对美帝国主义的斗争中采取一致行动。

拉美是如何进行反法西斯斗争的？

从1933年起，德、日，意等法西斯国家采取各种手段，从政治、经济、军事、外交和文化等方面，齐头并进，向拉丁美洲各国发动了一系列的攻势。

在经济上，它们一方面向拉丁美洲大量投资，另一方面又大量收买大麦、玉米、咖啡、棉花等农产品以及石油、硝石、有色金属、稀有元素等矿产品，从而加强对拉丁美洲经济的控制。德、日，意在与美、英的斗争中是向前进展的。美国保持了阵地，英国则受到法西斯国家和美国的大力排挤。因此1939年美国的《时代周刊》曾把德国称为美国的"头号竞争者"。

在政治上，德、日、意三国利用拉丁美洲国家当时对英、美的仇视情绪，尽量扩大自己的势力，其中又以德国为最。纳粹德国为了控制拉丁美洲，所采取的手段可以说是无所不用其极，如利用设在各国的使馆、外交使团、银行、贸易机构、出版机构、科研机构、无线电广播、学校和

团体（在阿根廷设有203所德语学校、301个德国人团体；在巴西设有2000所德语学校和3300个德国人团体）以及派遣考察团、旅行团等，积极开展宣传活动，恶毒攻击共产党和一切进步运动，并把这些机构作为开展间谍活动的中心。

许多拉美国家均有德国的军事参谋团。在阿根廷军队中，德国代表团的势力很大，阿根廷的军队总司令还于1938年应邀访问了德国。巴西的警察机构曾长期控制在纳粹德国手中。1932～1935年，在玻利维亚和巴拉圭所发生的格兰查科战争中，玻利维亚的军队是由德国将军指挥的。德国用巨额金钱在各国反动阶层中收买和扶植代理人，尽力向他们散布法西斯思想，企图一旦时机成熟就发动政变，建立法西斯傀儡政府。如1940年在乌拉圭破获了一起法西斯暴徒案件，发现叛乱者竟拥有军火库，准备先袭击飞机场、交通枢纽，然后控制全国，并计划先在乌拉圭，后在阿根廷、智利和玻利维亚建立纳粹的"保护国"。

面临法西斯的这种严重威胁，拉丁美洲各国共产党人在1934年10月拉丁美洲各国共产党第三次代表大会的号召下，在1935年共产国际第七次代表大会所制定的新的斗争策略的指导下，与广大人民群众一道，进行了坚决的回击，不少拉丁美洲国家先后建立了反法西斯的统一阵线和人民阵线，掀起了反法西斯运动的高潮。巴西、智利和墨西哥等国的反法西斯斗争，尤为高涨。巴西人民为了把国家从法西斯整体党的猖狂进攻中拯救出来，于1935年成立了一个包括社会党人、共产党人、学生、工会运动者和自由职业者在内的"全国民族解放联盟"。在智利，由共产党、激进党和社会党人所组成的人民阵线，于1938年的大选中获得胜利，建立了依靠人民阵线所组成的政府。在墨西哥，卡德纳斯政府由于取得人民阵线和其他民主力量的支持，在1934～1940年间进行了一系列资本主义的民主改革，并获得了相当大的胜利。

二战爆发后拉美的经济发展情况如何？

政治进程与国家关系第二次世界大战爆发以后，所有拉丁美洲国家都直接或间接卷入了战争的漩涡。在1941年12月7日珍珠港事变后一个月内，中美洲和加勒比海地区9个国家——古巴、巴拿马、多米尼加、海地、尼加拉瓜、危地马拉、洪都拉斯、萨尔瓦多和哥斯达黎加，都对轴心国宣战。1942年1月在里约热内卢召开的美洲国家外长会议上，除阿根廷和智利外，各国都同意与轴心国家断绝外交关系。1942年6月1日和8月22日，墨西哥与巴西也相继宣布参战。在1942～1943年间，只剩下阿根廷一国没有与轴心国断绝外交关系。最后至1945年1月，阿根廷在整个世界形势的压力下，也非常勉强地在表面上与德国断绝了关系。不过，真正出兵参战的只有墨西哥和巴西两个国家。墨西哥派了一个航空队到菲律宾，巴西派了5万人的远征队到意大利前线。在大战过程中，拉丁美洲为盟国提供了大量战略物资和原料，拉丁美洲各国人民积极地开展了反法西斯的斗争，为整个反法西斯战争的胜利，贡献了自己的力量。

反法西斯战争的巨大胜利，使整个世

界面貌有了很大的改变。德、日、意法西斯的覆灭、资本主义国家社会矛盾急剧的尖锐化以及欧洲和亚洲一系列人民民主革命的胜利,给世界各国无产阶级革命和世界人民解放事业开辟了有利的大好形势,殖民主义体系在瓦解中。

1949年中国革命的胜利,进一步改变了世界的面貌,极大地影响和推动了人类现代历史的发展,给各国人民,特别是亚洲、非洲和拉丁美洲的人民以巨大的影响。

在上述世界形势的鼓舞和推动下,在拉丁美洲人民觉悟日益提高的情况下,战后拉丁美洲民族解放运动的风暴,已日益深入到每一角落。拉丁美洲民族解放运动,主要是在反对美帝国主义及其代理人的斗争中成长和壮大起来的,是整个战后世界蓬勃的民族解放运动的一个重要组成部分。帝国主义者不愿意放弃自己的阵地,企图用各种方法阻止和扼杀殖民地人民的革命运动。其中美帝国主义在战后成为现代殖民主义的重要堡垒。拉丁美洲由于距离美国最近,长期以来受美国的控制特别严重,所以这个地区反对美帝国主义和争取民族解放的斗争,表现得特别复杂、尖锐和艰巨。

美国战后对拉丁美洲各国控制的加强主要表现是什么?

第二次世界大战前夕,美国在拉丁美洲的势力,已开始居于首位。大战爆发后,美国垄断资本利用欧洲列强在该地区力量的削弱,在拉丁美洲各国大肆渗透,加强控制,因而美国在拉丁美洲各方面的势力都有了飞快的发展,其主要表现如下:

一、经济方面的扩张

美国垄断资本对拉丁美洲国家进行疯狂的经济掠夺与控制;拉丁美洲有美国垄断资本的"奶牛"之称,美国比所有其他资本主义国家都更厉害地榨取拉丁美洲各国的财富,阻碍这些国家的发展。华尔街垄断集团一向把拉丁美洲看成是他们的私人领地,适宜的投资场所,原料、燃料和廉价劳动力的供给地。

欧洲各国和日本经济势力卷土重来后,与美国垄断资本发生了激烈的竞争。因此,从这个时候起,美国对拉丁美洲的输出,有时也出现缩减现象。

二、美国的军事扩张

美国对拉丁美洲的军事控制,主要采取下列方式:迫使拉丁美洲各国加入军事集团;迫使它们与美国建立侵略性的双边军事同盟;美国在这些国家的土地上建立军事基地;美国通过各种军事代表团人员直接指挥这些国家的军队,直到进行公开的军事干涉等。

三、封建奴役的继续

为了维持拉丁美洲国家的封建制度和巩固大地主阶层的地位,美国垄断资本尽量给予各国的大庄园主、大畜牧主、大种植园主和大糖厂主以各种可能的支持。同时,美国垄断资本也采用各种方式,直接掠夺和霸占拉丁美洲各国大量的土地,这样,拉丁美洲各国土地的集中程度,战后比战前更加严重。巴西就是明显的例子,如在1940年,100公顷以下的农场所占有的土地为18.2%,1950年下降为16.5%。而1000公顷以上的大农场的土地面积的比重,则普遍增加。例如1万公顷到10万公顷的大地产,1940年共有1200家,1950年增加到1600家；而它们拥有的土地数量，无论绝对数量、相对数量，都有增长。绝对数量增加了700万公顷，相对数量从13.3%提高到14.3%。

古巴社会主义是怎样建立的？

1953年7月26日，以菲德尔·卡斯特罗（1926年）为首的古巴一批爱国青年，为反对巴蒂斯塔独裁统治，攻打东部的政府军兵营蒙卡达。起义失败后，卡斯特罗等被捕并被判徒刑，1955年因大赦出狱，流亡墨西哥。1956年，卡斯特罗成立革命组织"七·二六运动"。同年11月25日，他率领82人乘"格拉玛号"游艇从墨西哥出发，12月2日在古巴东部奥连特省登陆。随后，他们深入马埃斯特腊山区，在那里建立根据地，开展反政府的游击战争，不久建立了"七·二六运动起义军"，在起义军不断取得胜利的同时，古巴各地的反抗和暴动相继发生。

古巴革命胜利后，以"七·二六运动"为主体的革命领导力量，于1959年5月和1963年10月进行了两次土地改革；1960年6～10月，将所有美资企业收归国有；由于1960年5～10月美国先后对古巴采取停止一切经济援助、取消古巴对美国的食糖出口份额、对古巴实行禁运等措施，古巴开始向社会主义国家靠拢。1960年5月，古巴同苏联复交；同年9月，古巴同中国建交；苏联、中国先后开始向古巴提供经援和军援，并购买古巴的糖。1961年1月，美国同古巴断交，美国加紧组织雇佣军入侵古巴。

1961年4月16日，卡斯特罗首次宣布，古巴革命是"一场贫苦人的、由贫苦人进行的、为了贫苦人的社会主义民主革命"。同年，卡斯特罗又宣布古巴是社会主义国家。

就在古巴领导人宣布古巴革命为一场社会主义革命的第二天，4月17日，1000多名美国雇佣军在吉隆滩登陆，对古巴进行武装侵略，古巴军民在卡斯特罗领导下经过72小时的激战，全歼入侵者。

1961年7月，古巴三个组织"七·二六运动""三·一三革命指导委员会"和人民社会党合并成古巴革命统一组织，次年5月，又改名为古巴社会主义革命统一党。1965年10月，正式改名为古巴共产党。在革命胜利后的初期，由于急于改变单一经济结构，古巴政府大幅度削减蔗糖生产，提出迅速实现农业多样化和短期内实现工业化的目标。1963年古巴甘蔗种植面积比1958年减少了25%，当年经济遇到严重困难，社会生产总值下降1.1%。因此，1964年古巴政府又提出了集中力量发展糖业的新的经济发展战略。

1968年3月，古巴政府发动"革命攻势"，接管了几乎全部小商小贩和小企业，消灭了城市中的私营经济；与此同时，扩大了免费的社会服务，取消了工资级别，用精神刺激代替物质刺激，取消了贷款利息和对农民征收的税收；与此同时，又不切实际地提出1970年产糖1000万吨的高指标。为此，耗费大量人力、物力、财力，结果，不仅指标没达到，反而造成国民经济的比例严重失调，经济形势恶化。

70年代前半期，古巴参照苏联的模式，进行了政治经济体制的改革。1972年古巴参加了经互会，同苏联签订了长期经

济协定，实现同苏联、东欧的经济一体化。1976年起，古巴开始实施第一个五年计划和新的"经济领导和计划体制"。70年代后期和80年代初，古巴政府逐步放宽了某些经济政策，如建立平行市场，允许在一些服务行业自谋职业，允许开设农民自由市场等，并开始有限度地实行对外开放。

80年代后期，古巴在全国掀起了一场"整顿不良倾向运动"，开始了"纠正错误和消极倾向进程"，调整和放慢了经济体制改革的步伐，关闭了农民自由市场。卡斯特罗在1986年多次讲话中强调不要照抄别国（指苏联）的经验，要走自己的道路。纠偏运动虽然没有使古巴经济得到预期的发展，1985～1989年经济年均仅增长0.4%；但是，它却保证了卡斯特罗为首的古巴领导人坚持了社会主义方向，避免了模仿当时苏联、东欧国家所搞的放弃社会主义的"改革"，使古巴经受住了东欧剧变、苏联解体对它的巨大冲击。

智利社会主义有哪些特征？

智利社会主义是指70年代初智利萨尔瓦多·阿连德（1908～1973年）人民团结阵线政府在智利推行的一套社会主义理论和进行的一场试验。

智利是拉美资本主义比较发达的国家，智利也是具有民主传统的国家。1936年，智利激进党、共产党、社会党等组织在反法西斯的旗帜下建立了人民阵线并取得了1938年大选的胜利，成为拉美第一个有广泛群众基础的反帝联合政府。

在执政头一年，智利国内生产总值增长8%，但是，好景不长，由于改革步子过快、过急，打击面过宽，树敌过多，侵犯了中小资产者和中小农场主的利益，使经济发展受到影响。由于超越限度地增加福利，提高工资，使国家财政支出激增，赤字增加，通货膨胀加剧，市场商品匮乏。美国对智利实行经济封锁，减少或停止向智利贷款和投资，压低铜价，同时极力支持智利国内反政府活动。随着改革的深入，基民党不再支持阿连德政府转而采取对抗态势，人民团结阵线各政党在一些问题上意见不一，再加上人民团结阵线虽建立了政府，但并没有掌握政权，因为行使立法权的议会（在议会中反对派占多数席位）和作为国家机器重要组成部分的军警和法院都控制在反对派手中，政府的决定和意志很难实现。

国内外反动势力的破坏和国内各阶层人民不满情绪的扩大使智利政局日益动荡。1973年9月11日以陆军司令皮诺切特为首的军内反对派策划了军事政变。政变部队袭击总统府，遭到阿连德顽强抵抗。最后阿连德以身殉职。阿连德的社会主义实践以失败告终，给人们留下了深刻的历史教训。

委内瑞拉新社会主义的特点是什么？

新社会主义是委内瑞拉争取社会主义运动主要领导人在60年代末至80年代中期提出的理论。

委内瑞拉争取社会主义运动成立于1971年1月，是从委内瑞拉共产党分裂出来的。20世纪60年代末，委共内部发生激烈争论，曾领导和参加过60年代反政府武装斗争的政治局委员庞佩约·马盖斯、特奥多罗·佩特科夫不同意总书记赫苏斯·法里亚等否定60年代的武装斗争的观点，反对死守"反帝土地革命"的传统公式，反对法里亚等支持苏联侵捷。1970年12月，庞佩约和佩特科夫等22名中央委员宣布退出委共，并于1971年1月正式成立争取社会主义运动。

争取社会主义运动成立后，利用资本主义代议制民主和合法地位，通过竞选活动和议会斗争宣传自己的纲领主张，扩大自己的影响和力量。自1973年起，争取社会主义运动参加了历次大选，一直保持了国内第三大党的地位，在选举中所得选票和议席数不断有所增加。但是，争取社会主义运动内部有各种流派，思想庞杂，连庞佩约本人也认为，他们党内永远不存在"铁板一块"和"完全一致"。

拉丁美洲文学的黄金时代是什么时期？

20世纪是拉丁美洲文学的黄金时代：各种文学流派"百花齐放，百家争鸣"，优秀作家和作品不断涌现，卡夫列拉·米斯特拉尔、巴勃罗·聂鲁达、加西亚·马尔克斯、奥克塔维奥·帕斯等文学巨匠及其光辉夺目的作品，使拉美文学成为世界瞩目的中心之一。四五十年代形成的拉美魔幻现实主义，六七十年代出现的拉美"文学繁荣"（即所谓"文学爆炸"），轰动了世界文坛。

拉美小说的发展状况如何？

拉美现代文学经历了两个发展时期：第一个时期是从1910年墨西哥革命至1959年古巴革命，是现实主义与先锋派并行发展时期。第二个时期是从1960年至今，是拉美"文学繁荣"时期。

拉美文学第一个时期，在小说方面，以墨西哥革命（1910～1917年）为题材的作品首先揭开了20世纪小说创作的帷幕。这一题材的小说主要集中在1910～1940年，然而直至今天，墨西哥当代作家中，继续以墨西哥革命为题材进行创作的，仍不乏其人。

墨西哥革命小说的主要代表作家有：马里亚诺·阿苏埃拉，其代表作是《底层的人们》（1915年）；马丁·路易斯·古斯曼，其代表作是《鹰与蛇》（1928年）、《考迪罗的影子》；格雷戈里奥·洛佩斯·富恩特斯，其代表作是《我的将军》（1934年）；拉斐尔·费利佩·穆尼奥斯，其代表作是《跟随潘乔·比利亚前进！》（1931年）；毛里西奥·马格达莱诺，其代表作为《光芒》等。

先锋派小说的特点是什么？

拉美先锋派小说是在欧洲的先锋派文学的影响下产生的。欧洲先锋派的代表作家法国的普鲁斯特、爱尔兰的詹姆斯·乔伊斯、奥地利的卡夫卡等对拉美作家有较大的影响。

从创作手法来看，从30年代初开始流行的拉美先锋派小说的结构从传统的单线结构转为复线结构，从传统的自然时空时序转为"心理时间"，作者不再设置一个无所不知的叙述者，而由作品中的人物自己讲述自己的感受，人物的性格塑造依靠人物自己的意识流动。从语言方面来看，不少作品受超现实主义和立体派的影响，放弃了传统小说中的常规语言或方言土语，代之以表现潜意识、梦幻、偶感的支

离破碎的内心独白、呓语和梦话。

拉美先锋派小说重点描写城市而不是农村，尤其描写城市中下层人民的精神苦闷。但是，同欧洲先锋派文学不同的是，拉美先锋派作家在流露出绝望和虚无思想的同时，也常常宣泄内心的愤懑与不平，深刻地揭露、抨击和批判社会的不公正。他们坚持文学的任务在于植根本土和发扬民族文化。

拉美先锋派小说的代表作家有：危地马拉作家米盖尔·安赫尔·阿斯图里亚斯（1899～1974年）、古巴作家阿莱霍·卡彭铁尔、阿根廷作家豪尔赫·路易斯·博尔赫斯、阿根廷作家埃内斯托·萨瓦托、乌拉圭作家胡安·卡洛斯·奥内蒂、墨西哥作家胡安·鲁尔福等。

先锋派诗歌出现了哪些著名诗人？

1916年鲁文·达里奥的去世标志着现代主义诗歌的结束和拉美当代诗歌的开始。在从现代主义向先锋派的过渡时期中，在拉美诗坛上，涌现出一位杰出的女诗人——智利的卡夫列拉·米斯特拉尔。

先锋派源于法国等欧洲国家，作为第一次世界大战后出现的文艺运动，其主旨在于否定传统，锐意创新。因此，许多新的流派，如立体主义、未来主义、表现主义、达达主义、超现实主义，均可包括在先锋派之内。

在欧洲先锋派影响下，拉美也出现了先锋派诗歌和小说。就诗歌而言，主要先锋派诗人有：阿根廷作家和诗人豪尔赫·路易斯·博尔赫斯、秘鲁作家和诗人塞萨尔·巴列霍、智利诗人巴勃罗·聂鲁达、古巴诗人尼古拉斯·纪廉等。他们创

作的诗歌的共同特点是：没有循规蹈矩，没有拘泥于某一种流派的束缚，而是从多种流派中吸取营养，博采众长，然后加以加工创造，独树一帜。

文学"繁荣"时期的主要成就是什么？

1960年以后，在先锋派小说的基础上，拉美小说家更上一层楼，发表了一大批思想内容深刻、艺术手法奇特新颖的作品，造成一派空前繁荣的局面，引起世界文坛的注意，被称为拉美文学"繁荣"。

拉美文学"繁荣"的出现是拉美文学自身发展到成熟阶段的结果。此前的拉美各种文学流派犹如淙淙小溪汇聚成一条澎湃的洪流。1959年古巴革命的胜利无疑地给当时处在彷徨、徘徊、不知向何处去的拉美作家指出了方向，给他们带来了希望。此外，文化教育事业的发展和出版部门的积极推动，特别是西班牙和拉美一些出版商独具慧眼，筹措资金为拉美新小说的出版发行开放绿灯，在把拉美新小说介绍给欧美文坛过程中，起到了重要的桥梁作用。

拉美文学"繁荣"主要反映在新小说的"繁荣"。拉美新小说的特点是：以墨西哥的卡洛斯·富恩特斯、秘鲁的巴尔加斯·略萨、哥伦比亚的加西亚·马尔克斯、阿根廷的胡里奥·科塔萨尔、智利的何塞·多诺索等人为代表的拉美一代新作家，站在新的高度观察和思考拉美不发达的根源。他们认识到，帝国主义的长期压迫与侵略，军事独裁统治，落后的大庄园制是拉美贫困、动乱的根本原因。在这一认识基础上，他们借鉴欧美现代主义和先

锋主义的艺术手法，继承和发扬拉美文学传统，大胆地开拓出一条新路，用多种艺术流派如魔幻现实主义、心理现实主义、结构现实主义、社会现实主义、意识流、黑色小说、蒙太奇手法、记录体小说等，来表现拉美充满矛盾与冲突的神奇的现实，取得了巨大的成功，在世界文坛上产生了强烈反响。

80年代和90年代拉美文学虽然不像60年代和70年代那样轰轰烈烈，但却更加成熟、扎实了。60年代蜚声文坛的作家大多数仍活跃在创作第一线上，不断有佳作问世，他们依然是拉美文坛的主力军。与此同时，一批对拉美民族的本体文化有着独特见解的新一代作家已经崭露头角，创作出许多不同题材的作品，引起世界文坛的关注并给拉美文学注入了新的活力。在新旧两个世纪交接时期和下一世纪，拉美文学还将放射出更加灿烂的光芒。

拉美文学的基本特征是什么？

拉美文学虽然由不同历史时期、不同民族和不同国家的文学组成，但是由于历史的继承性和相互影响，加上语言的相同（西班牙语）或相似（巴西的葡萄牙语与西班牙语相似），它们之间又有不少共同点，大致可以归纳为以下基本特征：

第一，拉美文学是多民族文化不断撞击、冲突、调和、交汇、融合的产物。拉美文学是在以下三种文化的基础上发展起来的：印第安土著文化，西班牙、葡萄牙以及意大利、法国、英国等欧洲文化，非洲黑人文化。这三种文化经过拉美这座熔炉的冶炼，融合成一种崭新的文化。拉美文化善于消化和吸收外来文化，并创造出具有

拉美特色、同时又具有世界性的文学。

第二，拉美文学贴近现实，与社会现实有密切的联系。拉美的文学有现实主义的传统，特别是20世纪以来的拉美文学，是同拉美人民反帝反殖、争取民族独立和解放、发展民族经济、繁荣民族文化息息相关的，不少拉美作家以反映社会现实为己任，不管持何种主义的拉美当代作家，他们置身于相同的拉美社会政治环境，面临共同的社会问题，都有一种使命感和社会责任感。拉美当代新小说家虽然在创作中较多地使用了现代主义的创作手段，但他们都坚持走现实主义的道路，他们的各种主义，可以说是现实主义的不同变种。

第三，不断变革、不断创新是拉美文学的又一特点。20世纪20年代以来，拉美文学不断与旧传统决裂，不断创新，从浪漫主义、现代主义、先锋主义、现实主义，到魔幻现实主义、结构现实主义等，逐渐形成具有拉美特色的民族文学，使西方文坛不得不刮目相看。

第四，拉美文学既具有整体性又具有多样性。由于历史、社会和文化的联系，由于语言、宗教和政治经济结构相似或相同，拉美文学具有整体性即共性。这种整体性既表现在拉美文学的内容、题材上，又表现在它的艺术手法上。

第五，拉美文学的地位和影响引人注目。20世纪的拉美文学家常常同时是政治家、思想家，在社会上有较高的地位。

拉美现代建筑与艺术有哪些独特之处？

20世纪初，拉美建筑的主要倾向是新殖民建筑和新古典主义建筑。新殖民建

筑带有拉美民族的特点，其代表建筑有：墨西哥城的司法大厦，危地马拉城的国民宫，利马的大主教宫、总统府和市府大楼等。新古典主义的代表建筑有由意大利建筑师阿达莫·博阿里设计的墨西哥城美术宫。美术富于1908年奠基，1934年落成，历时26年之久。美术宫是一座欧洲式的正方形巨大建筑，四周外墙全由洁白的卡拉拉大理石砌成，由12根大理石圆柱支撑的半圆形门廊巍峨壮观，气势磅礴，美术宫既有异国情调，又有民族风格，如美术宫的圆顶中心是墨西哥民族象征———座展翅的雄鹰的青铜雕像，宫内红色大理石柱子顶端是古代雨神的脸像，演出大厅入口处铁门上饰有印第安人传统的花纹图案或面具浮雕，宫内各层走廊和大厅里陈列着墨西哥现代主要壁画大师色彩斑斓的杰作，使这座绚丽的建筑更放异彩。

墨西哥壁画运动产生了哪些影响？

20世纪拉丁美洲艺术应载入世界艺术史册的当推墨西哥壁画运动。

在墨西哥这片盛开古代印第安人奇葩的土地上，经过殖民时期漫长的压抑与沉寂之后，又历经外来的欧洲文化、黑非洲文化和本土文化的撞击、对立和融合，在墨西哥1910～1917年革命洪流的带动下，墨西哥艺术家的创造力像波波卡特佩特尔火山一样爆发出来，形成了一个以振兴和革新民族文化为宗旨、以壁画为主要艺术手段的墨西哥壁画运动。这场运动一直延续到20世纪70年代，给墨西哥和拉美的艺术注入了新的活力，对欧美各国和世界其他地区的艺术亦产生了重要的影响。

墨西哥壁画的历史可追溯到4500多年

以前。在墨西哥格雷罗州的胡斯特拉华卡和奥斯托蒂特兰两个山洞里，至今还完好地保存着约创作于公元前2500～前200年间的山洞壁画。在墨西哥南部恰帕斯州乌苏马辛塔河上游的密林深处，1946年在此首次发现在3间玛雅殿堂里保留完好的壁画。据考古学家考证，这是公元7～9世纪的作品，分别反映出征前、出征打仗时和出征后庆祝胜利的情景。彩色壁画上的人物栩栩如生。此外，在特拉斯卡拉州卡卡斯特拉的奥尔梅克遗址，也保留了公元7世纪反映当时战斗情景的彩色壁画。壁画共长22米，是迄今为止，在墨西哥境内所发现的规模最大的古代彩色壁画。在离墨西哥城不远的特奥蒂华坎月亮金字塔遗址附近的"格查尔鸟蝴蝶宫"，也保存了古代印第安人的壁画。

墨西哥壁画运动的先驱者是赫拉尔多·穆里略（1875～1964年），其艺名是阿特尔（阿兹特克语，意为"水"）。早在1910年阿特尔就提出在室外作壁画的主张。他学习了西方国家绘画艺术的技巧和风格，继承和发扬了印第安传统的艺术，形成了自己独特的艺术风格，创造了不少以现实生活和斗争为题材的壁画。新兴壁画运动创始人还有罗伯托·蒙特内格罗、豪尔赫·恩西索、加夫列尔·费尔南德斯等。

墨西哥壁画运动以复兴民族艺术为宗旨，以壁画为主要艺术手段，以本土民俗、风景、历史、现实生活为主要描绘对象。壁画家们采用从欧洲学来的造型手法和技术材料并加以创新，来表达自己的社会理想。墨西哥壁画涉及社会矛盾、现实斗争，具有强烈的时代特征，同时，并不妨碍每个画家保持鲜明的个性。从20年代以来，墨西哥壁画艺术取得了美洲艺术史上空前的成就，涌现了以里维拉、奥罗斯科和西凯罗斯为代表的一大批壁画家，产生了一大批杰作，其杰出的成就已载入世界艺术史册，其影响不仅扩展到不少拉美国家的艺术运动，而且也波及美国。这场壁画运动使衰落了近400年的印第安艺术获得新生。它被誉为"墨西哥文艺复兴运动"，成为墨西哥艺术史上最伟大的变革运动。

墨西哥壁画三杰分别是谁？

里维拉，被誉为"墨西哥壁画之父"的迭戈·里维拉1907年获奖学金游学欧洲各国。他朝拜文艺复兴时期的传世名作，也受近代艺术大师作品的熏陶。起初，他迷恋塞尚印象派的作品，后又倾倒于毕加索、布拉克等立体主义派作品。他与毕加索、布拉克、格里斯、克利等画家结识并交往。这一时期里维拉的作品受印象主义和立体主义影响较深，具有感情强烈，色彩丰富，格调抒情等特点。

1920年里维拉在巴黎遇到西凯罗斯。西凯罗斯向他讲述了参加墨西哥革命的亲身经历。两人一致认为有必要在祖国开展一场广泛的民族艺术运动，用艺术来唤起大众。1920～1921年里维拉同西凯罗斯一起到意大利观摩文艺复兴画家乔托的壁画，从中受到启发，1921年里维拉回到墨西哥。

回国后不久，在新任教育部部长巴斯孔塞洛斯的支持下，里维拉等开始在公共建筑物上画有关民族题材的壁画。

1922年里维拉为墨西哥城国立预科学校"玻利瓦尔"半圆形剧场创作了他的第一幅巨型壁画《创世记》。画面中央是一个伸展着双臂的巨人，象征主宰世界的人类；巨人周围的麦穗象征着人类创造出来的物质世界，这幅画吹响了墨西哥壁画运动的号角。

1923～1928年，他为墨西哥教育部创作了124幅壁画，描绘墨西哥各行各业的工作及墨西哥的各种节庆活动。他以巨大的创作热情，把教育部两幢占两个街段长、一个街段宽、三层楼楼房的墙壁、走廊都画满了壁画。

1926年，他还同时为位于墨西哥城东郊的查平戈国立农业专科学校（现为农业大学）作画，题材是人类生命、历史和社会的发展。其中最有名的是题为《沃土》的裸女画，画的就一个横卧着的硕大的裸女，象征"沉睡的大地母亲"，她手里拿着正在发芽的种子，象征蓬勃的生命。里维拉以纤细笔触和深浅不同的色彩画的这幅裸女，显示了他特有的抒情表现手法。评论家称这幅画为"壁画交响乐"，认为这是艺术史上最成功的裸体画之一，也是他最杰出的代表作之一。

1948年，他为墨西哥城的普拉多饭店创作了一幅迷人的装饰壁画《阿拉梅达公园星期日下午之梦》。这幅画被认为是他绘画生涯的顶峰，由于壁画上有"上帝不存在"几个字，引起了一场轩然大波，画被遮起，直到1956年，70岁的里维拉同意涂掉这几个字，风波才告结束。1957年11月24日病逝。

奥罗斯科，墨西哥"壁画三杰"之一、独臂画师何塞·克莱门特·奥罗斯科（1883～1949年）1934年为瓜达拉哈拉市政府宫、瓜达拉哈拉大学和卡瓦尼亚斯孤

儿院创作了一系列壁画，现已成为该市文化的瑰宝。主要有：歌颂民族英雄伊达尔戈的《为自由而战》、《圣人与普罗米修斯》和《火人》等。他还为墨西哥城国家历史博物馆画了《胡亚雷斯与改革》巨幅壁画，为国家美术宫画了《卡塔尔西斯》，用象征的手法，描绘了炼狱的情景。

40年代中期，年已60的奥罗斯科为最高法院和耶稣医院画壁画，主题是为工人伸张正义。1949年9月7日，在为一公园画《春》的壁画时，感到体力不支，便回家休息，当晚去世。

奥罗斯科的艺术表现手法同里维拉不同，他受西方艺术和现代派艺术的影响较小，受印第安民间艺术影响较深。他的作品富有独创性，他将表现主义的艺术语言、现代版画的表现手法以及渊源于最古老的奥尔梅克艺术的象征手法熔于一炉。他的笔触自由，苍劲有力，在塑造形象时注重思想感情的表达，不卖弄技巧，他创造了以辛辣的讽刺笔调为特色的新的壁画风格。他的一幅幅壁画就像一面面镜子，真实地反映出墨西哥的命运，他所描绘的每个人、每件事都具有强烈的时代意义，他的作品已成为墨西哥绘画艺术的珍品。

戴维·阿尔法罗·西凯罗斯（1896～1974年）1922年投身于壁画运动，在母校国立预科学校创作了《哀

悼》、《一个工人的葬礼》等壁画。1944年在美术宫创作了一组题为《新民主》的壁画，这是他的得意之作，采用古典的三联画形式，中联是一个砸碎了枷锁的妇女形象表现反法西斯斗争的胜利，这个敦实强壮的妇女画得极有动感，仿佛她的整个身躯要脱墙而出。1951年，他又在美术宫画了两幅壁画《夸特莫克的再生》和《反对神的英雄夸特莫克》。

50年代，他为墨西哥国立自治大学校长办公楼创作了《文化的蕴涵》、《人民到大学，大学到人民》、《大学生走向文化》等大型壁画。50年代末、60年代初，他为国家历史博物馆绘制了共250平方米、占据整整一个展厅的题为《从波菲里奥的统治到革命》的巨幅壁画。

西凯罗斯70岁时，开始创作他最后一幅题为《地球上的人类朝宇宙进军》的巨型壁画，他完成这幅画后不久，于1974年1月6日死于癌症，终年77岁。

西凯罗斯一生共画了8400多平方米的壁画。同里维拉、奥罗斯科的壁画相比，他的画更具有浪漫而激亢的特色，他的画题材多样，内容丰富，线条粗犷，色彩鲜明，形象突出，他积极寻求和发现新的绘画工具和材料、新的壁画绘制方式。1960年后，他又提出"雕塑壁画"的理论：在一个画面上，既有壁画，又有浮雕；既采用颜料，也使用铜、铁等金属材料。

第十一章 北美洲的古代历史——北美文明的远古足迹

北美早期的社会特征是什么?

北美早期历史的发展,受到地理环境的很大影响。北美位于美洲大陆北部,南与墨西哥接壤,北至北冰洋,地域辽阔,地貌、气候条件复杂多样。

太平洋沿岸地区依山临海,得太平洋的西风之利,气候温和湿润,植被丰厚。

在北美的北部地区有四分之一的地区是属于远古冰川遗迹的地质区,环绕哈得逊湾呈一个巨大的“U”字形,其北端伸入北极,下部覆盖今魁北克和安大略的大部分。地质区内丘陵纵横,湖泊密布,岩石嶙峋,虽然森林茂盛,矿藏丰富,但由于农作物无法生长,所以在前工业时代很少有人类定居。早期的北美印第安人在这块土地上过着与其他大陆不同的生活,直到欧洲人到来之后,北美印第安民族“从天而降”的厄运从此开始了。

北美的史前文化主要体现在哪些方面?

根据考古发现,大约在公元前1万年以前在北美的许多地区就有人类出现。有一种说法认为,大约在公元前12000年以前,通过亚洲与北美相接的陆地桥,即白令海峡,第一批移民来到北美,他们在阿拉斯加和育空地区的非冻土地带落下脚来。大约到公元前8000年左右,又有一批来自阿拉斯加和育空地区、使用薄刀片状石器的居民向南扩展,并在不列颠哥伦比亚的北部和沿太平洋的北美大部分地区定居下来。

几千年以后,最后这批来自亚洲的移民中最重要的一支,发展成因纽特人和阿留申群岛土著居民的祖先。在北美,史前文化的遗址非常丰富,从中央高原到不列颠哥伦比亚,再到西北边疆都发现了这类遗址。早期古代文化是出现在圣劳伦斯河谷和大西洋沿岸的一种文化,它标志着从早期石制工具技术向较高一级的转变。这一文化最有特点的工具是在原来V字形尖锐石器的后端增加了较深的槽,以便装上木柄,可以想象,这时出现了矛状的抛掷石器。在大西洋沿岸,那里的居民使用带绳索的渔叉来捕捉海里的大型动物,如海象和鲸鱼等。从新英格兰到俄亥俄河谷,包括上圣劳伦斯河谷和安大略南部,那里的原始人广泛使用V字形投掷尖状石器。

科蒂勒拉文化是公元前8000年以后出现在不列颠哥伦比亚南部的原始文化。人们使用叶状投掷尖物、石刀、简单的切削器、圆形石块和核状工具,猎物主要是三文鱼等。海岸薄刀片状文化是这一时期

出现在不列颠哥伦比亚中部和北部海岸的原始文化。当地人们是从南部扩展来的，借助于水上工具，在公元前5000年他们到达夏洛特女王岛。他们的生产和生活状况与科蒂勒拉文化相近，而且两种文化产生了交汇。此外，这时期还有北部内地文化和大奴湖北部的阿卡斯塔文化等。到公元前4000年以后，自然环境变化的节奏开始放慢，人类居住的环境也相对固定下来。海平面与现在的水平基本相近，哈得逊湾以西生长植物的地区比现在更往北。

公元前2000年以后，气候变得更冷也更湿润，森林带比现在往南大约300千米。在这一时期，北美原有的几种原始文化继续发展，海岸古代文化是在早期古代文化的基础上发展起来的。此时，人们向纽芬兰和圣劳伦斯河谷上游推进，沿着拉布拉多海岸，一百多米长的长形房屋建立起来，各种石器、切削木头的石斧及半圆形的刀状物都已经使用，此时开始出现精致的骨器：用骨钉固定成的渔叉、骨针等。

大约在公元前4000年，天然的铜块和金块开始在大湖区的交换中使用。在基韦廷地区，地质古代人是以家庭方式居住的。他们的房子中有用石头垒成的火炕，房屋的地面是在半地下，而且在房屋四周，用较重的石头固定住盖房的材料，使之坚固。中央平原的原始人依赖野牛为生，他们靠精心策划的社会组织进行围猎，野牛群被大批的人赶向悬崖峭壁摔死或驱赶进准备好的栅栏中围歼。这些人住在帐篷中，帐篷用石头围起来。到公元前3000年，这部分原始

人在数量上有较大增加，居住也更加集中，其影响扩展到马更些河谷以北，向东扩展到大湖区。他们除了使用投掷尖器——切削器、石刀和薄圆石器以外，还已使用狗拉雪橇。此时出现了一种用碎石子嵌在地上的轮状图形，这是中央平原古人的祛病符咒，这种图形持续了几千年，说明原始人中已流传着一种明确信仰。在墓葬中发现了石器、鹰爪、大湖区的天然铜以及大西洋沿岸的贝壳项链等，这说明当时已有一定的交换。这一时期，除以上几种原始人之外，还有早期奈斯凯朴人（住在不列颠哥伦比亚南部）、早期西北沿海人、北部内地薄刀片状石器人、北部古人和早期古因纽特人等。

公元前1000年～公元500年，北美各地的原始人在原有基础上继续发展，此时大部分原始人都掌握了使用弓箭的技术。从500年到16世纪欧洲人到来之间这1000年的时间，是考古资料最丰富的时期。

法兰西殖民统治下的北美的发展状况如何？

传说最早到达北美的是北欧的维京人。此后很可能又有其他地区的人到过这里。但相对说来，在1492年前整个美洲大陆都处于孤立隔绝的状态。克利斯托夫·哥伦布航行美洲，开通了新、旧大陆之间频繁交往的渠道，北美也就开始感受到来自欧洲的冲击。首先到北美探查的是约翰·卡波特（1449/50～1498/99）。他本是威尼斯航海家，受到英国国王的支持和布里斯托尔商人的资助，于1497年5月

率18名船员，乘"马修"号向西航行，目的地是东方的亚洲。英王亨利七世授予他统治他所发现的任何地方的权力，但他到达的却是今北美东部海岸，可能是纽芬兰，也可能是布列吞角。

他同哥伦布一样，相信自己到达的是亚洲。次年他率300人再度西航，并携带货物准备同东方进行交易。这次他虽未抵达他想象中的富庶之地，但却证实他所到的地方不是亚洲，而是一个新大陆。数年后，卡波特之子塞巴斯蒂安也到过北美，可能通过了哈得逊海峡。他声称自己发现了通向东方的航路，但无人理睬。这些早期航行虽然到达了北美海岸，不过没有在人文和地理方面产生很大后果，因此可以说北美仍被"发现"。

真正开始对北美内陆进行探查的是法国人。法国长期以来一直与西班牙存在矛盾，在对美洲的探查和殖民方面也是如此。1523年法王弗朗西斯一世曾派维拉扎鲁航行到北美海岸，目的是寻找通向亚洲的水道，但未成功。雅克·卡蒂埃（1491~1557）是一个著名的航海家，抱着寻找金银财宝的心愿，决定对圣劳伦斯河谷地区进行探查。他于1534年航抵纽芬兰，穿过贝尔伊斯尔海峡，首次进入北美内地，发现了一个过去欧洲人未曾知晓的地区，并为法国取得对这个地区的领有权。

土著人是怎样反抗殖民者的?

尚普兰去世以后，法国国王任命一个军事贵族查理·于奥尔·德·蒙莫涅为总督，从法国来到北美。

新法兰西的发展是与整个新大陆一致的，这时糖和烟草在新大陆出现，渔业和各种贸易也发展起来，这吸引了成千上万的人移居新大陆。在百人公司统治下，大约有3000人移民新法兰西，一些家庭获得土地，并得到永久居住权，新法兰西的一些社会机构也建立起来。然而，毛皮贸易获利最丰，仍然是商业方面的唯一吸引力。此时，土著人的公司是主要的，只雇佣了少量的法国工人。在新法兰西很少有人从事农业，男性仍然是居民的主要部分。

在新法兰西建立的过程中，宗教起了重要作用。在法国本土，天主教的势力非常强大，许多教士有着极虔诚的宗教信仰，他们主动要求到新法兰西传播天主教，其主要目的甚至不是为少数法国商人服务，而是为了转变和教化那里的土著居民。1615年，一批传教士抱着这样的雄心来到北美，他们不满足于定居魁北克，而是不辞千辛万苦，乘独木舟沿渥太华河深入内地，来到休伦人居住的地区布教。

耶稣会士选择了另外一种传教策略。为了使土著人转变和归化天主教，他们宁愿生活在土著人中间，学习他们的语言，研究他们的社会。1634年，神父让·布雷伯率领3人一行的传教使团到休伦人的居住地传教，在几年之内，发展成一个阵容强大的耶稣会社区，社区中包括传教士、同教会的教友、仆人和士兵等，共有五十多个法国人。1639年，另一位神父热罗姆·拉勒芒在佐治亚湾附近开始建立一个更加强大的传教使团——圣·玛丽修道院。这里包括一个小礼拜堂、一个医院、养动物的畜舍、为法国和休伦人的修女所

住的房舍，它在北美印第安人中为欧洲人传播宗教开辟了一个场所。

尚普兰时期，由于他加盟休伦人的同盟与易洛魁人打仗，并战胜易洛魁人，使双方曾获得一度的和平。到17世纪40年代，主要土著民族之间的长期敌对状况始终存在，加之欧洲人的介入，欧洲商品的吸引以及欧洲先进武器的使用，使土著之间的战争进一步升级。1645年至1655年，最强大的易洛魁五部落同盟派遣自己最精锐的部队进行了一场范围广泛的战争，结果打败了易洛魁的所有竞争者。在10年的时间里，休伦、珀顿、纳特拉尔、伊利等人口至少在10000人以上的部族纷纷瓦解，结果，在这些战争之后，毛皮的供应成了问题，扎根于圣劳伦斯河谷之内的法国小社会的存在也成了问题。

1648年，易洛魁人侵入了休伦人的领地。由于传染病使休伦的许多人口丧失；由于易洛魁人的侵入，休伦部落陷入瓦解之中，内部的意见也更加不一致。为寻求解救，一些人参加了天主教组织，许多休伦人第一次接受了洗礼；另外一些人却责备法国人给他们带来了传染病和内部的纷争。由于不能组织有效的反击，1649年，休伦的地盘被易洛魁人占领，一些天主教教士死去，耶稣会士的事业到此完结，一度非常强大的休伦部落也不复存在，许多休伦人被杀，还有大批的人到处流散，也有一些人加入了胜利者易洛魁人的队伍。五部落同盟在打败休伦人之后，继续向其他夙敌进攻，他们所到之处，无论是传教事业还是商业全部被摧毁。法国殖民者

已不像尚普兰与休伦结盟时那样锐意进取，他们在强大的易洛魁人面前无所作为，成为一个单纯的旁观者，眼睁睁地看着易洛魁人一个接一个地把土著部族消灭，最后，易洛魁人的锋芒指向了圣劳伦斯河谷的法国殖民地。

1660年和1661年，易洛魁人向新法兰西的各殖民点进攻，他们曾围困了蒙特利尔，劫掠了魁北克附近的奥尔良岛，并沿河而下直至塔杜萨克。由于惧怕，新法兰西的农民不敢耕作，农业凋敝；工人有不少也返回了法国，毛皮贸易受到严重影响，不再盈利，但是，尽管法国人小心翼翼，还是大约有200人死于易洛魁人之手。总的来说，易洛魁战争虽然对新法兰西有伤害，却没有威胁到它的存在。在休伦人失去毛皮贸易中间人的地位之后，阿尔贡金人取代了他们的地位，不久，法国人就准备自己直接到狩猎者手中去收购毛皮了。

易洛魁战争没有摧毁殖民地，却使百人公司的统治归于失败。首先，百人公司遇到极度的财政困难，以后，它又无力抵抗易洛魁人的进犯而陷入崩溃之中。在法国国内，太阳王路易十四在他25岁时，即1663年，从他的顾问们的阴影下解脱出来亲自执政，大权独揽，殖民地也直接划入他的管理范围。新法兰西从一个商业公司的统治而变为由王权直接统治，甚至类似于法国的一个行省，以后，新法兰西按照法王的意愿进行了治理。

北美在和平年代有哪些方面的发展变化？

为了缓解法兰西人与当地土著居民的

矛盾，法王与殖民地的易洛魁人结盟，他们缔结了和平，之后的20年他们是在和平之中度过的。由于北美当地的毛皮丰富且优质，法国两位勇敢的兄弟探索到了最优质的毛皮，他们想让法王来此地贸易，没有得到回应。这件事情反而被英国人采纳了，他们派遣舰队来到那片盛产优质毛皮的地方，从此占据了这片土地。

英国人的举动激怒了当地的土著人，于是土著居民中的易洛魁人、法兰西人、英国人展开了混乱而纷杂的战争，土著居民损伤惨重，战争不得不又趋于和平。

从1663年～1763年这100年间，新法兰西是在法国国王的统治之下。在这一时期，殖民地的事务归海军大臣管理，无论是路易十四，还是路易十五以及历届海军大臣，都对殖民地的事务给予极大关注。

法王统治新法兰西后使殖民地的地位有所加强，第一个成果是结束了对易洛魁人的战争，为了保卫殖民地，路易十四于1665年把卡瑞格南军团派往新法兰西，这是一个有着一千多人的精锐部队，在到达殖民地之后，它对易洛魁部族的居住区进行了进犯，虽然没有取得重创，却迫使易洛魁人与新法兰西以及与它结盟的土著人缔结了和平。1667年，双方签订了和平协定，这给新法兰西带来20年的和平时期。在这20年间，新法兰西得到较快的发展。

新法兰西的发展主要体现在哪里？

17世纪60年代，到新法兰西移民的绝大部分是年轻的士兵和男工，因此，殖民地男性公民比女性高出一倍以上。为了保证殖民地男女的人口平衡，并在新法兰西大量繁殖人口，法国国王制定了往新法兰西输送年轻女性的计划，这些被输送的年轻女性被称为"国王的女儿"。从1663～1673年的10年间，大约有775名妇女被送往新法兰西。借助于政府的帮助，她们中90%以上的人在到达后的几个星期或几个月内就找到了丈夫，开始了在殖民地的新生活。到70年代中期，殖民地的女性公民比60年代增长了一倍。

从80年代开始，无论是男性还是女性的大规模移民都结束了，这时，殖民地的人口发展到10000以上，以后，虽然还有少量的士兵、劳工，或者妇女来到新法兰西定居，但是，以后新法兰西的人口繁衍主要是依靠此时已经定居的这10000多人的自然繁殖，从这些人中，繁衍出加拿大说法语人口的绝大部分。

据人口学家估计，从1663年～1773年的100年间，新法兰西的人口出生率在大部分时间高达55%～65%之间，而每年的死亡率仅在25%～30%之间。这样，当时新法兰西的人口自然增长率是30%～35%。按照这样的自然增长率发展，如果以1861年的10000人为基数的话，人口学家估计，几乎不必增加新移民，以后新法兰西的人口就可以自然而然地增长和发展起来。

新法兰西继承了法国本土的领主制度。在法国中世纪，所有的土地都归国王所有，国王又把土地分封给领主，领主不但占有土地，也占有臣民，正所谓没有

不是领主的土地。在17世纪的新法兰西，在名义上殖民地的所有土地归法国国王所有，与法国本土一样，国王又把土地授予领主。拥有领主所有权的人要对法国国王或授予他领主所有权的人效忠，但是，他不必付租金。拥有平民身份的人就是佃户，他们要对租赁的土地付租金，在租赁期间，他们也负有一定的义务，如必须去领主的磨房磨面，或者在把土地出租时要向领主付款。一般来说，一个领主有十几个平民，而每一个平民最多只租种一个农场。

教会是最大的领主持有地的主人。一方面，教会的土地是国王授予的；另一方面，教士中许多人有钱有技术，他们可以不断扩大自己的地产。如蒙特利尔岛的絮尔皮森修道会，凭借自己的财富和与上层社会的联系，经营着并不断扩张自己的领主持有地。到19世纪，这个修道会在蒙特利尔有很大的地产。此外，教士个人也可以成为领主持有地的所有者。如拉瓦尔大学的创建者弗朗索瓦·拉瓦尔主教，他是一个贵族，他在魁北克附近的奥尔良岛占有很大的领主持有地。

哈得逊湾探险的成功对经济发展产生了哪些影响？

自1660年起，新法兰西继尚普兰之后进一步向内地探险和开发，为了进行毛皮贸易，神职人员和商人进一步扩展了新法兰西的疆域。但是，在地理知识方面，他们的探险并没有超出尚普兰的发现。在这些探险家中，梅达尔·舒阿·格罗塞耶尔和他的妹夫皮埃尔—埃斯普里·拉迪松是西进方面的两个代表。格罗塞耶尔年轻时是进驻休伦人部落传教使团耶稣会的工作人员，这期间他学会了土著人的语言并与许多休伦同盟的人建立了联系。1654年，他独自一人进行了第一次西进，并同时从事收集皮毛的工作，成了第一批"在树林里奔跑的人"。

他们首先把自己的想法告诉法国政府，希望这一计划能被采纳，但是，时机不对，1663年，让一巴普蒂斯·柯尔伯出任宰相，负责殖民地的事务，他反对向西部扩张，认为殖民地的根基应该建立在农业发展的基础上，他不愿意已经定居的人们再去冒险。格罗塞耶尔和拉迪松并不灰心，他们又去波士顿，最后，跑到英国，终于他们得到英王查理二世朝廷的支持，与英王最贴近的一批大臣觉得这一计划可行。英王的弟弟，约克公爵詹姆斯和他的侄子、王子鲁伯特都愿意出资赞助。

1669年，另一艘船由拉迪松率领开赴哈得逊湾。随后不断有船到那里去，并在那里建立了永久性的毛皮贸易基地。1670年5月2日，查理二世批准哈得逊湾公司成立，这个冒险公司不但获得了哈得逊湾流域的毛皮贸易的垄断权，而且，它还获得了流入哈得逊湾所有水域的殖民权。这是一片非常广袤的土地，包括今天的魁北克省北部、安大略北部、整个马尼托巴、萨斯喀彻温的大部分、阿尔伯塔南部和西北地区的一部分。为了纪念王子鲁伯特的功劳，英国把这一片广大的地区称为鲁伯特地区。这片土地的面积比英国的15倍、法国的

5倍还要大。具有讽刺意味的是，作为英国在北美最成功的殖民地之一的这片土地，竟是由两个法国人发现和促成的。在这之后，哈得逊湾公司在这一地区建立了许多商栈，完全控制了这一地区的毛皮贸易。

哈得逊湾探险的成功，极大地刺激了新法兰西的毛皮商，探险活动也在其他地区展开。皮货商的足迹遍及密西西比、大湖区、尼亚加拉瀑布上游和墨西哥湾等地。从事这些探险活动的有些是私人赞助，也有些是在官方的支持下进行，所有的探险都与毛皮贸易有关，在寻找毛皮资源动机的驱使下，他们进行探险，在毛皮贸易中获得的利润又支持他们进行新的探险，毛皮贸易的商路不断向内地深入。此时，探险家又获得新的称呼，即旅行者，他们与土著人建立了经常的联系，新商路的开辟改变了一些交换方式，殖民地政府也只好承认这种事实，发给许可证。尽管哈得逊湾公司的贸易相当成功，但是，蒙特利尔却依然非常兴旺，超过哈得逊湾，甚至纽约，始终是北美最繁荣的毛皮贸易中心。有时，蒙特利尔的商人带着交换毛皮的商品，乘独木舟到大湖区去收集毛皮，所有与毛皮交换的商品由蒙特利尔的商人提供，毛皮最终也集中到这里。

英法两国的战争对殖民地有哪些影响?

1689年，英王威廉三世和法王路易十四相互宣战，新法兰西与易洛魁人的战争也发展到一个新的阶段。易洛魁人从纽约英殖民地抽出一支精锐的后备力量开到新法兰西人口密集的地区，对法国人展开了攻势。1689年8月5日黎明，在蒙特利尔以西的拉欣，1500名易洛魁士兵袭击了这里的法国居民，他们焚烧了80座房子中的50座，杀死了24名居民，并绑走大约90名俘虏，不久，他们又对新法兰西农业地区进行了袭击，在几年之内，他们杀死居民和家畜，焚烧了房屋和庄稼，使新法兰西每个社区不得不加强设防。1691年，有一百多名居民被杀死。1692年，在易洛魁人对凡尔谢尔的一次袭击中出现了一名女英雄，一个领主的14岁的女儿玛丽·马德莱娜·雅莱和他家的佃户们英勇抵抗，直到蒙特利尔的救兵到来，这个故事在当时传为佳话，给殖民地人民以精神鼓舞。

1690年，由威廉·菲普斯爵士率领的由三十多条军舰组成的舰队从新英格兰出发，来到魁北克，企图给魁北克以重创。但是，当他们到达魁北克之后，发现这个城镇的设防非常坚固，于是很快就撤退了。在那段时间，英国和法国军队之间经常发生冲突，双方有时这方进攻，对方防卫；有时则相反。为争夺哈得逊湾的控制权，双方也在易洛魁人的土地上作战，但是，哪一方都没有取得绝对的成功。1697年，英、法之间缔结了和约，不久，易洛魁人也开始寻求结束战争。

1703～1725年菲利普·里戈·沃德勒伊任法兰西总督，他任总督之际恰逢西班牙王位继承战刚开始，由于路易十四的野心，欧洲各国联合起来共同反对法国。因此，新法兰西也不能逃脱战

争的厄运，英、法之间在北美又进行了激烈的争夺。1697年的和平协议使哈得逊湾的一部分土地归属法国，一部分归属英国。在大西洋沿岸，1706年和1709年，英、法在纽芬兰岛发生冲突，法国一度占领了以前由英国人控制的纽芬兰。1710年，新英格兰军队占领了阿卡迪亚。1711年，英国试图攻占魁北克城，但遭到失败。

《乌特勒支协议》对北美有哪些重要的意义？

1713年，西班牙王位继承战结束，新法兰西也开始进入一段新的和平时期。由于法国在欧洲战场上的劣势，战后缔结的《乌特勒支协议》使法国在北美的殖民地做出让步，根据协议，法国在纽芬兰的所有殖民点必须让给英国；英国正式获得阿卡迪亚；法国从哈得逊湾所占领的所有哨所中撤出，英国正式占领哈得逊湾及其水域，除此之外，法国甚至承认英国对易洛魁联盟土地的占有权，然而，英、法之间的交易并没有得到易洛魁人的承认，《乌特勒支协议》也改变不了他们的地位，他们仍旧住在自己原来居住的地方，甚至比原来更增强了自己的力量。在英、法战争期间，塔斯卡罗拉部落向北迁移，成为易洛魁同盟的一部分，五部落同盟变成了六部落同盟。根据协议，新法兰西也获得一些补偿。虽然纽芬兰归英国所有，但是，居住在岛上的法国渔民仍然有权在岛的北岸捕鱼和晾晒海产品；法国正式得到了布雷顿角和圣·让岛，即后来的爱德华王子岛。总之，尽管新法兰西

失去了许多，但是，协议换来几十年的和平时期，这对于新法兰西的发展尤为重要。

到1700年，新法兰西获得较大的发展，大约有15000人居住在魁北克城、蒙特利尔和三河镇，在这三个城市之间，是一个接一个连成一片的农场，借助于土著人的帮助，法国商人和探险家的足迹已到达大草原地区，但圣劳伦斯河以北的广大地区仍然没有欧洲人居住。在新法兰西发展的同时，英国的殖民地新英格兰、纽约、弗吉尼亚和其他殖民地也从大西洋沿岸向西北扩展，这必然会形成一种潜在的危机。

1713年以后，纽芬兰的各港口更加稳固下来，英国人在那里定居的人数也发展起来。战争期间，纽芬兰的港口以及与欧洲的海上联系都受到威胁，这种威胁迫使渔民从季节性居住变成永久的定居者。到18世纪中期，纽芬兰已有7500名定居者，其中包括妇女和儿童，他们形成了永久性的社区，其数量大大超过欧洲流动的渔民（即夏季从欧洲来这里打鱼的人）。纽芬兰的居民都居住在东岸的港口，这里的气候和自然条件不可能进行农业生产，甚至连树木都很难生长，居民的食物和生活用品依靠从国外进口。居民们捕捞鳕鱼、三文鱼和海豹，把它们运往南欧和加勒比地区。虽然纽芬兰一直没有官方的殖民机构，圣·约翰斯开始发展成一个商业港口。

虽然阿卡迪亚在1710年落到英国人手中，但是，18世纪初的和平环境却使它很快地发展起来。1700年，这里的人口还不到2000人，1740年就发展到1万人

以上，这里土地肥沃，堤坝成功地阻挡了海潮的袭击，农业经常获得丰收。阿卡迪亚人虽然处于英国的统治之下，他们却巧妙地能在新法兰西政府和英国人之间保持一种独立的中立姿态，这为自己的生存和发展获得了时机。

和平时期的社会发展状况如何？

在新法兰西，商业中心先于农场而出现。1663年，有1/3以上的人口居住在城镇。但是，以后随着人口的增长，农业不断发展，到新法兰西末期，只有1/5多一点的人口居住在城镇。新法兰西社会是农业社会，蒙特利尔和魁北克比起乡村来，发展要慢得多，在18世纪，路易斯堡却迅速发展起来。

新法兰西的城市人口虽然少，但生活方式却相对奢华。有人说，在新法兰西社会后期，生活在魁北克就像生活在巴黎一样。当时魁北克是新法兰西的首都，1715年，大约有人口2500人，到1750年，大约有6000多人。魁北克是新法兰西最古老也是最庄严的城市，人们说它就像意大利的山城。魁北克城坐落于一块巨大的悬崖之上，圣劳伦斯河从这里缓缓流过，宽阔的河面在这里一下子变窄，魁北克城居高临下，扼住通往北美内地的通路，在巨大岩石的顶部，耸立着雄伟的建筑，在这里有总督的府邸圣路易宫和总督府，有天主教大教堂，有神学院和修道院，也有类似于法国巴黎的主宫医院。军官和行政长官是城市的上层，教士和修女们也很有地位。在河岸码头上，各式的货船在这里停泊，所有运往新法兰西的货物都在这里卸货。商人和小贩们聚集在码头和店铺里接洽生意，打扮漂亮的淑女在社交场合争奇斗艳。魁北克城的设计别具匠心，街道用石头垒起的防火墙把繁华的街市隔开，以备不测，俨然是雄伟的城墙，街道上，居民的住宅也模仿巴黎的式样，总之，18世纪中期的魁北克城是一派繁荣的商业景象，置身于这个城市，使人感到强烈的法国气息。

新法兰西的城市人群的特征是什么？

在城市中，富人和穷人的居住地区没有严格的区分，贵族和商人都有佣人或帮工，佣人有男也有女，女佣人多是北美出生，家内佣人也有奴隶，这种状况从尚普兰时代就开始了，奴隶的来源有些来自加勒比海地区殖民地的种植园，有些是新法兰西军队俘虏的土著人。但是，奴隶劳动从来也没有发展成像美国南部种植园那样大的规模，他们只是作为家内奴隶。在北美，有些奴隶允许结婚，也有少数获得了自由。

士兵也是城镇中的穷人，他们在法国本土入伍，驻守新法兰西的城镇。和平年代，他们有时受雇做工，有时会寻找机会在新法兰西退伍落户。但是，在新法兰西，军队的训练和纪律都不严格，他们常常偷盗和酗酒，在军人驻扎集中的地方，犯罪率往往较高。

城市和乡村是相互依存的。在新法兰西，城市靠乡村提供食物，一些人不断地往来于城、乡之间，有些乡下人到城里去学徒，乡村的毛皮商与城里的大商人也经常发生联系。新法兰西的城市

和乡村有明显的不同，特别是在结婚年龄和出生率方面：城镇人结婚较晚，生孩子也较少，婴儿的死亡率也偏高，这一方面是由于传染病；另一方面可能是新法兰西的城里人也像法国本土的城里人一样，往往把新生下来的孩子送给奶妈去喂养，这样，不适应或不负责的喂养方式增加了婴儿的死亡率。相反，新法兰西乡村人口众多，农民家庭有许多孩子，相对来说，乡村对城市的依赖较少，这是由于乡村能够自给自足。

家庭是农民社会的基础，新法兰西的农业扩展也是以家庭为单位。人们鼓励在乡村的某一地区建满农场之后，那里无限膨胀的人口不要留在原地，而要到新的地区去开发，在新开发的地区，并不是只有一个家庭，而是由许多家庭一起各自去创业，每个家庭也不止一个男性，领头的人通常是中年，必须结婚10年以上。此外，所有的家庭毫无例外，必须有一个早已开发好的农场，他们把这个农场给一个长子做抵押，换取他的钱财或其他物品，如果他没有钱，就要去借。然后全家用这笔钱财或物品投入新农场的建设。在新法兰西，农场的扩展就是这样，从老的农场和原有的家庭衍生出新的农场和新的家庭，一代又一代，农村社会获得了不断的保持和发展。多年来，农业扩展的这种方式在魁北克保持下来，直至20世纪，许多地方还沿用着这种方式。

新法兰西的主要宗教是什么？

天主教是新法兰西社会的精神支柱，对于少数新教教徒，殖民地采取严格限制的态度。然而，天主教的精神统治并不是铁板一块，它所颁布的布告并不是总能奏效，行政当局经常不顾教会的控制实行自己的一套，自由派贵族也不受教士的管制，甚至农民也起来反对什一税的征收。尽管如此，新法兰西的居民有着浓厚的宗教情绪，甚至在教会势力衰微的时候，他们还是执著于宗教，绝大多数人具有宗教信仰并遵守教规。在人们的日常生活中，教堂参与许多事情：从出生、结婚、庆祝军事上的胜利、庆祝公共节日，到设立医院、学校、慈善机构和工匠行会的成立，等等，直至人的死亡。

像北美其他新大陆一样，新法兰西为个人的发展开辟了广阔天地。自17世纪后期以来，新法兰西社会不断地保持了与外界的接触和交流，特别是魁北克与法国本土保持着频繁的联系，其他地区也与大西洋沿岸各地有着频繁的贸易往来，这些外部条件充分调动了新法兰西内部经济的发展。在新法兰西内部，有着极为丰富的河流和湖泊，这为内部交通提供了便利，毛皮贸易顺着水路向内地深处扩展，其高额利润驱使着年轻人不断西进。在乡村，人口的增长不断使新的土地得到开发，所有这些都为个人的发展提供了广阔的场所和有利的条件。

大英帝国的早期殖民地是哪里？

在欧洲历史上，15世纪是一个地理大发现的时代，是欧洲大航海、大移民和全球贸易的开端。在此之前，地球的东西半球还互不知晓，只有欧亚大陆和地中海岸的北非这三部分相互来往。美洲的发现可以说是欧洲工业与科技发展的结果，新的科技能力和非洲殖民地的开拓，刺激了资本扩展的强烈欲望，促进了对海外未知领域的探索，从此欧洲人得以疏散密集的人口，不断缓解人口压力，不断的移民和扩张到世界各个角落。所谓"殖民地"的最初概念，就是向海外安置移民进行统治的地方。美洲的发现，为欧洲人口压力的缓解和资本主义生产资料及产品倾销开拓了新的天地。在最初的海上霸主西班牙与葡萄牙人占据了南美之后，进入工业时代的后起之秀英国，在打败西班牙海军之后开始了海洋霸权，随后英国开始了海外大移民和殖民地扩展时期，并由此形成了"日不落"大英帝国。北美，也就是美国和加拿大，是大英帝国的早期殖民地和主要殖民地。

北美封建制度的建立受到英国哪些影响？

英国最早涉足北美是在1496年，亨利七世派卡波特去美洲探险，卡波特于1497年到达北美。但由于当时英国的玛丽女王和西班牙联合反法，故一时不愿向西班牙在西半球的霸权挑战。信奉基督新教的伊丽莎白女王执政后，英国便想在北美建立基地以袭击西班牙，并夺取那里的财富。英国的经济发展也促使它寻找新市场、开发新路线，向世界各地扩展。1584年，瓦尔特·罗利从女王处获得建立殖民地的特许状，派侦察船队去北美，到达切萨皮克湾以南海岸，雷利命名该地为"弗吉尼亚"，以示对女王的敬意，可是他在那里建立定居点

的努力都失败了。1588年，英国在地中海击败了西班牙的无敌舰队，取得了海上支配权，开始向北美移民。此后又通过对荷战争，接管了荷兰在北美东北部的殖民地，改"新阿姆斯特丹姆"为"新约克"即"纽约"。通过七年战争（1756～1763），英国又成功地使法国让出密西西比河以东的广大区域，终于在北美东部沿海地区形成了完整的英国殖民地。

英国在北美殖民的法定形式有三种。最普通的一种是国王颁发皇家特许状，允许一个公司建立殖民地，授予其土地所有权和行政管理权。公司通常是股份制的，由民间私人集资，但国王有权修改和取消特许状，马塞诸塞海湾殖民地就是这样建立的。第二种是国王把一个地区特许给某个个人，由他去创立一个殖民地，例如让巴尔的摩勋爵卡尔弗特创立马里兰，让威廉·宾恩建立宾夕法尼亚。第三种是国王直接统治的皇家殖民地，有好几个殖民地都曾一度属于国王本人，其中包括英国在北美最早的殖民地詹姆斯敦。1606年，詹姆斯一世宣称对北卡罗来纳至纽芬兰的200万平方哩的疆域拥有主权，他特许两个团体前去殖民，各占一半土地以挖掘矿产和开垦耕地，然后将所得财宝的1/5交给国王。其中一个一事无成便失败了，另一个就成了弗吉尼亚的詹姆斯敦。这是美洲最初的土地分封领主管理的封建制度，是欧洲封建制度向美洲的移植。

詹姆斯敦主要成就是什么？

1606年，伦敦的弗吉尼亚公司派遣

3艘小船，由约翰·史密斯船长率领去北美冒险。该公司乃私人合资的股份公司，投资者都指望在这类冒险中获利。可是他们并未找到预期的矿藏，104个罪犯移民中只有38人活到了第二年，重新派去的犯人也很难存活，致死的一个重要原因就是水源不洁，而营养不良的早期罪犯移民自身抗病能力又极差。统治詹姆斯敦的权力属于国王本人，设在当地的参事会并无政府权力，罪犯又难以驾驭，故而管理混乱。伦敦那些急功近利的投资者既不愿在重新选择和坚实居住点上花费财力和精力，也不重视必要的粮食生产，只是迫使他们像西班牙冒险者一样去寻找黄金白银。当他们发现目的达不到时，便不愿再向犯民提供给养。于是这些流放到此的从未务过农的城市罪犯们，其中包括一些贵族绅士和仆人工匠，便不得不自己学种粮食。1610年，新总督戴尔对殖民地实行恐怖的军事管理，逃离者罪犯一旦被抓获将处以火焚或绞刑。

为了改善弗吉尼亚的状况，改组后的伦敦公司决定改革殖民地的管理方式，允许成立代议制议会，给予犯民和犯民后代们更多的自主权，但保留最终决策权。1619年7月，第一次议会召开，决定凡议会所作决议均立即生效，这宣告了北美自治的开始。议会还决定从英国迁去大量犯罪妇女与那些男人做配偶，以利安居乐业，并给予每个犯民20公顷土地，詹姆斯敦从此向真正的殖民地转化。

在弗吉尼亚的移民中，有许多是欧洲的契约奴，以他们到达后的劳动来支付从英国到北美的旅资，契约期限一般为4～7年，期限内可被买卖。这就为大量英国流落街头的单身流浪汉和罪犯找到了生活出路，严酷的法律替代了欧洲的传统道德，这些单身而来的流浪汉和犯妇犯男们构成了美国的早期祖先，也奠定了美国至今依然奉行的独立、自由、叛逆、民主、法制、高犯罪率、个人主义、霸权欲望的文化基础。

普利茅斯为什么被移民被称为"朝圣者"？

第二批移居北美的英国人与詹姆斯敦的移民在成分和动机上都颇不相同，在17世纪二三十年代陆续向马塞诸塞海湾移居的约两万名清教徒大都有着比较明显的宗教原因，他们是具有反叛传统基督教教义的异教徒，被抓来流放到美洲，在美洲形成了最早的新教思想基础。

宗教改革后，罗马教皇在欧洲的统治权受到动摇，各国宗教走向独立，不再给罗马教皇进贡，于是基督教成为英国国教，亨利八世兼任教会领袖，但他无意对教阶组织或仪式教义等作任何实质性的修改，不久，国教内部又出现新的改革派——清教，要求进一步纯洁教会。在伊丽莎白时代，清教徒受到抓捕和迫害，新大陆不仅成了他们最初流放的地方，后来干脆成了他们主动逃避迫害的向往之地，也是他们想象中可以实现自己改革理想的试验地，他们要在那里建立"上帝之城"，供全世界仿效，清教传统构成了北美新英格兰传统的基调。

最早去新英格兰的101名新教徒于

1620年乘坐"五月花"号木船，经过八周的海上颠簸，终于到达普利茅斯。他们是清教中的激进分子"独立派"，主张和英国国教彻底决裂。到了北美，他们面对的是一片蛮荒的草原和森林，严寒和饥饿很快夺走了一半人的生命，其精神上的绝望可想而知。如果没有印第安人的帮助，这些在英国靠祷告生活的人，很难想象他们如何能够生存下来，侥幸活到第二个冬天的人们便开创了"感恩节"的传统。他们感谢上帝，但是他们真正应该要感恩的是北美印第安人，但是他们的恩人，在之后的年代里，很快被新的移民屠杀殆尽。

普利茅斯的移民被称为"朝圣者"，他们文化程度较低，很少与外界接触。虽然"五月花"成了美国早期移民的象征，但是他们对美国历史的实际影响却并不大。它的意义在于他们是最早到达美洲的欧洲白人居民，尽管他们在艰苦的环境里很快就死得所剩无几。

北美与南美主要有哪些区别？

英国在北美东部沿海陆续建立的殖民地还有马里兰（1634年）、新罕布什尔（1635年）、特拉华（1638年）、康涅狄格（1662年）、新泽西（1663年）、罗得岛（1663年）、南北卡罗来纳（1663年）、纽约（1664年）、宾夕法尼亚（1682年）和佐治亚（1732年）等，它们后来成了美国独立后最早的13州。

英国在北美殖民比西班牙和葡萄牙在中南美殖民晚了将近一个世纪，他们殖民的方式也有许多不同，这对北美和南美日后的发展产生了深远影响。首先，西班牙在南美殖民地上建立的是直接政府，相当于把帝国扩展到那里去，而英国实行的是各种自治政府。第二，西班牙的天主教会直接控制着南美的宗教事务，教会的建立和教士的移居都必须得到国王的同意，他们甚至把宗教裁判所也搬去了，而英国的国教则不干涉殖民地的宗教，由教徒们自由组成教会，形成了宗教上的多元化局面。第三，由于西班牙更多地把现成的一套直接照搬过去，因此南美社会具有更多旧世界的痕迹，诸如等级分明和贫富差距，而英国殖民地则比较平等自由。第四，北美没有南美的金银和城市，几乎是一片荒野，除了土地，没有太多可掠夺的对象，这就迫使英国人以移民定居为目的去艰苦创业，开辟自己的天地。第五，南美的印第安人大多定居，分布比较集中，也比较容易统治或驯化成奴，而北美的印第安人大多是游牧的，经常迁徙，人口也少得多，当时在整个切萨皮克地区仅3万左右。他们性格独立，桀骜不驯，这就导致南北美移民和土著的不同关系。北美很少有印第安人奴隶，也很少有白人和印第安人的混血儿，在南美则比较普遍。

北美与印第安人有什么关系？

英国各殖民地移民和印第安人的关系大多经历了一个由好变坏的过程。詹姆斯敦的移民一开始也曾试图和印第安人建立某种联系，让他们皈依基督教，其中最著名的就是约翰·罗尔夫在1614年和波厄坦酋长之女波长洪塔斯缔结的婚姻，酋长去世之后，双方关系逐渐恶

化，移民们在要求得不到满足时，便开始使用武力，最后决定把印第安人赶出殖民地，这就激起了印第安人的反抗。1622年他们进行了一次袭击，杀死300多移民，接下去便是20年的相互战斗和残杀，直到1644以移民的胜利告终。印第安人则丧失了他们的首领、联盟和家园，基本上被灭绝。

在普利茅斯，双方的和平共处也不长久。1622年秋，移民便杀害了印第安人的首领。马塞诸塞的清教移民也在1637年便开始大肆杀戮印第安人，焚毁他们的村庄，并把此看作上帝的意愿，移民们自以为有国王的特许状，可以为所欲为，一旦他们站住脚跟，印第安人便成为他们拓展的牺牲品。

第十二章 北美洲的当代史——北美文明的跨步发展

独立战争的爆发的主要矛盾是什么？

在欧洲列强争夺殖民地利益的战争期间，英国无暇更多地管束殖民地，放松了对它各方面的限制，造成这一疏忽的另一个原因是，1760年乔治三世继位后，一直在试图削弱握有大权的辉格党人，在他们权力之争的10年间，殖民地官员调动频繁，政策多变，极不利于对殖民地的控制，现在仗打完了，英国认为殖民地应该为自己在战争中获得的好处付出更多的代价。英国的一些有识之士也意识到，随着法国和印第安人联盟的威胁被解除，殖民地会觉得没有英国也行，因此改组这一庞大的殖民帝国便显得格外迫切。于是从1763年开始，在财政大臣格伦维尔的指挥下，英国对殖民地实施了许多新政策，以图更为直接地控制殖民地的政治、经济，这些政策引起了殖民地人民的普遍不满，激化了双方的矛盾。

英国是怎样加强对殖民地控制的？

首先是以更大的力度严格实施已有的法律。英国早就制定过不少有关殖民地的法律，但殖民地人民对不利于自己的法律往往不加理睬，知法犯法，英国也无能力强制执法。如1660～1663年公布的"航海条例"规定，殖民地的运输必须使用英国船只，殖民地的许多物产如烟草、蔗糖、毛皮等只能出口英国，同时规定其他一些物品如茶叶等，只能从英国进口，如果从其他国家进口，则必须向英国付税，但殖民地始终无视这些规定，公开走私，为了执行这一法令，国会宣布英国官员有权搜索一切殖民地的房屋和船只，查禁走私货物。

北美印第安人失去法国盟友之后，对英国移民的不断西侵感到恐慌，屡屡对他们进行大规模的袭击和屠杀。在殖民地战后的英国需要巩固和安定现有的统治，为了避免冲突，安抚印第安人，英国于1763年规定，禁止当地财团武装向阿巴拉契亚山的西部入侵。

1767年，英国财政部长汤森提出向殖民地的进口货征收新的进口税，并设常驻波士顿的海关特别委员会，还规定违法者将在海事法庭受审，而且不享有陪审团的待遇，所罚款项的部分可以用来支付给总督，使他能在经济上独立于殖民地的议会，殖民地人民认为，这些规定不仅剥夺了他们作为英国人的合法权利，而且阻碍了殖民地的经济发展。

殖民地的人民都进行了哪些反抗？

英国国会自以为得计，但他们有所

不知，这些在美洲土生土长了几代的殖民地人民，早已丧失了他们先辈对母国的那种感情。何况他们已经自治自理了一个多世纪，习惯了自行其是，所有这些企图加紧控制的措施都使他们感到忍无可忍。他们祖先的经验告诉他们，在举目无亲的新世界里，财产是生命和自由的保障，这种重视私有财产的传统被一代代的继承了下来，其次，他们的先辈来美洲是来掠夺来的，岂能容忍英国政府来掠夺他们的劳动财富，因此征税权关系重大，只有他们派代表参加的议会才有向他们征税的权力。英国议会中没有他们的代表，所以他们不能承认英国议会对他们具有征税权。他们公开怀疑这些新税法是将他们沦为奴隶的第一步。商人船队无视这些法律，仍然不向英国付税就进口货物，甚至还焚烧了一艘英国海军的巡逻舰。拓荒者和种植园主也无视法令，继续越过禁区线到印第安人的领地去开发肯塔基。律师们则谴责允许搜索住宅的法令违反了英国的《习惯法》。

印花税法公布后，在马塞诸塞代表的倡议下，9个殖民地的代表于1765年10月聚集在纽约商量对策。他们一致认为殖民地人民应该享有英国公民的一切权利，殖民地的税收应由当地政府，而不是由不受他们影响的英国国会来征收。英国议会对殖民地只有立法权而没有征税权，他们要求废除《糖税法》和《印花税法》，并决定以抵制英国货作为报复。他们组织的"自由之子"行动袭击印花税票代销人，迫使他们辞职，当法律生效之日，已无人再敢代售，终于成

功地使印花税法于1766年被撤销。

正是来自英国的威胁，促使本来并不团结一致的殖民地发现了他们的共同利益。随着事态的发展，殖民地之间逐渐形成信息网络和经常性的联系，以便随时探讨和组织对抗英国政策的行动。维护共同利益，一致对外的联合行动，促成了美利坚合众国各州殖民地早期合作的基础。美国的各州的高度自治，是有其历史渊源的。

与此同时，群众性的反英活动也渐成声势，波士顿的群众反应尤为激烈，与派驻当地的英军一直处于敌对状态。1770年3月5日，英军向那里的示威群众开枪，打死五人，酿成著名的"波士顿大屠杀"。很快，英国被迫取消了汤森法中除茶叶税外的其他一切税收，这一改变也是由于该法在客观上鼓励了殖民地制造业的发展，从而遭到英国商人的反对，此后，殖民地出现了两年的相对平静。

1773年，不达目的不甘心的英国国会为了帮助东印度公司摆脱财政困难，又通过了"茶叶法"，规定对东印度公司运往殖民地的茶叶在英国实行免税，而在殖民地却不免税，这就对殖民地的走私茶叶造成威胁，于是，纽约、费城等港口都拒绝英国茶叶卸货。波士顿总督下令船只不卸货不得离港，结果导致"自由之子"采取极端行动，他们化妆成印第安人登上茶船，将茶叶抛入大海，造成"波士顿倾茶事件"。

英国对殖民地的反抗十分恼火，看到了问题的严重性，决心以更严厉的手段来强制实行控制。国会于1774年通

过了更多的法令来限制殖民地的自治，其中包括封锁波士顿港、要求倾茶者赔偿损失、改组马塞诸塞政府，削弱其议会活动、加强驻守殖民地的军队、让波士顿大屠杀中肇事的英军人士回国受审等等。殖民地人民把这一系列法令统称为"不可容忍法"，同年，各殖民地迅速采取行动，在费城召开第一届大陆会议。与会的12个殖民地的代表一致通过向英王乔治三世提出的"权利申诉宣言"，要求取消这些不公正法。此时，他们已经不仅反对英国国会的征税权，也反对它的立法权，因为他们意识到，国会通过立法也同样可以对他们实行专制，他们开始了对英国的全面对抗，形势显然已经到了一触即发的地步。

《独立宣言》的发布重大意义是什么?

1775年4月19日，波士顿的英军去附近的康科德夺取一批武器，并搜捕当地的反英领袖约翰·汉考克和塞缪尔·亚当斯。由于保罗·里维尔马不停蹄一路赶到那里预先通报，马塞诸塞民兵及时出动，英军在列克星敦遇阻，双方交火，美国革命打响了第一炮。当时在费城召开的第二届大陆会议立即开始执行中央政府的职能，命令民兵改编成大陆军，任命乔治·华盛顿（1732～1799）为总司令。

1776年7月4日，第二届大陆会议一致通过了《独立宣言》，这一天便成为美国的国庆节。《独立宣言》主要由托马斯·杰斐逊（1743～1826）执笔，成为美国立国精神最重要的文献。宣言分

为三部分：首先是阐述对政府概念的理解；其次是针对英国的抱怨和谴责；最后是宣布独立。

《独立宣言》所依据的政治哲学主要是天赋人权和社会契约论。它在一开始就宣称"人生而平等，享受着生命、自由以及追求幸福这些不可让渡的权利"。为了保障个人的这些权利，人民才建立起政府，政府的权力是自下而上来自被治者的授意，一旦政府违背了这一原则，人民便有权改变这种政府，并建立新政府。基于这样的政府理论，《独立宣言》列举了乔治三世的一系列罪行，他对殖民地造成的伤害以及他对政府职能的违背，因此，殖民地有权联合起来，宣布成为独立和自由的联邦。

《独立宣言》的影响极为深远，它不仅为当时的美国革命提供了新的动力和目标，而且影响到美国的未来，它的精神成为美国宪法的基本原则，在一定历史时期内也推动和鼓舞了世界上其他地区的独立革命，尤其是南美洲各欧洲殖民地的独立建国运动。

独立战争对北美有哪些影响?

《独立宣言》发表之后，英美之间就处于战争状态。大陆会议联合13个州的力量，好不容易筹建了一支一万多人的军队，但是与英国当时所拥有的世界上最强大的正规军相比，大陆军弱小得十分可怜，它的士兵都是匆匆忙忙招集来的志愿者，从未受过正规军事训练，他们的给养也得不到保证，有的士兵需自费去打仗，家属更得不到照顾，也无抚恤制度，而且，他们大都短期服役，

调动频繁，很难进行训练，战斗时经常得靠当地民兵。然而，美军的优点在于其高昂的士气和自觉性，当时的美国可以说是处于全民皆兵的保家卫国状态，只要一发生战事，方圆几千米的农民都会赶来参战。

英军对镇压殖民地的反叛很有信心，战争开始后不久，他们便在纽约港击败了华盛顿领导的美军。美军只能穿过新泽西，渡过特拉华河，退居宾夕法尼亚。华盛顿在1776年底对英军进行了两次成功的袭击，才使士气有所回升，但英军第二年9月又占领了作为当时殖民地政治中心的费城，幸运的是，美方10月间在纽约州北部的萨拉托加击溃英军，俘虏了英军将领，给独立战争带来转机。因为英国曾在美洲夺走了法国的地盘，所以法国一直暗中支持美洲独立军，以报复英国，法国看到了美方成功的可能，率先公开承认美国的独立，并于1778年与美签约结盟，并获取美国建国后的某些贸易利益，与法国的结盟，大大鼓舞了北美殖民地的独立运动。

独立战争是怎样获得胜利的？

在与英军作战的同时，殖民地内部也经历了一场内战，因为在独立的问题上，各方意见并不一致，当时最激进的大约有1/3的人口，称为"爱国者"，他们是独立的中坚力量。另外1/3处于犹豫观望状态。再有1/3则忠于英国王室，被称为"托利党"，他们大都为上层贵族和有产阶级，他们恐惧战争和新政府会使他们失去既得的财富和利益。但这些人并无组织，当独立战争愈打愈烈后，

其中大部分人便逃往加拿大或英国，也有少数人在英军服务。托利党的逃离使地方政府的权力落入爱国者独立派手中，他们修改法律，使政府向更民主的方向发展。托利党人被没收的财产也充实了政府的国库。

在独立战争的过程中，各殖民地高度自治的政府和议会证明了自身的优越性，它们几乎毫不费力便顺利地完成了向独立的转化。独立战争的胜利也表明了他们已经具备拥有联合政府的能力，1781年达成的《邦联条例》将成为日后筹建新政府的基本纲领。这个刚成立的贫穷的政府凭着坚定的信念发行了战争债券2.5亿美元，向民间有偿筹款的同时接受个人捐助，尽管它仍然十分薄弱，只能向拥有实力的各州财团议会提出财政支持的要求，但它毕竟发表了《独立宣言》，统领全部殖民地取得了军事和外交的胜利。

在战争结束后两年的1783年9月，英、美终于在巴黎签订和约。英国承认美国13州的独立，新国家的疆域北以五大湖为界与加拿大遥遥相望，南至西属佛罗里达边界，东临大西洋，西以密西西比河划界。美方则答应归还没收的托利党人财产及所欠英商款项，可以说，美方取得了政权上的全面胜利。

邦联政府为什么无法掌权？

1781年通过的"邦联条例"产生了一个相当软弱的一院制国会，实权仍然掌握在各州政府手中。邦联国会只有做出决定的权力，却不具有执行决定的权力，它无权征税，只能向各州要钱，而

这种要求经常被拒绝或置之不理，活像一个乞丐。邦联虽然可以发行纸币，但却不能禁止各州像国家一样印制自己独立的纸币，因此无法统一货币，邦联在名义上可以制定法律，但却没有法院去执行法律，只是一个空架子。

每个法律的通过都必须得到13州中的9州同意，而一般情况下很难凑满10个州的代表到会，至于对邦联条例本身的任何修改，则必须得到13州的一致通过。说是邦联，真可谓群龙无首，执法全靠各州，又不存在一个公认的法庭来处理州与州之间的民事纠纷。邦联不能直接征兵建立军队，只能向各州提出要求，因而邦联在军事上也是无能的，不可能有效地对外抵御敌人，对内应付叛乱。邦联也无权管理贸易和协调州际经济关系，州与州之间仍然像国家之间一样关税壁垒，有些州还在内河航运方面发生争执和武装冲突。邦联在外交外贸上也毫无实权可言，无力保护美国商船在地中海的安全，无力反抗西班牙独占密西西比河航行权的企图，也无力迫使英国军队撤出美国领土，甚至不得不依靠英军来镇压印第安人。

在是否建立一个强有力的中央政府的问题上，辩论要激烈得多，甚至在革命领袖中也存在着明显的歧见。像帕特里克·亨利这样激进的爱国者对此坚决反对，认为强大的中央政府很可能侵犯州权，限制民权。1786年，邦联在马里兰召开会议，商讨贸易管理的权限问题，先到阿纳波利的五个州的代表觉得在邦联的框架中难以解决任何问题，建议第二年在费城召开全体大会，修改

"邦联条例"，倡议得到支持。这次即将举行的全美制宪会议借鉴了马塞诸塞的经验，马塞诸塞为了制定宪法，曾召开了专门的制宪会议，并由公民直接投票批准宪法，从而将宪法的权威置于立法机构之上，这正是美国当时所需要的根本大法的权威。

联邦党人和宪法是怎样通过的？

宪法千辛万苦制定出来后，并不意味着立即生效。"邦联条例"规定，对它的任何修改必须13个州一致通过。但是制宪会议的代表们做出决定，新宪法只要9个州通过，便立即在该9个州内生效，而在未通过的州无效，于是围绕着这部宪法又展开了一场激烈的辩论，它实际上是对美国政治思想和体制在进行基本论证，维护宪法的一方自称"联邦党人"，反对的一方统称为"反联邦党人"，双方的人数相差并不太大，但是在辩论和活动能力上却相距甚远。联邦党人代表吃的资本家集团的饭，代表的是工商资本家的利益，主要是工商业发达的北方各州代表，他们维护联邦权而非州权，他们认为一个统一的国家能更好地维护法律，促进工商业贸易和国家经济的发展，他们有组织地投入金钱组织大量人力物力来争取达到目的，而且有华盛顿和富兰克林这样德高望重的偶像人物在支持他们。

反联邦党人大多为南方地主阶级和城市小资产阶级代表，他们本能地感到强大的联邦政府会损害州的利益和他们社团的利益，担心它会成为专制暴政，侵犯普通资产阶级公民的人身权利，他

们总是对中央政府不放心，认为宪法有利于富豪阶级。

为了解除这类疑虑，联邦党人的杰出代表汉密尔顿、麦迪逊和约翰·杰伊在纽约的报刊上发表了50余篇极富说服力的文章，为一个有中央政府的统一国家辩护，详细说明政府的分权以及各部门之间的制约和平衡，并对宪法进行逐条阐述论证。有才华的政客大都维护富豪阶级，反联邦党人没有这样才华出众的代表为自己进行辩护，其中有些人甚至达不到参加选举代表所要求的财产数额，在他们提出的意见中，只有保护公民权一条被采纳，体现在宪法修正案的前十条即"权利法案"中，作为弥补和保证。此后，反联邦党人便从政治舞台上消失了，美国政治完全掌握在代表大资产阶级的联邦党人一派手中。

各州先后召开了自己的宪法会议来通过宪法。宾夕法尼亚最早于1787年12月12日通过，新罕布什尔于1788年6月21日通过，成为使宪法生效的第9个州。最晚通过的是罗得岛，直至华盛顿就任总统后的1790年5月29日才通过。但是各州决定，只要宾夕法尼亚、纽约、马塞诸塞和弗吉尼亚四大州通过后就于1789年1月举行全国大选，在没有任何异议的情况下，华盛顿当选为美利坚合众国的第一位总统。至此，北美13州终于联合成为具有一个首脑一个政府的主权国家，从各州的独立自治的一盘散沙中开始走向国家权力的集中和统一。

华盛顿的主张是什么？

1789年4月30日，美国历史上第一位总统华盛顿宣誓就职，这位民族英雄以选举人团全票同意而当选，华盛顿未必是美国革命领袖中最能干或最有思想的，但他的人格力量使他获得了全体国民的一致信任和尊敬。华盛顿主张建立统一而强大的国家，他任总统后组建了美国第一届实力雄厚的政府，其中汉密尔顿为财政部长，杰斐逊任国务卿，他本人则牢牢把握行政权和外交权，致力于培养总统职位的威信，协调联邦政府的职能，维护国家团结，发展经济，并努力提高新国家的国际地位。

汉密尔顿的经济纲领产生了哪些影响？

新成立的共和国所面临的最迫切的问题是经济。汉密尔顿决心依靠联邦政府的力量重建经济秩序，大刀阔斧地促进经济发展，他提出的改造经济的计划旨在建立国家信誉、鼓励投资生产、并提供国家货币支持。具体措施包括：第一，连本带利偿还一切债务，其中包括邦联在战争时期向国内发行的政府债券及私人债务，邦联向法国、西班牙等同盟国所借的外债，也包括各州发行的债券。这些债务都是为独立战争所欠，通过偿还债务，可以提高美国政府在国内外的信誉和威望。第二，通过征税，尤其对酒类征税，来聚集偿还债务基金。第三，大幅度提高进口工业品的关税，以保护美国的民族工业。第四，集资1000万，建立美国银行，其中国家投资20%，私人投资80%，这个美国银行将通过发行货币、协助税收、投资生产等，使全国的金融运作起来。

汉密尔顿的这些提议引起了不同的反响。战时的政府债券此时已大量转入投机者的手中，他们是以远低于券面价值的价格向购券人买进的，因此许多人认为无区别地偿还债券有利于投机分子。汉密尔顿却不这么认为，他坚持偿还国债是维护国家威信的必需，不必区分是原持有者还是后来购买者。关于由联邦政府偿还州债的建议，一些已经自己偿清债务的南方州觉得会因此吃亏，汉密尔顿答应给予他们部分补贴，并支持将首都建立在南方作为补偿。国会于是在1790年通过《筹集偿债基金法》。征酒税的法令虽然也在国会获得通过，却遭到西部农民的反对，并因此引发了1794年宾夕法尼亚的"威士忌起义"。在汉密尔顿的要求下，华盛顿亲率1.5万兵力前往，但发现并无动用武力的需要。在建立国家银行的问题上，华盛顿也全力支持汉密尔顿，签署了法案。只有保护性关税一项，由于农场主和商人都不赞成，汉密尔顿的提议遭到冷遇。

党派之间出现了哪些斗争？

汉密尔顿的计划表现出他明显的重商主义倾向，他试图通过各种方式扶植投资者，支持工商，并通过国家银行，把工商的利害关系从州转到联邦，从而加强中央政府的财政基础。在对他这一系列经济政策的争辩和立法过程中，美国政坛形成了最早的党派之争，由于汉密尔顿深得华盛顿的信任和支持，他的政见支配着国内外政策。杰斐逊和麦迪逊在反对他的政策时，不得不联合起一个公开的反对派，他们在1791年底创办了自己的一份报纸《国民报》，很快便开始自称"共和党"。以汉密尔顿为首的一派就沿用了"联邦党"的名称，其实此时的两派对共和体制并无任何歧见，但双方都认为对方背叛了共和理想。

他们的分歧主要表现为：联邦党人更多地代表有产者，代表北方的制造业，他们赞成强大的中央政府，反对过度的人民民主。在外交上，他们更倾向英国，反对法国革命；共和党则相反，更代表普通人民的想法，他们不喜欢甚至怀疑强大的中央政府，要求更多的民主，他们反对汉密尔顿的财政计划，更代表南方和西部的农业利益。在外交上，他们比较同情法国革命，攻击政府和英国签订的《杰伊条约》，由于政见不同，杰斐逊于1793年辞去国务卿之职，回到弗吉尼亚专门从事建党工作。

1796年，华盛顿两期任满后，决定不再争取连任总统，他于9月宣布退休，发表了著名的告别演说，他一再强调政府的统一和民族的团结，因为它们是国人所珍视的独立自由的最好保证，他提醒人民，美国存在着按地域划分党派的危险，要他们警惕党派思想的恶劣影响，提高宗教和道德的力量。在外交政策上，他希望美国和所有国家保持和睦，但不要恶此喜彼，以免卷入与美国利益无关的外国争执之中。他指出，美国应该避免同任何外国订立永久的同盟，而应利用自己远离他国的地理条件，保持中立，多发展贸易。华盛顿的外交原则大概是美国孤立主义的最早表达，在当时的交通条件下，这对一个刚获独立的弱国来说是十分自然的，华盛

顿主动引退，为以后的总统做出榜样。

1800年的革命的原因是什么？

1800年，共和党在总统和国会的选举中同时获胜，杰斐逊当选为总统，结束了建国后联邦党人的12年执政。杰斐逊是美国民主思想的代表，与联邦党人相比，他对民众具有更多的信任，对民主作为一种政体也更为坚定。但杰斐逊相信，民主对农业社会的自耕农最为适宜，使他感到欣慰的是，他认为美国还将长期维持在农业社会，杰斐逊主张限制政府权力，提倡通过全民教育来提高人民行使和保护自己权利的能力。杰斐逊的当选也被称为"1800年革命"，普通民众战胜了有产者上层阶级。在美国历史上，它也是首次通过选举，使政府权力从一个党派过渡到另一个党派的掌握之中。

杰斐逊在就职演说中强调和睦友爱，宣称"我们都是共和党人，我们都是联邦党人"，因为"意见的差异并不就是原则的差异"，而大家都是维护联邦与共和的大原则的。在他执政的8年中，杰斐逊厉行节俭之风，尊重人权和州权，他要使联邦政府变得和他一样平易近人，他在否定联邦党的政策时尽量不作过分的举动，主要是缩减政府开支，取消国会对威士忌的征税，裁减原来不多的军队，减少国债，让"反颠覆法"于1801年寿终正寝，把亚当斯在离任前夕匆匆任命的法官否决掉，他大致继续了汉密尔顿的经济政策，照样征税偿债，银行也照样经营。在外交上，他也继承了华盛顿的中立政策，和所有国家保持友好，但不和任何国家结盟。

美国是怎样第二次打败英国的？

像华盛顿一样，杰斐逊两期任满便退隐弗吉尼亚。第四位当选的总统是他的共和党同仁詹姆斯·麦迪逊。当时，欧洲战事正忙，英法对抗，美国想保持中立的愿望很难受到交战国的尊重，美国和西欧贸易的商船遭到英法双方的劫夺，损失惨重，更有甚者，英国还实行强制海员服役，抓走已入美国籍的原英国海员甚至土生土长的美国人。1807年年底，杰斐逊曾以禁运来对付，但引起国内普遍不满，反对者认为禁止外贸是违宪的，而且极大地损害了商业和农业的利益，国会不得不在1809年年初取消禁运令。麦迪逊上任后仍然面对这一棘手的问题，当外交失败时，以亨利·克莱和约翰·卡尔霍恩等为首的鹰派便要求对英宣战，1812年6月1日，麦迪逊要求国会向英国宣战。国会中以新英格兰为基地的联邦党人一致反对战争，南方和西部的共和党中主战派居多，其中不乏扩张情绪和领土要求，他们还认定英国在支持印第安人跟他们作对，尽管美国对战争全无准备，宣战还是在两院以多数通过。

战争一开始，美方曾多次企图征服英国的殖民地加拿大，但都以失败告终。而英国试图从加拿大侵犯美国的做法也同样受挫。在海战中，美国的"宪法号"和"美国号"在开始时都打过胜仗，但最终还是敌不过英国的海军，被赶出海域，最大的挫伤发生在1814年8月24日，英军占领了首都华盛顿，烧毁了白宫、国会大厦和其他政府机构的建筑。年底，当英军企图向西南进军时，安德鲁·杰克逊（1767~1845）训练的民兵部队将他们在新奥尔良击败，美军低落的士气回升。但实际上，和平条约已于该战役胜利前的两周在比利时的根特签订，双方同意恢复战前边界原状。

虽然美国谈不上赢得战争，但是随着欧洲战事的结束，引起战争的原因已不复存在，问题便好像解决了一样。对外战争有利于国内团结和民族主义的爱国热情，这次战争的结果极大地增强了美国人的民族感情和爱国热忱，产生了《星条旗》国歌。战争也改变了美国国内的政治力量，联邦党人由于反对战争而名声不佳，他们还单独召开了哈特福特会议，要求修改宪法，限制国会和总统在宣战和管制贸易方面的特别权力。在欢庆新奥尔良战役胜利的爱国气氛中，联邦党人被视为自私的地方主义者和对祖国不忠，他们从此再没能在美国政治舞台上独树一帜。

"和睦时期"指的是什么？

由于共和党人已经在许多方面采取了联邦主义的立场，联邦党实际上完成了自己的历史使命，终于在政坛上渐渐销声匿迹。1816年，另一位弗吉尼亚的共和党人詹姆斯·门罗（1758~1831）获得几乎南北方的一致拥护而当选总统，4年后又连选连任。门罗的时代出现了所谓的"和睦时期"，有明确组织的党争消失，取而代之的是战后的爱国热情和民族团结。全国在外敌兵临门下，有了共同的目标，可以一致对外。此时

美国采取了比较强硬的外交政策，先和英国确定了与加拿大的边境，这个边界的确立是在地图上用尺子画下的直线，它成了世界上最直的国界线。接着又于1819年以500万美元的代价从西班牙手中获得佛罗里达，这时刚战胜拿破仑的欧洲又跃跃欲试重新进入美洲，为了制止欧洲势力乘虚而入的野心，表明美国的立场，门罗于1823年发表宣言，他宣称美国对欧洲的争斗不感兴趣，也不会干涉任何欧洲国家在美洲已经建立的殖民地。但是西半球是西半球人的，欧洲人不能再在此建立新的殖民地，对西半球的任何侵犯将被视为对美国和平与安全的威胁，这就是禁止欧洲干涉西半球的"门罗主义"。美国人民认为这一宣言显示出本国的实力地位，刚独立的拉美国家也觉得美国在支持他们，故而门罗主义得到西半球的普遍拥护。具有扩张野心的俄国在1824年同意停止从阿拉斯加南侵的行动。

第二次党争的主要矛盾是什么？

当亚当斯任命克莱为国务卿时，杰克逊便攻击他们之间进行了腐败的政治交易。他辞去参议院的职务，另建民主党，表示要回到杰斐逊的立场，并立即着手准备下届总统竞选。亚当斯领导的一派称为国家共和党，他们基本上代表了工商集团的利益，主张强大的联邦政府，实行保护关税，可以说是联邦党观点的某种延续。30年代中叶后他们反对杰克逊的高压统治，称他为"安德鲁一世"，自己则改称辉格党，以示反对王权。辉格党是英国18世纪一个以削弱君

权为目标的政党名称。

亚当斯在任的四年所遭遇的是一连串的政治挫折，他提出的调拨联邦资金改进国内工程和促进文化教育的计划都——遭到国会的拒绝，他试图加强和拉美联系的外交努力也被国会挫败，他对佐治亚州企图剥夺印第安人土地的条约使用了否决权，结果遭到州权派的蔑视。1828年，杰克逊在一场相当不客气的竞选中轻而易举地击败了他。亚当斯的下台标志着一个时代的结束，他是美国建国后精英统治中的最后一位总统，他的悄然离去宣告了在一个实行普选制的民主社会中，少数精英终将失去对大众的控制。

美国西部扩张的社会背景是什么?

在美国历史上，关于西部的概念一直都在变化，最初它指的很可能就是纽约和宾夕法尼亚的西部，后来指的也许是俄亥俄一带，然后它不停地迅速西侵，直到太平洋沿岸，现在说的西部主要是指加州一带的西海岸了。从18世纪中叶开始到1890年美国人口调查局宣称未开发的边疆地带已告结束，其间西进运动以汹涌澎湃之势持续了将近一个半世纪，终于完成了从大西洋到太平洋的"天然使命"。美国的版图向西扩展了两倍多，领土从214万平方千米扩大到777万平方千米，基本上是美洲版图上最富饶的土地。从1783年到1860年，平均每三年就有一个新成立的州加入联邦。对美国人来说，西部永远意味着新的边疆、新的土地、新的发财梦想和新的创业机会。

美国的西扩得益于新大陆存在着空旷的无人之区，印第安人过着流动游牧和狩猎生活，没有具体国界的概念，所以也就没有历史遗留下的明确界线。西部人烟稀少的沃土永远是东部不可抗拒的诱惑，似乎任何力量也阻挡不了他们的西侵。对于像阿巴拉契亚山脉、密西西比河、落基山这样的天然屏障，他们不辞辛苦地去跨越。对于其他欧洲殖民势力，他们软硬兼施，或购买，或乘欧洲战乱迫使其出让。对于印第安人就更简单了，一路把他们屠杀和驱赶走就是，能签约逼让最好，不行就用武力入侵。在西进的全过程中，居然只需要和墨西哥一个国家以一场国与国之间的战争来解决问题。这种美国式领土扩张的便捷和顺利，是四周都与邻国接壤的欧亚各国所难以想象的，但是也并不是一帆风顺，其中最大的挫折不是来自国外，而是由此打破了国内利益的平衡，引发了内战。

"西北领地"指的是什么?

北美殖民地的西部边界为阿巴拉契亚山脉，18世纪中叶就有移民向山脉以西渗透，主要是肯塔基和田纳西。1763年，英王禁令明确规定将山脉以西土地留给印第安人，不许殖民地白人西侵移民，但尽管非法，擅自越界定居者仍源源不绝，还有好几家土地投机公司也积极武装参与，实际上，禁止西侵也是殖民地白人对英国的重要不满之一。独立战争后，美国在1783年的巴黎和约中从英国获得了自阿巴拉契亚山脉至密西西比河的广阔区域，称之为"西北领地"。此后，制定新领地上的土地政策一直是美国历届政府的工作重点。面对独立后西侵的强劲势头，刚成立的政府便通过了几个土地法，规定西部领土为国家公共财产，在那里建立领地制度，领地的土地分成小块出售，以便安置移民。当移民达到一定规模时，就可成立新州，并作为完全平等的成员加入联邦，但是新州必须实行共和制。联邦政府为西侵运动制定了法律保障和规范，从此拉开了向西部全面侵并的序幕。

西进运动的发展过程如何？

1787年的《西北条例》尤为重要，为以后全部西扩的发展模式定下了基本原则。条例规定从领地转变为州的程序如下：首先是组织临时政府，由国会任命总督进行管理，当领地上的自由男性满5000人时，便可自行选举立法机构，并选出国会议员一名，他在国会中享有辩论权，但无表决权，当领地居民达到6万人时，就可以制定州宪法，成立州政府，申请加入联邦，成为合众国的成员，当时准备在西北领地上建3到5个州，禁止蓄奴。

1803年美国购买路易斯安那后，西部边界由密西西比河向西推进到落基山，面积又增加了142万平方千米，为以后8个州的建立提供了基地。

1812年的对英战争为西进驱除了不少障碍，战后的1816～1810年出现了第一次西迁的移民大潮，它于30年代达到高峰。1810年时，美国只有1/7的人住在阿巴拉契亚山以西，到1840年，阿马拉契亚山以西人口已占总人口的48%。移民

以最早建州的肯塔基和田纳西为基地，兵分两路同时向西北和西南推进，一般30年就可以完成从领地向州的过渡。西北大湖平原由俄亥俄开始，以每隔10年往西挪一处的速度向印第安纳、伊利诺伊和威斯康星推进。南部海湾平原则由亚拉巴马向密西西比和路易斯安那延伸。

促使移民自发西迁的原因是多方面的，国家的土地政策和交通状况是制约着西迁的重要因素。但总的说来还是东部的推力和西部的引力相互作用的结果。随着社会的发展，东部人口越来越密集，土地基本被占用，社会等级开始出现，没有占领好位置的人要起步的机会自然也就减少，尤其当经济不景气的时候，许多无地的人、失业的人和债务人就只好西迁找出路。南方兴起植棉业后，促使了土地的兼并，不少中小农场主也失去产业，被迫西迁到墨西哥湾一带。但无论什么原因，西部总是意味着自由土地和重新开始的机会，象征着改善生活的可能。加入东部移民大潮的还有大量欧洲移民，对经常陷入战乱和饥荒的欧洲穷人来说，美国是他们向往的天堂，那里没有旧的生产关系，却有着无边的空地。

密苏里妥协案主要内容是什么？

西北和西南的移民虽然同时进行，却有着完全不同的特点。俄亥俄河以北的移民将近一半来自以新英格兰一带为主的东北部，其余1/4来自南方，1/4为欧洲移民，他们的家庭式农场以生产粮食为主，他们也没有奴隶，成立的州都不

准蓄奴。他们依赖联邦获得廉价土地、通畅道路和对印第安人的防卫，因此州权概念比较薄弱，更认同于联邦。俄亥俄河以南的移民主要来自旧南方，他们带着奴隶去拓荒，把棉花和奴隶制一起带到了西南领地所建各州。植棉需要适合的气候和土壤，不可能无限制地向西发展。奴隶又不能进口，只能靠旧南方来供应，所以新南方的作物和制度决定了它不具备西部发展自由开拓的特点，而只能和旧南方认同，它的路必将越走越窄。西南和西北这两种不同的发展趋势日趋明显，影响着美国的政治平衡。到1819年时，北方自由州和南方蓄奴州的数目正好相等，各为11个。于是，当密苏里申请作为蓄奴州加入联邦时，这一平衡便面临威胁。

当密西西比河还是美国西部边界时，邦联国会曾规定俄亥俄河以北不准蓄奴，以缓和关于奴隶制的矛盾。这一妥协使北方以为蓄奴已成为南方的地区性问题，由南方人自己去解决。但密苏里位于暧昧的中部，南方的移民带去了上万的奴隶，并且制定了一个允许蓄奴的宪法，要求加入联邦。对此，纽约州的众议员塔尔梅奇提出一项修正案，禁止再向密苏里运入奴隶，并逐步解放那里的全部奴隶。这一修正案遭到南方的愤怒抵抗，使国会陷于瘫痪达一年之久，南方坚持认为国会无权否定密苏里人蓄奴的自由，宪法也无权干涉一个州是否蓄奴，在这一触即发的形势下，国会于1820年通过密苏里妥协案，它包括两个方面，一是在接纳蓄奴州密苏里的同时，接纳自由州缅因，以保持南北的平衡。二是对路易斯安那的其余部分沿北

纬36度30分划界，北部永远禁止蓄奴。

废奴运动历史意义是什么？

革命时期，南方的领袖并不为蓄奴制辩护，而是把它看作在当时条件下不得已而为之的一种"必要的弊端"。但现在，南方最重要的代表如卡尔霍恩等，都成了蓄奴制的公开卫士，他们宣称蓄奴制是"有益的好事"，是最适合黑人的仁慈制度，为此，他们从《圣经》、历史、人种等方方面面引经据典。他们还攻击北方的雇佣制，认为它比蓄奴制更为残忍，奴隶从生到死都由他们的主人照管，而雇工只出卖劳力，当他失去劳力时，谁也不管他，照他们的说法，奴隶简直是最快活的人了。南方开动了所有的宣传机器，南方的政治家、思想家、评论家都绞尽脑汁，把自己的智慧浪费在为蓄奴制的辩护上了。

南方的辩护词使北方感到惊讶，一些北方人得到的印象是，南方不仅要永远维持奴隶制，而且还想通过西部，将它扩展到北方，这倒使原本被冷落的废奴运动获得了更多的同情。早期的废奴组织主要由贵格会成员发起，随着北方各州相继废除奴隶制，废奴主义者把目标转向南方，宣传通过给奴隶主补偿来逐步解放奴隶，废除蓄奴制，然后将自由黑人移居非洲，他们这种和平的规劝方式收效甚微，随着形势的发展，更为激烈的废奴派出现了。

1831年元旦，威廉·加里森在波士顿创办《解放者》报，主张立即解放奴隶，并且不给主人补偿，他和他的同道们也反对移民的解决办法，认为这是对

黑人不公。1833年，废奴主义者组织了全国性的"美国反奴隶制协会"，开始有组织的活动。到1840年，北方已经建有地方协会2000个，会员20万。他们还成立了自由党，推举候选人参加总统竞选。废奴运动成了当时社会改革运动中的重要组成部分，参与者遍及各阶层、各行业、各地区。废奴主义者从道德上对奴隶制进行猛烈抨击，甚至攻击默认奴隶制的宪法，并以《独立宣言》中的天赋人权来为黑奴的权利辩护，他们不仅言辞激烈，而且随时准备将观念付诸行动，他们抵制追捕逃奴，促使一些州通过"人身自由法"，禁止官员执行缉奴的法令，他们还帮助南方的黑奴通过"地下铁道"的秘密接头站，一步步逃到北方，或是直接送到禁奴的加拿大，他们让获得自由的黑人现身说法，揭露和控诉奴隶制。关于奴隶制的辩论已经在思想上日趋分裂南北，激进的废奴运动卷入政治后，很快在美国的政治舞台上占有越来越重要的位置。

美国是怎样兼并克萨斯与俄勒冈的？

1837年，美国发生首次全国性的经济危机，杰克逊的继承人马丁·范布伦（1782～1862）总统在1840年的选举中被击败，辉格党大张旗鼓的竞选活动获胜，威廉·亨利·哈里森（1773～1841）成为总统，但不到一个月，他便死于肺炎，由副总统约翰·泰勒（1790～1862）继任总统。泰勒是个南方共和党人，他反对杰克逊，但同情南方种植园主。辉格党把他提名为副

总统是为了争取南方选票，没想到碰上了美国历史上还未出现过的由副总统补缺的难题。泰勒上任后在关税、银行、国内改进工程等诸方面都和辉格党背道而驰，基本上维持了民主党的政策。最后，辉格党不得不将泰勒开除出党，并以内阁总辞职来抗议。1844年，田纳西州的民主党人詹姆斯·波克（1795～1849）击败辉格党的克莱，当选为总统。他竞选的口号是"显然天命"——尽早兼并得克萨斯，占领俄勒冈，这无疑迎合了美国当时日益膨胀的扩张主义情绪。

1821年，新独立的墨西哥表示欢迎美国人在其东部省份得克萨斯移民，10年内便有2万白人携带1000黑奴前去定居。1830年，墨西哥政府觉出其不妥，决定禁止继续移民，并提出要解放奴隶。桑塔·安纳将军执政后，双方关系更趋紧张，他不允许存在一个移民希望的地方自治政府。于是，得克萨斯人在1836年3月2日宣布独立。4月，塞缪尔·休斯敦率领的得克萨斯军队打败了前来镇压的墨西哥军队，俘虏了桑塔·安纳，迫使他签约承认得克萨斯独立，墨西哥政府虽然谴责这一条约，并与美国断交，但也无济于事。到9月，这个新成立的得克萨斯共和国通过宪法，选举休斯敦为总统，要求与美国合并。

当时的杰克逊总统是支持合并的，但他即将离任，小心行事，只是承认了得克萨斯的独立，范布伦任总统其间一直不同意合并。北方考虑到奴隶州的增长及美墨关系等因素，对合并持否定态度，于是得克萨斯共和国便转向欧洲寻

求支持，这促使泰勒总统重新进行外交努力，但合并条约仍于1844年遭到参议院的否决。直到波克当选后，泰勒终于以民意为由，使两院通过联合决议，同意合并，波克总统一上任便力促其实现，1845年12月，得克萨斯便被接纳为合众国的一个州。

美国对西北部的俄勒冈地区也早有野心。1803年，美国通过购买路易斯安那，取得了法国对俄勒冈的领土要求。1819年，又通过购买佛罗里达获得了西班牙对俄勒冈的领土要求。但在英、美两国之间，俄勒冈的归属始终没有明确。1818年，双方同意将这一地区向两国公民自由开放，10年后又决定不定期延长这一协议。30年代后，美国一些传教士去那里向印第安人传教，发回的信件和报告中描述了俄勒冈的沃土，开始引发"俄勒冈热"，人们从密苏里的独立城出发，沿着俄勒冈小道行走3219千米，才能到达威拉米特山谷。尽管旅途艰辛，却挡不住美国人西进的锐气。到1845年，已有5000多人到达那里，他们组织了临时政府，要求美国独占俄勒冈。

1845年7月，美国向英国提出按北纬49度划分俄勒冈，遭到英国拒绝，英国坚持沿哥伦比亚河划分，美国的扩张分子又狂热起来，他们得寸进尺，叫嚷"54度40分，否则宁可战争"。最后，英国大概觉得49度与哥伦比亚河之间的这块荒地不值一争，于1846年6月通知美国，接受以49度为界，但保留温哥华岛和在哥伦比亚河上航行的权利，虽然美国还有人持不同意见，但参议院投票通过，并于当月签署条约，从此美国又增

加了73万平方千米土地。

美国与墨西哥的战争产生了哪些影响？

墨西哥难以接受美国对得克萨斯的吞并，更不同意美国规定的边界线，而美国的扩张要求却还未满足，目光已经盯住新墨西哥和加利福尼亚，想一口气完成"显然天命"。19世纪20年代后，美国商人沿着从独立城出发的圣菲小道去独立后的墨西哥圣菲做生意，但1844年得克萨斯事件后，墨西哥就排斥美国人去那里，这自然只能引起美国人更大的兴趣。也就在20年代前后，新英格兰的商船开始到达加利福尼亚，与印第安人和墨西哥人进行贸易，后来陆续有美国人在那里定居。1842年，在太平洋沿岸的美国舰队未经政府命令，擅自占领了蒙特里城，宣布加利福尼亚并入美国，美国政府为此感到尴尬，不得不向墨西哥政府道歉。

大部分美国人还是支持宣战的，6万志愿兵很快组织起来，他们取得一个接一个的胜利，8月便占领了圣菲，宣布新墨西哥并入美国。加利福尼亚的一些美国移民则举行"起义"，宣布加利福尼亚独立，美国海军在蒙特里登陆，挂起美国国旗，到1847年1月，美国已经实际占领了新墨西哥和加利福尼亚。到9月攻入墨西哥城只是为了迫使墨西哥政府承认和接受这些现实，几经周折，《瓜达卢佩一伊达尔戈和约》终于在1848年2月签订，美国的领土要求全部得到满足。条约规定，美国以1500万美元购买加利福尼亚和新墨西哥，并接受该地美国公民对墨西哥未偿

债务的要求，墨西哥承认以格兰德河为边界，至此，美国完成了从大洋到大洋的"显然天命"，领土比独立时扩大了7倍。5年后的1853年，美国又以1000万美元购买了与墨西哥接壤的一小片土地——加兹登，修筑通往加州的铁路。有美国人称之为"良心钱"，这是美国侵略墨西哥后内疚的结果。

南北集团利益为什么会出现冲突？

1850年妥协达成后，大部分美国人表示接受，但双方的中坚力量都把妥协看作失败。北方的废奴运动因逃奴法的强化而方兴未艾。1852年，斯托夫人的小说《汤姆叔叔的小屋》问世，年内销售即达30万册。该书满怀同情地描写黑奴的悲苦遭遇，揭露奴隶制的惨无人道，产生了巨大的社会效应，随着北方经济的飞速发展，移民的大量涌入，南方黑奴不断逃往北方，南方越来越不安，感到迟早会因地区间的平衡丧失而处于劣势，由于根本问题并未解决，这种平衡是极其脆弱的，一遇风吹草动便会遭到破坏。

堪萨斯内战是怎样爆发的？

1854年年初，风波再次开始。号称"小巨人"的领地委员会主席斯蒂芬·道格拉斯参议员向国会提出《堪萨斯—内布拉斯加法案》，建议在明尼苏达、艾奥瓦和密苏里以西的路易斯安那购地上建立内布拉斯加领地，在领地内实行"人民主权"，即由境内居民来决定是否允许蓄奴的问题。这片土地原是保留给印第安人的，提案却授权政府再

一次迫使印第安人出让土地，可是为印第安人说话的声音毕竟很小，引不起争执。但该地区全部位于36度30分界线以北，实行人民主权意味着取消密苏里妥协，这可是个要害。道格拉斯本人是个狂热的扩张主义分子，对奴隶制的道德层面无动于衷，他只想借助人民主权的方法来打消南方对于在这块土地上建州的顾虑，克服障碍，尽早向西扩张。他也想以此赢得南方支持，将横穿大陆的铁路线定在北方，直通他所在州的芝加哥。他自认为提案涉及地区不适合蓄奴制，自由州的居民会自然而然地把它排斥在外，南方则顺势提出公开取消密苏里妥协，道格拉斯也让步了。

5月，提案在两院通过，成为法律，设立内布拉斯加和堪萨斯两个领地，按人民主权原则进行组建，密苏里妥协正式取消，南方表示满意，北方理所当然群情激奋。

1854年秋，堪萨斯举行第一次选举，由于邻近的密苏里人越界投了非法的票，致使票数几倍于合法的投票人数目，结果选出一个拥护蓄奴制的议会，并提出一部奴隶法，规定凡帮助逃奴者将被处死。倾向南方的富兰克林·皮尔斯（1804～1869）总统批准了这一议会的合法性。

人数3倍于拥奴派的自由土地派自然不答应。他们另外组织了自己的政府，起草了自己的宪法，把奴隶制和自由黑人都排除在外。于是，堪萨斯就同时有了两个政府：设在利康普顿的蓄奴制政府和设在托皮卡的自由州政府，各有各的宪法、议会、州长和首府。堪萨斯成

为南北战争前的一个小小缩影，双方都武装起来，时有摩擦发生，当皮尔斯总统否认托皮卡宪法后，拥奴派袭击了自由派的劳伦斯，由此引发了一场小规模的内战。

1856年年初，56岁的废奴主义者约翰·布朗闻讯赶来，他坚信不流血不足以制止罪恶。一天夜里，他带领包括儿子在内的一小队人向拥奴派发动突然袭击，砍死了5名并不是奴隶主的南方人，堪萨斯内战随即升级，烧杀频繁，伤亡严重，路人相遇，举枪便问："自由还是拥奴？"直到9月，联邦部队才终于在该地恢复了秩序。

共和党在什么样的环境下诞生的？

《内布拉斯加法案》没有解决任何问题，却重新挑起并加剧了暂时已平息的矛盾。北部反奴派感到忍无可忍，全国性的政党现在开始按地区重新组合，民主党的自由土地派和辉格党的良心派在反对内布拉斯加法案的旗帜下走到一起，在各地纷纷举行联合会议。在法案通过仅6周内，一个新的政党——共和党已经组成，美国历史上第三个政党制开始形成。

共和党的目标很明确，那就是将奴隶制遏制在已有的蓄奴州内，决不任其扩展，他们赞成自由土地，自由劳动，但他们并不是废奴派，在排斥奴隶制的同时，他们也想把自由黑人排斥在新州之外，共和党在北方的发展势头很强，得到了北方各州工业资本家的大力支持，到1856年已经在各州政府中都有自己的同仁。6月，共和党在费城开会，通过党的政纲，并提名反奴派弗里蒙特为总统候选人，共和党的政纲明确谴责废除密苏里妥协案，认为国会有权在领地内禁止奴隶制，并提出提高关税和国内改进工程等方面的要求，这些要求都符合北方工商业财团的利益要求。

民主党则在政纲中否认国会对领地内蓄奴的立法权，他们将《奥斯坦德宣言》策划者之一的布坎南提名为总统候选人。该宣言是1854年10月由美国驻西班牙公使索尔、驻法国公使梅森和驻英国公使布坎南在奥斯坦德磋商而成的一份秘密备忘录，意在促使西班牙放弃古巴，由美国来接手。它明显地代表了南方地主财团的土地扩张主义态度，遭到北方工商业财团的反对，连皮尔斯政府也否认这一宣言，但民主党的政纲却赞成合并古巴。弗里蒙特的主张符合北方工商业财团的利益，在竞选中赢得11个北方州，布坎南赢得其他5个北方州及全部南方州。此时的美国，农业财团依然处于多数州的主导地位，工商业财团的势力还不够强大。他当总统后还几次提到设法购买古巴。

南北战争的爆发的国内形势是什么？

美国的民主议会基本上还是代表上层资产阶级利益的精英民主政治，以农业为主体的南方州议会代表蓄奴农场主集团的利益，以工业为主体的北方州和部分西部州议会则代表工商业集团的利益，共和党基本上是维护工商业资本集团的利益的，也随着国家工业化发展的进程，工商业势力不断强大，也由此，共和党在美国历史上，在绝大多数时期，都处于执政地位。包括当代的克林顿与布什，也都属于共和党派，他们永远站在最有钱的阶级利益的立场上，以获得巨额的政治资金和竞选经费，又能打出看上去崇高的、进步的思想号召，也因此得到社会中间派的支持而获得多数票。

但是，在林肯时期，南北利益集团势均力敌，利益冲突巨大，解放黑奴有利于北方工业对廉价工人的需要，因为在城市里的生存成本很高，工业资本家蓄奴很不划算，而且管吃管住、管生老病死，这无异于工厂集体主义大锅饭制度，还不如发工资廉价雇佣自由劳工，所以，他们绝大多数都主动打破黑奴的"铁饭碗"，把工厂的奴隶解放了，不再管他们了，只保留家庭服务性奴隶，家奴必然是管吃住的，家奴比雇工放心也划算，所以，北方工业财团只"解放"自己工厂里的黑奴，而不"解放"自己家庭里的服务性黑奴，而且北方工业的迅速发展，以及西部开发的移民，使廉价劳动力资源严重缺乏，于是主张解放南方的黑奴来解决工业劳动力缺乏的问题就成了北方工业财团的一致呼声，这一呼声也正好符合人类进步意义的需要。

林肯当选总统的重大贡献是什么？

共和党在工业财团的支持下，很快产生了一位能清晰阐明自己政纲的领袖——亚伯拉罕·林肯（1809~1865）。1809年，林肯出生于肯塔基一个拓荒者的家庭，两岁后便随家数次迁移，从1831年起定居伊利诺伊，是个典型的西部移民。他出身贫寒，种过地，劈过栅栏，也当过兵，后来自学成才，成为律师。林肯一向热心参与政治，是忠实的辉格党人，也曾反对墨西哥战争。他不是废奴主义者，但强烈反对奴隶制，认为国会有权在领地禁止奴隶制。1856年，他因反对奴隶制的扩展而退出辉格党，加入共和党，很快成了党的主要领导人。林肯善于演说，态度诚恳，极有政治才能，他一再声称自己的政见都来自《独立宣言》，他信仰"人生而平等"的原则，声称对奴隶制深感厌恶。但是有趣的是，他对自己的家奴却依然不予解放。

在1858年的国会选举中，林肯在伊利诺伊向全国闻名的大人物道格拉斯提出挑战，竞选参议员的位置。他们两人在州内巡回演说，围绕奴隶制和种族问题举行了7次著名的辩论。这次竞选使林肯的知名度大大提高，开始成为全国性的政治人物——个代表北方利益公开反对奴隶制的人。他坚决遏制奴隶制的观点使南方地主阶级对他感到恐惧，把他视为要夺走他们家庭财产的强盗。1859年10月，堪萨斯通过一部禁止奴隶制的宪法，南方更觉受到威胁，仅仅10天之后，约翰·布朗又带领19人对弗吉尼亚哈泼斯渡口的联邦兵工厂发动突然袭击，企图夺取军火武装奴隶，煽动奴隶起义，他的行动没有得到响应。他和其他未战死的同伙在占领军火库后两天被捕，判处绞刑，临刑前他沉着镇静，对自己能为废奴而死感到自豪，布朗的暴动使南方奴隶主惊惶不安。在北方，反

对奴隶制的人们却把他看作一位殉难的烈士，不少文化名人对他表示悼念和敬仰。

1860年大选将临，这次选举是美国政坛上四股力量的较量：南北民主党、共和党和护宪党。民主党于4月在查尔斯顿召开代表大会，他们在奴隶制问题上发生分裂。6月又在巴尔的摩重开代表大会，但仍未能达成一致。下南部的代表离去，自行召开代表大会，选举布雷肯里奇为总统候选人，留下的民主党人推选道格拉斯为总统候选人。

共和党于5月在芝加哥召开代表大会，提名林肯为总统候选人，林肯继续坚持遏制奴隶制的立场，但表示不会干扰目前已存在的蓄奴州，他还谴责了布朗采取武装袭击的非法行为。共和党的政纲包括了宅地法、提高关税和修筑太平洋铁路等经济方面的建议。解放黑奴解决北方工业劳工短缺问题，交通建设解决商品流通困难问题，这些都比较符合北方工商业资本家们的利益，因此，获得了北方各州代表的支持。

南北为什么会出现分离？

在州权派势力最强，也是黑人数目超过白人，奴隶主占州人口比例最大的南卡罗来纳，代表地主阶级的州议会得知林肯当选后，立即于12月20日宣布分离。此后，下南部的佐治亚、亚拉巴马、佛罗里达、密西西比、路易斯安那和得克萨斯陆续宣布分离。这7个州在林肯就职前一个月的1861年2月于蒙哥马利市召开大会，成立美利坚同盟国，他们选举杰斐逊·戴维斯为总统，并通过同盟国宪法，强调州权并保护奴隶制。

当时美国共有33个州，其中15个是蓄奴州，另外8个蓄奴州并不认为林肯当选就必须分离，他们仍希望能通过妥协来解决问题，重新维持联邦。12月18日，肯塔基参议员克里坦登提议回到密苏里妥协案来，还是以36度30分的分界线一直向西延伸到太平洋，但是共和党不能接受这一扩展奴隶制的妥协。2月，弗吉尼亚州议会邀请各州代表到华盛顿开和平大会，但他们的努力也归于失败。南部同盟决意分离，在联邦内阁和军队中任职的南方成员纷纷辞职回南方效忠同盟，他们很快进入军事准备，决心打一场南方的独立战争。

当林肯到华盛顿任职时，戴维斯就任同盟国总统已有一周。林肯在就职演说中竭力安抚南方，他说，尽管南北对奴隶制的正当性有不同的看法，但他保证南方的合法权利不会受到侵犯，并答应继续执行联邦的法令，包括逃奴法在内，规劝他们回到联邦。同时，他也强调了联邦的不可分裂和永久性，坚定地表示分离独立是不合法的。作为总统，他必须"坚持、维护和捍卫"联邦，最后，林肯向南方指出，"内战这个重大的问题乃是掌握在你们的手中，而不是掌握在我的手中。"

北方在19世纪上半叶开始向工业化发展，到50年代后，发展尤为迅速。1860年南方分离时，北方拥有全美制造业的五分之四，铁路线的2/3，资金的3/4，他们能生产足够的钢铁、棉纱等不可缺少的军需物资，交通革命后，运河和铁路将西北部和东北部更紧密地连成一体。西北由于劳力短缺，扩大农场有困难，剩余资金也就更多地转入工商投资，在经济上和东北部更趋一致，更重要的是，东北和西北都是自由州，他们的人口总数超过2千万。

相比之下南方是农业经济为主，生产单一作物棉花，必须依赖北方或欧洲国家的购买，而英国此时却还库存有足够的棉花，不必为了棉花而影响向北方进口所需的麦子，南方的大部分工业品需从外面进口，但是却几乎没有海上力量。在11个同盟州中，人口不足1000万，其中还包括近400万奴隶，奴隶主也只占南方白人中的20%。四五十年代蜂拥而至的300万欧洲移民几乎都在北方落户，站在反奴隶制一边。1860年时，南方人口占全国人口的35%，但移民中却只有7%去了南方，在整个战争期间，北方调动兵力约200万，而南方只有它的一半。

南北战争爆发的原因是什么？

1861年4月，林肯通知南方，北方船只将运送给养给南卡罗来纳州萨姆特堡的驻防军。12日，南军向萨姆特堡开火，迫使北军投降，正式打响南北战争的第一枪。15日，林肯号召各州派遣75000名民兵，服役三个月。5月，他感到战争将会持久，又招募45000名志愿兵，并鼓励黑人志愿者为解放他们的南方同胞参战，美国的海军主要在北方州的控制之下，于是他命令扩充海军，并封锁南方的海岸线，打击南方的进出口商船，使南方的工业品和生活用品供给产生短缺，农副产品也无法出口，重创南方的经济力量。

萨姆特堡开火后，其余蓄奴州必须迅速做出抉择，到底站在哪一边。特拉华始终忠诚地维护北方，弗吉尼亚、北卡罗来纳、阿肯色和田纳西相继加入南方政府。余下三个边界州肯塔基、密苏里和马里兰对此举棋不定，内部也分为两派。林肯深知其中要害，采用了包括军事管制在内的种种手段，支持各州内的联邦派，策略地使它们保持中立，留在联邦内，这对战争的胜负起到了不可估量的意义。

在东线战场上，北军企图迅速攻下距离华盛顿只有161千米的里士满。1861年7月，双方在均无充分准备的情况下，在布尔伦河匆匆打了第一仗，北军的进攻被南军挫败。此后三年，北军始终无甚进展，南军一次次把入境的北军打退，双方都伤亡惨重。其间罗伯特·李还两次率领南军深入北方，但都被击败，一次是在马里兰境内的安提塔姆，发生在1862年9月，一天内在同一战场连打三仗，北军伤亡1.3万，南军伤亡1.1万。另一次是1863年7月在宾夕法尼亚的盖底斯堡，这次南军损失2.5万人，永远失去了进攻能力。北军的伤亡也不相上下，但北方的经济实力比南方强大，兵员得到不断补充，尤其是黑人士兵的参战，南军多是地主子弟的贵族士兵，而北军则是农民、失业工人和黑人，在战争的艰苦环境里，北军士兵比南方士兵更能吃苦耐劳，加上北方的经济优势，北军由刚开始的弱势，逐步逆转，成为强势。

西线的战事较为顺利，尤利塞斯·辛·格兰特（1822~1885）将军于1862年初即攻占田纳西的西部，打通北

军南下之路，第二年2月联邦便得以在田纳西重建州政府。4月，双方在夏伊洛打了北美大陆上有史以来第一个大战役，各伤亡1万多人，同盟军阻止联邦军的企图失败，几周后，联邦军控制了新奥尔良。1863年7月，格兰特又占领维克斯堡，从而完全控制了密西西比河，将河西的阿肯色、路易斯安那、得克萨斯与河东的同盟切开，这在空军还没有出现的时代具有极重大的意义。1864年，林肯任命格兰特为联邦军的统帅，格兰特自己在东线对付李将军，让谢尔曼接管西线，对付约翰逊。

海上封锁以及海军对陆上作战的配合也相当重要。联邦封锁了从南卡罗来纳到佛罗里达的全部海岸，使南方的棉花出口从2亿美元降到400万美元。英国帮助南方政府设计建造战舰，企图突破封锁，它们也被用来攻击北方商船，南方政府还打捞起北方撤退前凿沉的"梅里麦克"号战船，将它装上铁甲于1862年3月出战，击毁了不少北方的木制战船，幸而联邦军造的一艘"蒙尼塔"号铁甲战船及时赶到，与之对抗，联邦海军还在密西西比河上帮助摧毁南方军，打通河道。

1864年又打了最后定局的几仗，谢尔曼于12月从佐治亚的亚特兰大进军萨凡纳，所过之处，留下一片焦土，同盟军溃不成军。格兰特在东线和李的弗吉尼亚军队打了11个月后，终于在1865年春攻下里士满。4月9日，李将军在阿波马托克斯向格兰特投降，不久，约翰逊也向谢尔曼投降，南北战争终于结束。

南北战争是美国历史上最大规模的战争，共死亡60万人，超过美国后来在两次世界大战中死亡人数的总和，而当时美国的总人口不过3000万。

《解放宣言》的发表对美国产生了什么作用？

随着战争的进展，继续保留奴隶制便显得越来越荒谬。到1862年秋，林肯觉得解放奴隶的时机已到，这一方面是出于打击奴隶主的军事需要，另一方面也是出于道义上的需要，改变战争的性质，使之由利益之争，成为一场符合道义上的解放战争，更有利于北方的国际形象。9月22日林肯以总统的身份向报界直接发表《解放宣言》，宣布从1863年1月1日起，解放尚在反叛州内的所有奴隶，但联邦内蓄奴州的奴隶地位不变，因为这些州并未反叛，他无权结束它们的奴隶制。有人嘲讽林肯只是解放了他解放不了的奴隶，自己家的家奴却没有解放，林肯立马给自己的家奴办理自由证书，这多少也说明他更多的成分是个代表北方工业财团利益的政客，而解放奴隶不是发自内心的思想主张。林肯的《解放宣言》一经发表，就绝不可能只限于一个地区了。而且它的直接效果也十分明显，鼓励了南方奴隶的大批北逃，起到了瓦解同盟军后院的作用，北逃的黑奴，没有找到工作的，就参加北军作战。而且，联邦军所到之处，南方奴隶纷纷前来投奔，联邦还专门组织了黑人连队，增加了北军的兵员和战斗力。青壮黑人士兵为解放自己的同胞和家人老小，以及对南方白人贵族的仇视而奋力作战，成为北军打败南军的一支重要力量。

战后南方的社会状况如何？

内战对南方的经济产生了巨大的破坏，奴隶逃跑，耕地和种植业荒废，农业经济几乎瘫痪，林肯对战后重建南方有一套自己的设想，并在田纳西和路易斯安那等州的重建中进行过试验。林肯认为，重建之权应在总统而不在国会，由总统运用战时权力并动用军队来协助完成。他的依据是，由于分离是不合法因而也是不可能的，所以南方从未真正脱离过联邦。国会无权干涉州内事务，只有作为统帅的总统在战争期间出于军事需要，才有权操作并完成前同盟州的重建。同时，他认为分离只是南方少数人的叛乱，重建应当本着宽容大度的精神，释弃旧嫌，除了个别前同盟的要员外，一般支持者只要宣誓忠于联邦便可被宽恕，当一个州内参加1860年选举的人中有10%进行了这样的宣誓后，该州便可重建，回到联邦，该政策被称为"百分之十方案"。

约翰逊的重建政策起到了什么作用？

林肯的"百分之十方案"遭到共和党国会的批评和抵制，他们认为南方应该作为被征服者来对待，要让南方为分离付出代价。1864年7月，国会通过韦德－戴维斯法案，授权国会负责重建，对抗林肯的方案，但被林肯以搁置方式否决掉。

林肯遇刺后，林顿·贝·约翰逊（1808～1875）被意外地推上总统职位，可是他既无林肯善于妥协的政治才能，又无林肯在人民中的威望和对共和党国会的影响。约翰逊一直是个亲联邦的田纳西民主党人，由于他坚决而勇敢地维护联邦而受到林肯注意，在第二次竞选总统时把他放在选票上，以鼓励南方的联邦派。现在战胜的共和党人突然发现自己的总统席上坐着一位曾是奴隶主的后来归化的共和党人，他对战败的南方怀有过多的仁慈和同情。

1865年，国会从3月休会，要到12月才复会。约翰逊觉得在这段时间里，自己可以放开手来搞重建，让国会回来后接受既成事实。他大赦了包括许多前同盟领袖在内的所有向联邦宣誓效忠和同意废奴的南方人，接纳了返回的南方各州。至1865年底，南方各州基本上都重新成立了州政府，并选举了参议员和众议员来参加国会，甚至前南方政府副总统斯蒂芬斯也已经成了佐治亚州新当选的参议员。

重建时期是怎样结束的？

以大庄园主为首的旧南方上层虽然战败而归，失去了他们赖以生存的奴隶制和奴隶，但大都还保留着自己的土地和影响，他们不能接受重建所产生的翻天覆地的社会革命，无法忍受昔日的奴隶来参与统治他们。既然他们已经不能以合法的手段来改变重建的方式，他们中一些人便组织秘密社团，诉诸恐怖手段来恫吓黑人，迫使他们放弃选举，放弃公职。其中最著名最猖狂的就是三K党，党徒们蒙面夜聚，对敢于参政的黑人处以残酷私刑，焚毁他们的房子，威胁他们，制造恐怖气氛，使黑人再不敢行使自己的公民权利。对此，联邦政府

213

于1871年通过《三K党法》，授权总统用军队镇压南方的暴力抵抗，格兰特总统也曾实施过这一法令，但并未能强制到底，将之斩草除根。

北方人态度的转变使南方上层人物的复辟得以成功，他们自称为"拯救者"，要把南方从毡包客和黑人的手里拯救出来。重建政府中的穷白人比较容易地倒戈回去，与"拯救者"重新联起手来维持白人优越的种族主义。在这场交易中被牺牲的是自由民的利益，他们虽然不再是奴隶，却毫无独立生活和自我保护的手段。将没收的土地分给自由民的做法很快被尊重私产的约翰逊总统制止了，连激进派对此也并未坚持。南方的黑人法规又对黑人就业制造种种障碍，最后他们只能成为"谷物分成制"中的佃农。"谷物分成制"是南方战后形成的农业生产关系，庄园主虽然还有土地，但已无资金来投资土地，雇佣劳力，进行生产，而自由民既无土地，又无资金，只有劳力。于是庄园主将土地分成小块，让自南民或穷白人耕种，有时也借给他们工具和房子，收成双方对半，而后者还必须从商人那里去借贷种子等，按商人的要求耕种棉花、烟草等单一作物。一年辛苦后地主拿去一半，再加上付租金，还债等，所剩无几，生活水平有的降到奴隶不如。他们仍然像奴隶一样依附于一小块土地以及土地的主人，只是现在他们不再集体干活了，而是以家庭为单位，分散耕作和生活了。

格兰特是一位杰出的将军，但作为总统却极其无能。他不能知人善任，对战后泛滥的实利主义和贪污腐败一筹莫展，他领导的政府以腐败著称，声誉日

下。再加上1873年发生了美国前所未有的经济萧条，在1874年的国会选举中，战后不到十年的共和党竟然败北，民主党成了众议院的多数派。1876年，被腐败搞得焦头烂额的共和党提名俄亥俄州长拉瑟福特·伯·海斯（1822～1893）为候选人，他的最大优点就是名声清白。靠着挥舞"血衫"，并答应南方"地方自治"的要求，海斯才险胜民主党候选人。他上任后不久便遵守诺言，从南方撤出联邦军队，重建政府随之垮台，重建时期就此告终。

战后南方社会发生了哪些变化？

共和党撤出，放手让南方自治，使南方在此后的大半个世纪中形成了其政治社会方面的特色，这是一个漫长的从奴隶制向现代过渡的时期。

在政治上，南方成了清一色的民主党，从1876年到1928年的五十多年中，没有一个南方州选举过共和党的总统，由此获得"坚固的南方"之称。

在社会生活中，南方种族主义泛滥，实施种族隔离和种族歧视，曾一度参政的黑人基本上被剥夺了宪法赋予他们的公民权利。南方白人阻挠实施宪法第14和15条修正案的花样是很多的，诸如"文化测试"、"投票税"等，轻而易举地将没钱没文化的黑人排斥在投票箱之外。为了让同样达不到标准的白人可以选举，他们专门设计了一个"祖父条款"，规定必须父亲和祖父在1867年以前参加过选举的人才能有选举权。民主党根本拒绝吸收黑人，这样黑人就不可能在南方占统治地位的党派内产生任何影响。更具普遍意义的是，南方各州都实施种族隔离的

《吉姆·克罗法》，规定在一切公共场合实行黑白分离，给黑人提供的设备自然一概不如白人的，与战前相比，多亏义务教育的法律，黑人教育总算开始发展起来，黑人有了自己的学校，还建立了几所黑人大学。

在经济上，战争造成的破坏需要投入大量人力物力才能恢复，而南方却缺少应有的手段。奴隶制的被摧毁迫使南方的经济秩序和生产关系从根本上发生变化，各阶级在适应上都是相当困难的。"谷物分成制"虽然弊病很多，但与奴隶制相比，多少鼓励了一点积极性。后来农作物也逐渐由单一发展为多种，耕种方法也有一定的革新。

最重要的是，南方人的观念开始改变了，他们认识到工业的优越性，也想采取北方人的资本主义价值观，走北方人的路了。他们以优惠的条件从北方和国外吸收资本，发展工业，修路办工厂，大批刚解放的奴隶正好提供了廉价劳力，南方的优势在煤矿和冶金，亚拉巴马的伯明翰成了南方的匹兹堡。南方的棉纺厂也发展较快，铁路线也延长了。但是南方的大部分工业属于粗加工，依附于东部。到1900年，南方的工业产品是内战前的四倍，尽管如此，在战后半个世纪内，南方无论在生产或生活上，一直落后于全国水平。